［増補版］戦前回帰

「大日本病」の再発

山崎雅弘

JN207910

朝日文庫

本書は二〇一五年九月、学研プラスより刊行された
『戦前回帰』を改題し、大幅に加筆したものです。

［増補版］戦前回帰　目次

第5章　戦前の価値観を継承する安倍政権　313

本文図版作製・山崎雅弘

凡例

■他の著作物からの引用・転載文中の〈　〉は、本書の著者による補足です。

■他の著作物からの引用・転載文は読みやすさを考慮し、歴史的仮名遣いを現代仮名遣いに、旧漢字を新漢字に改め、適宜ルビを付しました。また一部については原文の持つ意味合いを尊重しつつ、文語調の表現を口語調に変更しています。

［増補版］戦前回帰　「大日本病」の再発

序章
安倍晋三政権下の日本政府が目指すもの

二〇一二年十二月二十六日、国会で第二次安倍政権が発足しました。
それから五年と三か月（本書増補版の脱稿時点）の間に、日本の社会では重大な政治的変化が着実に進行してきました。
日々の変化は小さなものであるため、仕事や生活に追われていると気付きにくいですが、注意深く観察すると、それらの政治的変化が全て「同じ方向」を向いていることに気付かされます。

人が歴史を学ぶ意義の一つは、過去と現在と未来が「途切れずに連続している」という感覚を、思考の底流に形作ることだと思います。現在目の前にあるさまざまな問題は、いきなり完成した形で出現したのではなく、ほとんどの場合、少しずつ視野の中で拡大してきたはずですが、大抵は「はっきりわかるほど大きくなる」または「深刻化する」まで、その変化には気付かずに見過ごしてしまいます。

それと同様、社会全体の重要な変化も、唐突に激変するのではなく、漫然と日々を過ごしていると気付かないくらいの緩いスピードで、少しずつ進んでいきます。

こうした変化に気付くためには、長い時間をかけて録画した映像を早廻しで一気に観るのと同じように、過去数年間の社会の動きを回顧し、何がどんな風に変わったのかを定期的に確かめる必要があります。

植物の生長も、毎日水をやっていても変化を「変化」と気付かないことが多いですが、生長の経過をビデオなどに録画して早廻しで観ると、生育中の葉や花の変化の具合がよくわかります。

それでは、二〇一二年十二月に第二次安倍政権が発足してから、日本国内がどのように変化したのか。

以下は私の主観ですが、発足前と較べて日本国内の様子が「変わったな」と思う点を、リストアップしてみます。

▼人種差別や民族差別など、偏見と差別を堂々と主張する攻撃的・排外的な言説（いわゆるヘイトスピーチ）が増え、ネット上だけでなく路上でも公然と叫ばれるようになった。

▼特定の国を名指ししてその国民や慣習を貶《おとし》めたり、その国の前途が悲観的・絶望的であるかのように描いた本が数多く出版され、書店の目立つ場所に並ぶようになった。テレビ番組でも、そうした内容のコメントをする芸能人やコメンテーターが現れ始めた。

▼「日本」や「日本人」を礼賛する本やテレビ番組が急激に増加した。「日本人や日本文化は世界からこんなに賞賛されている」と、外国人の口から言わせる企画が増えた。

▼公共放送（ＮＨＫ）のニュース報道が、首相や政府に批判的な内容を報じなくなり、逆に首相や閣僚のコメントはたっぷりと時間をとって丁寧に報じるようになった。

▼政府や政権に対する率直な批判を口にするニュースキャスターが、次々と画面から姿を消し、そうした言論人や新聞への威圧・恫喝・見せしめのような出来事が増えた。逆

に、政府や政権を擁護したり、首相との親密な関係を自慢する芸能人が、テレビの情報番組に登場することが増えた。以前はよく見かけた、コメディアンが首相の物真似をしておちょくるようなテレビ番組がなくなった。

▼政権与党の国会議員が、「八紘一宇《はつこういちう》」（太平洋戦争中、日本のアジア侵攻と植民地支配を正当化する概念として使われた語句）など、戦後の日本国憲法の価値観とは合致しない、戦前と戦中の日本における価値観に基づく言葉を国会などで肯定的な意味で使用しても、全然問題視されなくなった。

▼近い将来の戦争や紛争への主体的な関与に備えた法案が、次々と国会に提出され始めた。安全保障問題に関し、戦後の歴代政権が「憲法違反」と判断してきた行動（集団的自衛権の行使）が、憲法解釈の変更で「できる」ように変更された。

先に述べたように、歴史の文脈で見れば、社会の変化は継続します。政治的状況を、ある瞬間だけ切り取った「静止画」（あるいは「点」）として見るなら「今はまだ大丈夫」に思えても、刻々と変化する「動画」（あるいは「線」）として捉えれば、この数年で生じた変化を何もせずに放置して本当に大丈夫なのかという、より現実に即した不安が生じます。

こうした日本国内の変化は、安倍首相の下で現在までに行われた数次の内閣改造の後も、同じ方向性を保ちつつ継続しています。

◆安倍首相はなぜ、戦前・戦中の国家体制をまったく批判しないのか

安倍晋三首相は、二〇一四年末の解散総選挙（同年十二月十四日投票の第四七回衆議院議員総選挙）の選挙期間中に行った党首討論会において、「先の戦争（第二次世界大戦または太平洋戦争、当時の日本側呼称では大東亜戦争）における日本国内での責任の所在はどこにあると思うか」と質問された時、「さまざまな論文が書かれているので、政治家はそれらを謙虚に読んで学ばなければならない」という言葉で明確な回答を避け、またそれにまつわる問題を選挙で争点化しませんでした。

もしドイツで、首相や大統領が同じ質問を受けた時、ヒトラーやナチスの責任に一切触れず、「さまざまな論文が書かれているので、政治家はそれらを謙虚に読んで学ばなければならない」等のはぐらかししか返さなかったとしたら、ドイツ国内はもとより、かつてドイツ軍が侵攻したヨーロッパの国々からも猛烈な批判に晒《さら》されて、即座に地位を失うでしょう。

しかし日本では、現職首相が、先の戦争の責任の所在を問われて右のようなはぐらかしに終始し、当時の国家指導部の戦争責任を一切認めなくても、ほとんど問題視されず、首相としての地位を失うこともありません。

これは、どう考えても怖ろしい状況です。公的な場面で何度も「先の戦争の反省に立っ

て」と口にする首相が、その「戦争の責任が誰にあるのか」「当時の日本の何が問題だったのか」という重要な点について、実は何も認識しておらず、何をどう反省するのかという明確な考えを持っていないことを意味するからです。

一九三一年に満洲事変を引き起こしたのも、一九三七年に発生した盧溝橋《ろこうきょう》事件を日中戦争に拡大したのも日本であり、一九四一年にハワイのアメリカ軍やマラヤのイギリス軍に先制奇襲攻撃を仕掛けたのも日本であり、日本は明白な「戦争の主体」でしたが、責任の所在がわからなければ「反省」のしようもありません。したがって、同じ出来事の再発を防止することもできません。

では、首相はなぜ、先の戦争における「責任の所在」という重要な問題への回答を避けたのか。

首相の過去の発言を見れば、同様の態度をとっている例が他にも多数見つかります。

▼「戦後レジーム（政治体制）からの脱却」と言い、戦後日本の憲法や価値判断基準を否定しつつ、戦前・戦中のレジーム（大日本帝国の国家体制）の問題点には特に言及しない。

▼「国のために戦って命を落とした軍人」を慰霊する目的で靖国神社に参拝するのは「国の指導者として当然のこと」と言いつつ、死亡した軍人の六割が餓死、つまり「戦争指導部の不手際」で死んだ事実には触れない。

▼慰安婦問題では「慰安婦となった女性の強制連行を裏付ける文書は無い」と言いつつ、慰安婦施設（慰安所）を実質的に運営管理した軍と政府の責任者の名前や、具体的な組織図等は一切口にせず、独自の調査も行わない。

▼先の戦争が「侵略であったか否か」と問われると「私は『侵略ではない』と言ったことは一度もない」という巧妙なレトリックを使うが、「侵略であった」とも「侵略ではなかった」とも明言しない。

これらの「首相が言及しない」「論点化を避ける」問題を見ると、全てに共通する方向性が浮かび上がります。

それは何かといえば、戦前・戦中の国家体制の肯定と是認です。触れない、言及しない、というのは、「否定的に評価しない」ということでもあります。「戦後レジーム」を否定して「日本を取り戻す」と言いつつ「戦前・戦中レジーム」は否定しないという話を、論理的に整合するように言い換えると、現政権は「戦前・戦中レジーム」を肯定して、日本をそこに戻すことを目指す、という意味になります。

「戦前・戦中レジーム」と聞くと、多くの人は「戦争」や「軍国主義」などの言葉を連想されるかもしれません。しかし、少し引いた視点から見れば、「戦争」や「軍国主義」は当時の日本を支配していた政治思想が生み出した副産物であり、その根源に触れないまま「戦争」や「軍国主義」だけを否定しても、当時の体制と訣別したことにはなりません。

では、戦前・戦中の日本を支配していた政治思想は何だったかといえば、それは「国家神道」と呼ばれる宗教と政治の入り交じった価値観の体系でした。

◆信仰としての「神道」と宗教的政治概念としての「国家神道」

ここで、当時の価値判断を現代の我々が理解する上で重要な意味を持つ、二つの言葉の関係について、簡単に説明しておきます。

その二つの言葉とは、「神道」と「国家神道」です。

前者の「神道」は、日本における伝統文化としての「信仰」を意味し、わかりやすく言うなら「神様に手を合わせて拝む」行為全般を指します。

宗教史の観点から見れば、「神道」は「神社神道（神社に祀られる神様を拝む形式）」や「仏教神道（仏教と習合した形式で、明治時代の『神仏分離令』によって一時期廃棄された）」、「皇室神道（天皇と皇室が古来からのしきたりに則って行う祭祀）」、「民俗神道（各地方の山や巨木などの自然に宿る神様や、峠に祀られた道祖神を拝む形式）」などいくつかの種類に分けられますが、「皇室神道」以外は一般民衆の日々の生活と結びついた、素朴な「信仰」の範疇に入ります。

一方、「国家神道」の方は、明治時代に国の政治制度として導入された体系的な政治システムです。「神社神道」と「皇室神道」を中心に、天皇を神（天照大神《あまてらすおおみかみ》）の子孫と考える「建国神話」を国家体制の基盤と位置づけ、社会構造のピラミッドの頂点に君臨する天皇とその祖先を、神に等しい存在として拝むというのが、「国家神道」という制度の中核でした。

大日本帝国時代の日本人にとって、「国家神道」は信仰の一種であるのと同時に、生き方や物の考え方、社会における正しい振る舞い方、国という存在の捉え方、そして人の死をどう意味づけるかという「死生観」など、あらゆる価値の判断基準を指し示す、政治的な指針と枠組みでもありました。

例えば「神道」の場合は、本人が望まなければ、特定の神様を拝むことを誰にも強制されませんが、「国家神道」の教義については、昭和に入った頃には疑問を差し挟むことが許されず、全ての日本国民が絶対的に従うことを、事実上強制されていました。

規則のような意味での「強制」ではなく、形式上は「国民が自ら望んで、喜んでそれを受け入れた」形とされましたが、「私は従いません」という選択肢は現実的には許されておらず、敢えてそうした行動を選んだ人は、天皇への侮辱（不敬罪）などの理由で、厳しい法的処罰や社会的制裁に晒《さら》されました。

この意味において、「国家神道」とは実質的に、特定の政治思想を国民に植え付け、特定の政治的構造に国民を従わせるための「宗教的政治概念」であったとも言えます。「国家神道」で重要な役割を担った、伊勢神宮などの著名な神社で神職に携わる人間は、内務省の管轄下で公務員のように働き、政府の政治的意向に合致する形で、さまざまな祭祀を行いました。

このように、「神道」と「国家神道」は、言葉は似ていますが、構図としては「後者が前者を政治的に利用する」という関係にありました。

◆「国家神道」体制は日本をどこに向かわせたのか

日本の大手メディアで、目立って報じられることはありませんが、首相をはじめ現在の内閣を構成するほとんどの国会議員は、戦前・戦中の「国家神道」の理念に酷似した主張を掲げる宗教的政治団体（日本会議国会議員懇談会、神道政治連盟国会議員懇談会など）に所属しています。そして安倍首相は、二〇一五年七月二日付の朝日新聞によると神道政治連盟国会議員懇談会の会長でもあります。

これらの組織は、戦前・戦中の体制に対する批判や反省などの否定的な歴史認識を拒絶し、むしろ戦前・戦中と同じような「国家神道」の価値観に基づく社会の復活を目指すことこそが「本来のあるべき日本の姿」であるかのような政治宣伝を活発に行っています（その具体的な実例は、本書の第4章と第5章で解説します）。

昭和の戦前・戦中、とりわけ一九三五年（昭和一〇年）から一九四五年（日本が敗戦した昭和二〇年）までの一〇年間は、「国家神道」の最も極端な思想体系が、この国のあらゆる政治を支配した時代でした。

この時期の日本では、「天皇を頂く日本は世界で他に類を見ないほど優越した国家だ」という、自国の「国体」（「国のあり方」）や「国柄」などを示すとされた概念。旧字では「國體」。詳しくは第2章で後述）を礼賛する政治運動（いわゆる「国体明徴《めいちょう》運動」）が広く展開され、日本国民は（少なくとも表向きには）その政治思想を無条件に支持しました。国民の人権や人道、人命の価値はほとんど尊重されなくなり、「国体」への献身・奉仕・犠牲を推奨・賞賛する言説が、各種メディアに氾濫しました。

人命や人権の価値を著しく軽んじる「国家神道」の思想は、コンピュータに喩《たと》えるならいわば国家体制の「ソフトウエア（OS＝オペレーティング・システム）」であり、「軍国主義」はそのOS上で戦争という作業を行う「アプリケーション・ソフト（アプリ）」、軍隊はそれによって動かされる「ハードウエア」でした。

一方、アメリカなどの民主主義国は、OSが「民主主義」、アプリが「合理的な戦争指導」という仕様で、ハードウエアである軍隊を動かして、日本との戦争を行っていました。そこでは、兵士の命は日本よりも高く評価され、特攻（自殺的な体当たり攻撃）のような戦い方は一切行われませんでした。

戦後の日本国民は、ハードウエアの軍隊と、アプリケーションの軍国主義を否定し、アメリカと同様の「民主主義」というOSをインストールすることで「戦前・戦中への回帰の道は断たれた」と考えて安心しました。

しかし、国と国民を暴走させた「国家神道」というOSを削除し、民主主義という別の

OSを「上書きインストール」する作業は、敗戦からわずか五年後に起きた「ある事件」のため、不完全なまま中止させられてしまいました（詳しくは第3章で後述）。

そのため、完全に削除されなかった当時の古いソフトウエア、つまり「国家神道」が、現政権下の日本社会で、今まさに再起動しようとしています。

では、古いOSが再起動することの何が問題なのか？

この質問への答えは、七〇年前（一九四五年）の日本人が教えてくれているように思います。

実質的に、憲法を超越するような形で「国家神道」が国を支配した戦前・戦中の体制は、一見すると「愛国」のシンボルに溢れているように見えますが、その実態は、日本の長い歴史上ただ一度、国の主権を外国に譲り渡すという悲惨な「敗戦」を最後にもたらした政治体制です。

また、それは日本の長い歴史上、明治元年から数えても、わずか七十数年ほど日本の政治を支配したに過ぎない、一過性の現象でした。

つまり、「国家神道」は決して「日本の伝統」ではありませんでした。

当時の日本人が「自国の伝統の継承」だと信じ、唯一の「愛国の道」だと理解して歩んだ「国家神道」の道は、現実には日本という国を滅亡の淵へと導いた「亡国の道」でした。国の内外で大勢の人が死に、明治時代と大正時代に生きた日本人がコツコツと築いた国際的信用は、日本が始めた戦争での完敗によって完全に失墜してしまいました。

したがって、戦前・戦中の十数年ほどの期間に、軍人を含む日本人が国内と海外で行ったさまざまな人権侵害や軍事侵攻、そして「非人道的行為」は、決して「日本の伝統」や「日本人固有の資質」に根差したものではなく、敢えて言うなら一時的な「熱病」に浮かされた結果であるとも言えます。

本書では、この「熱病」を「大日本病《だいにっぽんびょう》」という言葉で表現しています（その理由は第2章の最後で説明します）。こうした病気は決して珍しいものではなく、歴史をひもとけば、古今東西の戦史や紛争史に同種の「症例」を見出すことができます。

しかし戦後の日本の一部では、この「亡国の体制」あるいは「大日本病に罹《かか》った時期の日本」を礼賛したり擁護したりする行為が、なぜか「愛国的」であると見なされてきました。

その理由は、戦前・戦中の「国家神道」に代わる新たな「愛国の形式」を、誰も提示できなかったからでした。日本はいわば、時代の流れに合わせてバージョンアップされていない、古くて重大な欠陥のある危険なソフトを、現在でもハードディスク上に残していることになります。

◆首相が目指す「憲法改正」の先にあるもの

「国家神道」のOSを再起動させつつある安倍政権と、それを支持する政治勢力が、戦前・戦中の政治体制を現代に復活させるためには、まず戦後の一九四七年に施行された日本国憲法を廃棄することが絶対的に必要となります。

そして、人権や人道といった現在の国際社会で重視される価値よりも「国家全体の利益」を優先する内容を記した、憲法が国を縛るのでなく国家体制が国民を縛る形式の「新憲法」に差し替えること。かつての「国家神道」の価値観を随所にちりばめた、戦前に回帰する方向性での「憲法改正」を、段階的に進めていくこと。

今まさに、安倍政権とそれを支持する政治勢力は、そうした方向性での憲法の書き換えを目指す、政治的な状況作りに邁進しています。

本書は、そうした流れ、つまり日本社会における価値観の大転換を国民が本当に受け入れるべきかどうか、正しく判断するために必要と思われる材料を提供する目的で書かれました。全体の構成は、次の5章から成ります。

【第1章　戦争のハードウエアとソフトウエア】
【第2章　国家神道体制と「国体明徴」運動の隆盛】
【第3章　戦後日本が怠った「OSの再インストール」】
【第4章　安倍政権下で再発した「大日本病」】
【第5章　戦前の価値観を継承する安倍政権】（本書で追加）

第1章では、第二次世界大戦期における日本の戦争を、ハードウエアとしての「軍隊」と、ソフトウエアとしての「国体の政治思想」に分けて再検証します。当時の日本軍の戦争への取り組み方は、同時代の他国軍とも、明治時代（日清・日露戦争）や大正時代（第一次世界大戦、シベリア出兵）の日本軍とも大きく異なる、異質なものでした。

第2章では、そうした「異質な昭和の日本軍」を生み出す土壌であった、日本の国家体制についての政治思想、すなわち「国体思想」が、当時の「国家神道」体制下で少しずつ肥大化・変形していく経過を、当時出版された文献を引用しながら振り返ります。

第3章では、「国家神道」体制の日本が一九四五年八月に悲惨な敗北を受け入れた後、戦後の日本でこの欠陥のあるソフトウエアがどう処理されたのか、あるいは処理されずに放置されたのか、という史実の経過を解説します。

第4章では、第二次安倍政権の発足以来、周到なやり方で着々と実現されつつある「国家神道的社会の復活」への動きに光を当て、憲法改正（変更）や安全保障政策の根本的な転換などの重要な政策変更と関連づけながら、戦前・戦中と同じ「大日本病」の再発を日本国民はどう回避すべきなのかという問題についても、論考を巡らせます。

そして、今回の増補版刊行にあたり加筆した第5章では、初版の刊行された二〇一五年九月から現在（二〇一八年三月）までの二年半に、本書で指摘した「大きな流れ」に沿う形で起きた、いくつかの出来事を紹介し、日本国内での「大日本病」の症状がますます悪化している事実を報告します。

安倍晋三首相は、二〇一七年十月二十二日に行われた第四八回衆議院議員総選挙で勝利したあと、憲法の変更に向けた形式づくりをさらに加速しています。

そして、憲法変更の動きと並行して、日本国民の意識や思想、価値判断基準を、戦前・戦中の日本、つまり「大日本病」が蔓延した時代と同じ方向へと導くための制度変更が、大学改革や道徳教育、歴史教育などの幅広い分野で、既に同時進行しています。

その重要な憲法変更を問う国民投票の輪郭が、進む道の彼方に見え始めた今、この国で何が行われているのか、誰が、何の目的でそれをしているのかという現実の認識を、国民の誰もが共有しておく必要があるように思います。

歴史的な文脈で、きわめて重要な分岐点に差しかかりつつある日本に住む皆さんが、現在進行中の現実を深く読み解く材料として、本書を活用していただければ幸いです。

第1章
戦争のハードウエアとソフトウエア

［1］異質だった「日本軍の戦争遂行システム」

◆戦後の日本で主流となっていた「平和国家」の考え方

一九三一年の満洲事変から、一九四五年に太平洋戦争（大東亜戦争）に敗北するまでの日本について、戦後の歴史認識では「軍国主義」という言葉で言い表すことが通例となってきました。

当時の日本は「軍国主義」が支配する体制であったがために、国家が戦争に暴走し、やがてコントロール不能な状態となって、奈落へと転落した。将来、同じ失敗を繰り返さないためには、軍人や軍隊という存在を可能な限り社会から遠ざけて、戦争とは無縁の「非軍国主義」の社会にしなくてはならない。それが「平和国家」のあるべき姿である。

そうした考え方が、戦後の（特に昭和後期の）日本では主流であったように思います。

日本が戦争に敗北した二年後の一九四七年に施行された「日本国憲法」も、右に挙げたような捉え方に基づく「平和国家」の理念を、色濃く反映したものでした。

よく知られているように、日本国憲法の第九条は「第二章　戦争の放棄」と題された章にある唯一の条文で、その内容は次のようなものでした。

『第九条　日本国民は、正義と秩序を基調とする国際平和を誠実に希求し、国権の発動たる戦争と、武力による威嚇又は武力の行使は、国際紛争を解決する手段としては、永久にこれを放棄する。

(2)　前項の目的を達するため、陸海空軍その他の戦力は、これを保持しない。国の交戦権は、これを認めない』

この条文が示す通り、戦後の日本では、問題解決手段としての戦争や武力行使、武力による威嚇、およびそれを行う専門的組織としての軍隊を否定し、これらの価値を認めないことが、将来日本が再び「軍国主義」の時代に回帰することを防ぐ唯一の道であると考えられていました。

しかし、戦史や紛争史を調べると、こうした考え方に一つの疑問が生じてきます。問題解決手段としての戦争や武力行使、およびそれを行う専門的組織としての軍隊を、国民が否定していない国は、世界中に数多く存在しています。その中には、北欧や西欧の国々（ノルウェー、ドイツなど）のような、日本よりも民主主義の制度が成熟していると評価される国も多く含まれています。

それにもかかわらず、戦前・戦中の日本のような、極端な侵略的行動に打って出る国が今の北欧や西欧では見当たらないのは何故だろう、という疑問です。

軍隊を持っていても暴走しない国と、暴走してしまう国。
その違いは何なのでしょうか？

◆戦前・戦中の日本は本当に軍国主義だったのか

いわゆる「軍国主義」という言葉は、英語では「ミリタリズム（militarism）」と訳されますが、本来の意味は「軍事的合理性」や「軍事的優越性」を価値判断の最上位に置く国家体制のことです。政策決定をはじめ、国家運営に関するあらゆる物事を、軍事優先で考え、評価し、実行する国が、本物の軍国主義の国家です。

軍人の思想は、「戦いに勝つ」ことを最優先し、それを実現するために、あらゆる環境を整えることを当然と考えます。

本物の軍国主義の国家は、軍事力の強化だけでなく、政治や経済、文化など、あらゆる社会的環境を、戦いに勝つこと優先の形へと作り替えることを目指します。

戦前・戦中の日本も、一見すると、国家運営に関するあらゆる物事を、軍事優先で考え、評価し、実行したかのように見えます。絶対的な上位者である天皇以外には、何人たりとも陸軍や海軍の方針に口出しできず（統帥権）、首相や大臣ですら、軍に関わる問題についての決定に異論を差し挟むことは「統帥権干犯」として激烈な反発に遭いました。

けれども、戦前から戦中にかけての日本陸軍や日本海軍と諸政策の関係を、注意深く観察すると、実際には「軍事的合理性」や「軍事的優越性」が必ずしも価値判断の最上位に置かれていなかったという、意外な事実に気付かされます。

例えば、戦前から戦中にかけての日本では、陸軍と海軍がそれぞれ似たような目的の兵器を開発していましたが、「用途がほぼ共通なのだから一緒に開発しよう」と相談して、開発コストの削減や運用テストの効率化、各種データの共有、弾薬や部品の共通化による兵站《へいたん》（補給）面での合理化といった協力関係を築くことは、ほとんどありませんでした。

また、当時の日本陸軍と日本海軍には、それぞれの戦いで得た軍事情報、特に自軍の敗北に関する情報を相手組織と共有する習慣も、多面的な分析と反省を徹底的に行って同じ失敗を繰り返さないようにするという合理的な発想も、ありませんでした。

一九四二年六月に発生したミッドウェー海戦は、日本海軍史上最大の敗北とも言える出来事で、日本はこの戦いで大事な主力空母を四隻も一度に失い、海軍の保有する航空戦力（当時の海戦を左右した決定的要素）が著しく低下する大打撃を被りました。

しかし、そのような重大な事実は、個人的な人脈を通じて情報を得ていたごく少数の幹部（首相就任後も陸軍の役職を兼任した東條英機《とうじょうひでき》など）を除き、日本陸軍の軍人には二年以上も知らされないままでした。

全体的な戦略の相談は、陸軍と海軍の代表者による連絡会議である大本営でなされましたが、陸軍と海軍を統括する形での総合的な「戦争全体の戦略方針」に基づいて戦争指導がなされることは、結局戦争中には一度もなく、陸軍側と海軍側の意向を均等に採り入れた、優先順位のよくわからない命令文書に落ち着くこともしばしばでした。

もし当時の日本が本当に「軍国主義」の国であったなら、目前の戦争に「勝つ」ためにできることは何でもやる、陸軍と海軍は互いに協力し、打てる手は全部打つ、持っている情報は出し惜しみせず共有する、組織として相手に譲るべき場面では譲る、という「軍事的合理性」や「軍事的優越性」を徹底的に追求していたはずです。

兵器開発の連携も、戦況分析の基礎となる情報共有も、敗因分析の共同研究も、最終的な自国の勝利という至上命令のためなら、組織の面子《メンツ》や縄張り意識などの感情を捨てて行うのが、本来の軍事優先の考え方です。

当時日本の同盟国であったドイツでは、こうした軍組織間の「面子や縄張り意識」はさほど顕著ではなく、陸海空三軍による作戦面での協力も普通に行われていました。

しかし、当時の日本陸軍と日本海軍は「戦争に勝つ」ことを優先順位の第一位にせず、組織間の縄張り争いや意地の張り合い、面子の保持などに無駄なエネルギーを費やして、ただでさえ限られた人的・物的資源を有効活用しませんでした。

つまり、太平洋戦争を戦っていた時期の日本は、少なくとも「軍事的合理性」や「軍事的優越性」を徹底的に追求して、優先順位の第一位に置く国ではありませんでした。表向き、国民向けに政府が語る言葉だけを見れば、あたかも「戦争に勝つこと」を最上位に考えていたかのように見えますが、内情は違っていました。

その意味で、完全な「軍国主義」の国ではなかった、という見方もできるわけです。

◆異様なほど「人間の命」を軽視した昭和の日本軍

こうした当時の日本軍における精神文化や組織運用の問題点については、過去に数え切れないほどの研究書が書かれており、戦史に関心のある人なら「もう語り尽くされた話」だと思われるかもしれません。

そして、組織間の縄張り争いや意地の張り合い、面子と威信の保持に無駄なエネルギーを費やして、ただでさえ限られた人的・物的資源を有効活用せず、全体すなわち「国」の利益ではなく、自分の所属する「省」の利益（いわゆる省益）を優先する思考は、戦後の日本の官僚にも色濃く引き継がれていることから、こうした傾向を日本のエリートに特有の陥穽《かんせい》と見なす論も、戦後の日本では数多く語られてきました。

しかし、戦前・戦中の「官僚」であった陸軍や海軍の軍人と、戦後の官僚との間には、決定的な違いがありました。

それは、人命の重さ（または軽さ）に対する認識です。

軍人の士気（モラール）が低下すれば、軍という組織全体の能力も下がり、やがて対外戦争で敗北することになります。そのため、本物の軍国主義の国では、軍人の士気を高く維持するため、指導部は彼らの命を「軽視していない」ことを示すよう努力します。

苛酷な境遇に置かれた兵士に、それでもなお国のために献身する意欲を保たせるには、単に上層部に対する忠誠心を強制するだけでなく、自分たちの命が「粗末に扱われていない」という確信を、個々の兵士に抱かせることが必要になります。

同じ「大日本帝国憲法」下の日本軍でも、明治期の日清・日露戦争や大正期の第一次世界大戦、シベリア出兵などにおいて、日本軍の上層部は決して前線の兵士たちを「粗末」には扱いませんでした。

どうしても人的損害の増大を防げないようなケース（日露戦争期の日本海軍による旅順港閉塞作戦や、同じく陸軍による旅順要塞攻略作戦）では、攻撃を命じる司令官や参謀が激しい苦悩と焦燥に苛まれていた事実が記録に残されています（前者については、後ほど改めて触れます）。

そして、自軍が戦いに敗れた場合には兵士が捕虜となることを許し、自軍に投降した敵軍の捕虜に対しても、敬意を払いつつ、当時の国際法に定められた通りの権利を与えていました。戦争に勝っても負けても、軍人の命をむやみに粗末にはせず、味方も敵も戦後まで生き延びることを「当たり前」のことと理解していました。

ところが、日中戦争（当時の日本側呼称は「支那事変」）から太平洋戦争に至る時期の日本軍は違っていました。

まるで宗教の「神」のような絶対的存在を、価値判断の最上位に置き、その「神」に国が従う社会構造を維持するため、という形式であれば、人間の命がどれほど失われても問題視されない精神風土が、軍組織の上層部から末端まで広く浸透していたのです。

◆「玉砕」を生む精神的土壌となった「戦陣訓」

昭和の日本軍は、自軍の兵士が敵の捕虜となることを「不名誉な事態」と位置づけ、敵に包囲されて生還の望みが断たれた場合は、敵に投降する代わりに「玉砕（自決または自殺的突撃による戦死）」するよう、兵士に強要していました。

日本軍部隊の全滅を指す言葉として「玉砕」がシンボリックな形で使われたのは、一九四三年五月の、アッツ島での敗北でした。しかし、捕虜になるくらいなら、その前に全滅覚悟で突撃して戦死せよとの風潮は、それ以前から日本軍の内部に浸透していました。

こうした玉砕の強要を、兵士が受け入れる精神風土を醸成する上で、きわめて重要な役割を果たしたのが、一九四一年一月八日に当時の陸軍大臣（同年十二月の太平洋戦争開戦時には首相）東條英機が示達した「陸訓第一号」、いわゆる「戦陣訓」と、昭和初期から日本軍内に存在した「敵の捕虜となることを許さない風潮」でした。

戦陣訓という名は、その中の「本訓その二　第八　名を惜しむ」という項目に書かれている、次のような「戒め」によって、戦後の日本でもよく知られる存在となりました。

『恥を知る者は強し。常に郷党家門の面目を思い、いよいよ奮励してその期待に答うべし。生きて虜囚の辱《はずかしめ》を受けず、死して罪禍の汚名を残すことなかれ』

日清・日露戦争と第一次世界大戦において、日本軍は戦闘で窮地に陥った軍人が敵に投降する（捕虜になる）ことを制度として禁止しておらず、敵の捕虜に対しても当時の国際的な慣習や条約に従う形で、一定の敬意を払いつつ人道的に対応していました。

しかし、日露戦争でロシア軍の捕虜となった日本軍人が帰国した時、一部では「国の恥を晒した」という心ない罵声や冷たい視線を浴びることがあり、特に戦死した兵士の遺族は、生還した元捕虜に対して、筋違いの敵意や憎しみを抱くこともありました。

こうした「捕虜を不名誉と見なす風潮」は、昭和に入るとさらに強まり、一九三七年に日中戦争が始まる頃には、いったん捕虜となって生き延びた日本軍人が「傷ついた名誉を守る」ために自決することを「美談」とする風潮が、社会に広まっていました。

そして、ノモンハン事件（一九三九年に満洲国とモンゴル人民共和国との国境線をめぐって勃発し、両国に駐留する日ソ両軍が双方の主力として戦った紛争）で発生した大勢の日本軍人の捕虜が、ソ連軍との捕虜交換で帰国すると、日本軍の上層部は新たな規則（一九三九年九月三十日付「今次事変に於ける捕虜帰還者の取扱方に関する件」）を制定し、敵の捕虜となった後に帰還した日本軍人は全員「捜査の対象」、つまり犯罪容疑者と見なし、捜査結果が不起訴や無罪であっても、懲罰的な配属転換を行うよう命じました。

つまり、日本軍の内部では、太平洋戦争が始まる前の時点で既に「捕虜となった者は処罰される」規定が作られていましたが、これに「戦陣訓」が加わることで、「捕虜となった者の家族」までもが、有形無形の懲罰的報復の標的となる図式が完成しました。

戦陣訓は、敵の捕虜になることは「罪禍の汚名」を故郷の家に着せることだから、親や兄弟、子供などの「郷党家門の面目」を常に思い出して、降伏しようなどとは思うな、と書いていますが、一読してわかる通り、これは実質的には「脅迫」でもありました。

自分が捕虜になったら、親や兄弟、子供が「国に背いて戦いを放棄した非国民（当時の日本で用いられた、愛国的でない国民を指す言葉）の家族」という誹謗やいじめを受けるのではないか。そんな心配が常に精神を支配していれば、兵士が降伏という決断を下す際のハードルは、真面目で誠実な人ほど高くなります。

それゆえ、戦場で孤立した多くの兵士は自分の命よりも「郷党家門の面目」を重視し、形式上は自発的に、玉砕という凄惨な選択肢を選び取ることになりました。

陸軍のトップが公式に示達したこれらの「戒め」によって、日本陸軍の兵士はあらゆる戦いにおいて、どんなに絶望的な状況に陥っても、生き延びるために捕虜となる道を厳しく遮られていました。海軍の軍人は、形式上は陸軍の訓示である「戦陣訓」の拘束を受けませんでしたが、彼らの価値判断基準も基本的には同じでした。

そして、日本軍の戦争指導部は、このような「玉砕戦」が北極に近いアリューシャン列島から赤道付近の南太平洋に至る広大な領域で次々と発生しても、失われる人間の命の重さをほとんど顧みることなく、敗戦まで戦陣訓に従う形での指揮を続けました。

◆特攻（体当たり）攻撃と自殺的攻撃兵器の開発

もう一つ、戦前・戦中の日本軍がいかに人間の命を軽視したかを物語る事例として、兵士を兵器の「自動操縦装置」のように運用して、爆弾や爆薬を敵の軍艦などに突入させるという「特攻（体当たり）」と呼ばれる攻撃法が挙げられます。

当時の日本軍が戦争末期に、特攻という恐ろしい手段を多用したことは有名ですが、爆弾を積んだ戦闘機や攻撃機、爆撃機を敵の軍艦に体当たりさせるという、既存の通常兵器を「本来の目的とは違う形」で運用した「特攻」に加えて、日本海軍は、搭乗員の生還を最初から度外視した「特攻兵器」の開発を、敗戦より一年以上前から進めていました。

それが、海軍の人間魚雷「回天」や特殊潜航艇「海龍」、小型攻撃艇「震洋」、特殊滑空機「桜花」など、数多くの種類を持つ「体当たり兵器」でした。

こうした特攻の思想が、具体的な戦争遂行の手段として軍上層部で本格的に検討され始めたのは、戦局が完全に日本の劣勢へと転じていた一九四四年春頃のことでした。

ありきたりな戦法では、戦争の劣勢を挽回するのは不可能だとの認識が、軍の上層部に広がった結果、一時的にでも敵の損害を増やして戦意を低下させ、日本があまり不利にならない形でアメリカとの講和を結べるようにしたい、という苦肉の策として、操縦する兵士ごと敵艦などに体当たりさせる残酷な戦法が生まれたのです。

言い換えれば、戦争指導部の判断ミスや、陸軍と海軍の協調性のなさ、統合的な軍事戦略の欠如など、日本軍の劣勢を生み出した組織内の問題点には目を向けず、指導部がそれらの責任をとる代わりに、前線の兵士の命を犠牲にする方策がとられたのでした。

そして、特攻という悲壮感に満ちた戦法が、殉国美談の物語として国民の間に知れ渡ると、我が身を捨てて国に殉じた搭乗員を賛美するムードが形成され、戦局悪化を招いた指導部の責任という大きな問題から、国民の目が逸らされることとなりました。

ある戦闘において、個人としての兵士が自らの判断で、自分が犠牲になるのと引き換えに、より大きな損害を敵に与える、あるいは大勢の仲間の命を助ける目的で「体当たり戦法」を行うことは、古今東西の戦史や紛争史に数多くの実例があり、日本軍だけがそれをしたわけではありませんでした。

しかし、太平洋戦争末期の日本軍は、そうした「個人レベルでの現場判断」ではなく、さまざまな種類の自殺的攻撃兵器の開発や、それを行うための部隊の改組などを含む組織的な「事業計画」の策定まで行っていました。

こうした、兵士の命を使い捨てにするようなむごい戦法が、組織的かつ継続的に実行されたにもかかわらず、日本軍の内部では、兵士による大規模な反乱などは発生しませんでした。その理由は、自殺的攻撃を命じられた日本軍兵士の側に「自分たちが死んでも、その死は無駄ではない」との考え方が、広く定着していたからでした。

それらの日本軍兵士は皆、大日本帝国に君臨する「天皇」を外敵から守るという、崇高な役割を与えられた存在であり、その戦いの中で死ぬことは「名誉なこと」であるとの価値判断が、少なくとも表向きには、日本軍人の間で共有されていました。

ちなみに、第二次世界大戦で日本の同盟国だったドイツの軍隊も、ただ一度だけ、日本軍の行動を真似て、集団的な「体当たり攻撃」を実行したことがありました。

一九四五年四月七日に「ゾンダーコマンド・エルベ」と呼ばれる特別編制の航空隊の戦闘機約一〇〇機が、アメリカ軍の重爆撃機編隊に対して、組織的な体当たり攻撃を行いました。しかし、襲来した米軍の爆撃機約一三〇〇機のうち、ドイツ軍機の「体当たり」で撃墜されたのはわずか八機で、ドイツ軍の上層部は「自軍兵士の損失と比べて、効果が無さすぎる」として、以後は二度と同種の体当たり攻撃は実行させませんでした。

◆イラン軍や「イスラム過激派」と日本軍の共通点

こうした人命軽視の戦争遂行術について、戦後の歴史認識では一般的に、当時の日本の軍国主義における典型的な「非人道性」や「冷酷さ」として説明されてきました。戦争の勝ち負けにしか価値を置かない「軍国主義」の時代だったから、人間の命を使い捨ての道具のように扱えたのだ、というわけです。

けれども、そのような解釈は、太平洋戦争だけを切り取れば成立しますが、日清戦争・日露戦争期の日本軍や、第二次世界大戦中の日本以外の諸外国など、同様に戦争の勝ち負けを追求していた国々が、同じような戦い方をしていなかった理由については、まったく説明できません。

明治後期の日本も、太平洋戦争当時と同じく、軍人が危機感を持って清国やロシアと戦いましたが、「特攻兵器」などという人命軽視の発想はありませんでした。

例えば、日露戦争で日本海軍が実行した、三度にわたる旅順港閉塞作戦の目的は、石炭殻などを満載した船を旅順港の狭い入口に沈めて、ロシア海軍の大艦隊を同港に閉じ込めることでした。この作戦は、港を守るロシア軍砲台の射程範囲内で実施されたため、日本側に多くの死傷者が出ることが予想されましたが、乗員が生還する望みを捨てず、手を尽くして彼らを救出し、一人でも多く生き延びさせるというのが大前提でした。

太平洋戦争時の日本軍と同じような形で、自軍兵士に組織的な自殺的攻撃を命じ、兵士がそれに従った「国家」として挙げられる数少ない例の一つは、一九八〇年から一九八八年にかけて「イラン・イラク戦争」を戦った、中近東の産油国イランでした。

イランは当時、ルホッラー・ホメイニという最高指導者（通称アヤトラ・ホメイニ。アヤトラとはシーア派の高位のウラマー＝イスラム法学者が冠する称号）の下で「イスラム原理主義」の政権を樹立する革命（イスラム革命）を成功させ、唯一神（アラー）の教えを絶対視する厳格なイスラム社会を築き始めたばかりでした。

そして、イランの最精鋭部隊である「革命防衛隊」は、対イラク戦の劣勢を挽回するために、イラン人の少年兵で突撃部隊を編成し、イラク軍の陣地に隊列を組んで前進させ、「イラク軍が埋めた地雷を少年兵に踏ませる」という非情な戦術を使い始めました。

イラン軍本隊の攻撃路を啓開するために、自国の少年に地雷を踏ませて爆発させるという常軌を逸した戦術を見て、世俗派（さほど厳格ではなく、人権や人道も重視する）イスラム教徒のイラク軍兵士はパニックに陥り、恐怖で敗走する部隊が続出しました。

ホメイニは、こうした少年兵に対し「死後はアラー（神）の許へ行けるように」との祝福を与えており、指導者のために身を捧げる少年は後を絶ちませんでした。革命防衛隊に志願する少年たちは、自分も「偉大な革命を守る戦いに参加できる」という高揚感と使命感に酔い、「自分たちが死んでも、その死は無駄ではない」と考えていました。

また、国際社会で「国家」として認められていませんが、二十世紀末頃から主に中近東やアフリカ、南アジアなどで活動する、「アル・カーイダ」や「イスラム国（ＩＳ）」などのイスラム過激派組織も、人間の命を使い捨ての道具のように扱う「自爆攻撃」（人間の身体に爆弾や爆薬を巻いて市場やバスなどで爆発させる手法）を多用しています。

太平洋戦争期の日本や、イラン・イラク戦争時のイラン、そして現代のイスラム過激派勢力に共通するのは、ある「絶対的な価値に基づく体制」を守るためなら、人間を戦いの道具として使い捨てにしても道義的に許される、という、人道的感覚の麻痺でした。

イラン軍やイスラム過激派の場合、戦いによって守ろうとする、あるいは実現しようとする対象は、彼らが絶対的に正しいと信じる「厳格なイスラム法の支配する体制」でしたが、太平洋戦争期の日本軍上層部が特攻という手段を用いてまで守ろうとしたのは、「国家神道」を基盤とする宗教と政治の融合した特殊な国家体制でした。

神の子孫である「万世一系」の天皇を頂点に置く、世界に類を見ない崇高な国家体制。それが、当時の日本では絶対的に正しいと解釈された「国家神道」の「国体」でした。

単に軍事的合理性だけを追求する「軍国主義」ではなく、宗教的な政治思想を軍事的合理性よりも上位に置いた時、戦争を行う戦闘集団は、人間を戦いの道具として使い捨てにしても許される、という、人道的感覚の麻痺に陥ります。

つまり、戦前・戦中の日本軍の特徴として挙げられる人命軽視の悲劇を二度と繰り返さないためには、当時の日本を「軍国主義」と捉えるのではなく、宗教的政治思想が戦争指導部と個々の軍人の価値判断に大きく影響していた事実を認識する必要があります。

その構図は、第二次世界大戦で日本が敵として戦った連合軍の国々はもちろん、同盟国であったナチス・ドイツとも、完全に異質なものでした（ナチスとはヒトラーを指導者とした「国家社会主義ドイツ労働者党」の略）。

そんな日本軍の精神面と「国家神道」の理念との関係について触れる前に、第二次世界大戦で日本と同様に「敗者」となった、ヨーロッパの二つの国（フランスとドイツ）に光を当て、戦争における「敗北」の受け入れ方の違いについて、少し比較してみます。

[2] フランス、ドイツ、日本の「負け方の違い」

◆［フランスの場合①］実は「敗者」でもあった「戦勝国フランス」

まず、フランスについて。フランスは第二次世界大戦における「戦勝五大国」の一つであり、一九四五年に戦争が終わった時は「戦勝国」でした。

しかし、第二次世界大戦が勃発した翌年の一九四〇年六月、フランスは自国に侵攻してきたドイツ軍に完敗を喫し、第一次世界大戦の休戦協定が調印されたのと同じパリ郊外のコンピエーニュの森で、前回とは立場を入れ替えて（つまりドイツ軍が勝者、フランス軍が敗者という形で）、屈辱的な休戦協定を結ばされていました。

パリのシンボルとも言えるエトワール凱旋門には、ドイツのカギ十字の旗がなびき、ヒトラーは側近と共に、シャイヨー宮のテラスからセーヌ川の対岸にあるエッフェル塔を見物し、ドイツ兵はシャンゼリゼ大通りを誇らしげに行進しました。

フランスはこの時から、四年後の一九四四年八月に連合軍（一九四〇年に海外へ亡命してドイツと戦っていた「自由フランス軍」の部隊も含む）によってパリが解放されるまでの四年間、事実上の「敗戦国」となり、国土の北部と西部はドイツの統治下に置かれ、南東部の領土のみでドイツ寄りの中立国（いわゆるヴィシー・フランス）として存続することとなりました。

ドイツ軍が、西部のフランスとベルギー、オランダ、ルクセンブルクへの侵攻作戦を開始したのは、一九四〇年五月のことでしたが、フランス政府とフランス軍の上層部は、そう簡単に自国がドイツに負けることはないだろうと、事態を楽観視していました。

フランス軍は、当時のヨーロッパで有数の軍事大国であり、兵力数でも戦車や爆撃機の数でも、ドイツと比べて遜色はないと考えられていたからです。また、ドイツとフランスが直接国境を接する場所では、難攻不落と謳《うた》われた大要塞線（マジノ線）が建設されて、巨大な大砲をドイツに向けていました。

しかし、戦車や爆撃機などの「ハードウエア」では、独仏両国の間にさほど違いがなくても、それらを運用する「ソフトウエア」の面では、ドイツとフランスに大きな開きが存在していました。

フランス軍は、戦車を単に「歩兵を支援する兵器」と考え、爆撃機も単体で爆撃任務を行うだけでした。しかしドイツ軍は、戦車と急降下爆撃機を組み合わせて、敵の防衛線を短期間で突破したあと、敵陣の奥深くに斬り込んでいく革新的な軍事戦術（のちに「電撃戦」と呼ばれる）をほぼ完成させており、完全に意表を突かれたフランス軍は、間もなく北部の大部隊（同盟国であるイギリスの欧州派遣部隊を含む）をドイツ軍戦車部隊によって包囲されて、戦力が実質的に半減してしまいました。

その後、ドイツ軍はフランスの首都である花の都パリを目指して、第二次攻勢を開始しますが、この時点でパリ周辺にはわずかなフランス軍部隊しか残っておらず、いまだ強力な戦力を保持するドイツ軍からパリを守ることは、どう考えても不可能でした。

◆［フランスの場合②］ポール・レイノー首相の苦渋の決断

もはや自国に勝ち目はない、と敗北を悟った当時のフランス首相ポール・レイノーは、断腸の思いで、きわめて重大な決定をいくつか下します。

まず、一九四〇年六月十一日に首都パリを「無防備都市」にすると内外に宣言します。無防備都市とは、都市の内部に正規軍や民兵などの戦闘部隊を配置しない代わりに、相手側も攻撃しないでほしい、という、白旗の意思表示でした。

当時の国際社会で尊重されていた、戦争の基本的ルールを定めた「ハーグ陸戦条約（一八九九年に採択、一九〇七年に改訂）」には、「無防備都市、集落、住宅、建物はいかなる手段をもってしても、これを攻撃、砲撃することを禁ず」という条文（第二十五条）があるため、フランス政府はドイツ軍のパリ攻撃を避けるために、こうした屈辱的とも言える態度をとる決断を下しました。

三日後の六月十四日早朝、最初のドイツ軍部隊がパリ市内に入りましたが、フランス側は約束通り、軍の部隊を市外へと撤収させており、何の戦闘も発生しませんでした。パリに置かれていたフランス政府は、パリ南西二〇〇キロのトゥールという町に疎開していましたが、パリの陥落でフランス国民の戦争継続の意欲は粉々に打ち砕かれました。

そして、ドイツ軍のパリ無血入城から二日後の六月十六日、レイノー政権は総辞職し、後任の政府首班となったフィリップ・ペタン元帥は、ドイツへの降伏を決断しました。

ペタンは、勝ち目のない抵抗を続けて大勢の国民を無為に死なせるよりは、いったん敗北を受け入れ、今回の戦争で勝利した（と、この時点では思われた）ドイツと良い関係を構築しながら、将来的な巻き返しに備えて社会を再建すべきだと判断しました。

このように、フランスはドイツ軍部隊が自国の中枢部に迫った時、のちに日本軍が行ったような「玉砕」の戦法は、まったく選択肢に含めていませんでした。

日本人から見れば、その「負けっぷり」にはある種の潔さすら感じられますが、フランス政府もフランス国民も、むやみに戦争が長期化して軍人や市民、そして由緒ある美しい建物などの貴重な文化遺産が甚大な被害を被ることを避け、戦災による損失を最小限に抑えることが大事だという考え方に、大きな価値を置いていました。

もし、フランスが「パリ無防備都市宣言」を行わず、フランス軍部隊を市内に配置して徹底的に抗戦していたなら、フランス国民の死者の数は、万単位で増えていたかもしれません。また、パリ市内は激しい市街戦で凄まじい破壊を被り、凱旋門やエッフェル塔、ルーブル美術館、かつての皇帝ナポレオンの柩《ひつぎ》が納められている廃兵院（アンヴァリッド）などの優美な建造物も無惨に崩壊していた可能性もありました。

しかし、過去にドイツ（およびその前身のプロイセン）と何度も戦争をした経験を持つフランスの国民は、一回の戦争で負けても「今回は負けたが、それで国が滅びるわけじゃない」という、歴史的な長いスパンで物事を見る視座を備えていました。

それゆえ、当時のフランス政府は「国家体制」と「国民の命」という二つの守るべき対象を天秤にかけ、国民の命を守るために国家体制（第三共和政）の保持をあきらめる道を選びました。そして、フランス国民もまた、敗北という厳しい現実と正面から向き合い、屈辱感に耐えつつ、それを受け入れたのです。

◆［ドイツの場合①］ 敗戦一年前に敗北を悟った将軍たち

第二次世界大戦期のドイツ軍の場合、敗北に至る道のりは、大まかに二段階に分けて捉えることができます。

最初の段階は、米英およびカナダの各軍部隊が、北フランスのノルマンディー海岸に上陸した一九四四年六月六日から、東プロイセンの総統大本営でヒトラー暗殺未遂事件が発生した同年七月二十日までの期間。

二つ目の段階は、ヒトラーが辛くも暗殺をのがれて生き延びた時から、総統ヒトラーの帝国官房での自殺（一九四五年四月三十日）を経て、ドイツ全軍を代表するカイテル元帥が連合軍への無条件降伏文書に調印した五月八日までの期間です。

この二つの段階は、単に時期的な区分でなく、その「敗北に至る」内容において、重要な違いが存在していました。前者は「ドイツという国が被るダメージを最小限に留めつつ戦争を終わらせる」ことを、ドイツ軍の将官たちが目指した時期で、後者は「ドイツが破滅的な敗北を喫することが確実になった状況下で、少しでも多くのドイツ人を戦後まで生き延びさせる」ことを、ドイツ軍の将官たちが目指した時期でした。

一九四四年六月六日に、連合軍がノルマンディー上陸作戦を行った時、ドイツ軍の最高司令官でもあった独裁者アドルフ・ヒトラーは、すぐに沿岸部のドイツ軍部隊に反撃を行わせ、敵の上陸部隊を海に追い落とすよう命じました。

しかし、ノルマンディー海岸周辺の制空権（より強い空軍力を持つ側が握る、戦場上空の支配権）は完全に連合軍によって握られていたため、ドイツ軍の反撃は散発的なものに終わり、連合軍は六〇キロにわたる上陸海岸に、しっかりとした拠点（海岸堡）を確保することに成功しました。

この展開を見た、現地の部隊を指揮するドイツ軍上級幹部の多くは、「これで戦争の勝敗は決まった」「ドイツの負けだ」と確信しました。

将棋の有段者は、実際に相手が王手をかけるはるか以前の段階で、双方がこのまま最善の手を打ち続けた場合に「一方の勝利に終わる」という状況が盤上に出現した時、それを瞬時に読み取る能力を備えており、自分が負けたと悟った側は「はい、負けました」と相手に宣言するのが慣習となっています。これを「投了」といいます。

連合軍のノルマンディー上陸作戦が成功に終わった時、フランス北部とその隣接地域を統括するドイツ軍の西方総軍司令官フォン・ルントシュテット元帥や、その部下であるB軍集団司令官ロンメル元帥は、物量に優る連合軍がフランスに進出拠点を確保した以上、もはやドイツ軍には敵（圧倒的な物量を誇る連合軍）のヨーロッパ内陸部とドイツ本土への進撃を止める術《すべ》はないことを、即座に理解しました。

そして彼らは、戦争の勝敗が「ドイツの敗北」という形で事実上決したあと、ドイツという国がどのような形で敗北を受け入れるかによって、戦後の復興にも大きな違いが生じるとの考えから、なるべくダメージ（戦死者や民間人死者の増大、ドイツ国内のインフラ破壊など）の少ない形で戦争を終わらせることが必要だと考えました。

ノルマンディー上陸作戦の開始から十一日後の六月十七日、ヒトラーが前線視察のためパリ東方のソワソンという街を訪れると、ルントシュテットとロンメルは前線の状況を報告したあと、一刻も早く「政治的な決断」を下すべきです、とヒトラーに進言しました。

この「政治的な決断」とは、連合軍との和平交渉を意味していました。

つまり、彼らはヒトラーに「もう投了されてはいかがですか？」と勧めたのです。

実際には、米英両国政府はこの時、ドイツおよび日本との戦争は、相手国の「無条件降伏（戦争終結に際し、降伏する側の出す条件や要求を一切認めない）」でしか終結させない方針で一致していました。したがって、ドイツ軍の将官が望む形での交渉は難しい状況になっていましたが、ヒトラーは「まだ戦争に負けたと決まったわけではない、戦局は挽回できるはずだ」と信じ、ルントシュテットとロンメルの進言を拒絶してしまいます。

こうしたヒトラーの強気の姿勢に、ドイツ軍将校たちは危機感を募らせ、このままではドイツという国が破滅してしまうと考えた一部のグループは、爆弾でヒトラーを暗殺することを試みます。

一九四四年七月二十日、映画『ワルキューレ』の題材となった「ヒトラー暗殺事件」が発生しますが、ヒトラーは間一髪で爆死を免れ、暗殺計画に関わった将軍や将校はすぐに逮捕されたあと、処刑されてしまいました。

ちなみに、当時のドイツ国内で最も人気のあった将軍の一人であるロンメルは、実際にはヒトラー暗殺計画に直接関与していませんでしたが、ヒトラーの猜疑心によって犯行グループの一員との疑いをかけられ、名誉の保持と引き換えに自決を強要されました。

◆［ドイツの場合②］部下の「玉砕」を回避した将軍たち

この「ヒトラー暗殺事件」の失敗のあと、ドイツ軍の将軍たちは連合軍との和平という可能性をあきらめ、ヒトラーの下で防衛戦を指揮しました。

しかし、東からドイツに進撃するソ連軍と、西からドイツに迫る米英加（カナダ）連合軍によって挟み撃ちの状況となったドイツ軍は、一九四五年に入るとドイツ本国へと押し込められてしまいます。

そして同年四月十六日、オーデル川とナイセ川の流域に展開したソ連軍の大兵力が、ドイツの首都ベルリンを目標とする大攻勢を開始し、ヨーロッパにおける第二次世界大戦はいよいよ終幕に差しかかりました。

この時、オーデル川流域のドイツ軍部隊を率いてベルリン防衛戦の指揮を委ねられていたのは、ゴットハルト・ハインリーチという将軍でした。

ハインリーチ上級大将は、ヴァイクセル軍集団という上級司令部の司令官で、彼の指揮下には第3装甲軍と第9軍という、二つの戦略規模の部隊が所属していました。しかしハインリーチは、四月六日に行われた軍上層部の会議で、もはやベルリン防衛という目的を実行することは絶望的であると、ヒトラーに直言しました。

「私は申し上げなくてはなりません。我々にはもはや、せいぜい数日間、戦線を持ちこたえられる程度の兵力しかありません。そして、全ては終わりを迎えるでしょう」

これを聞いたヒトラーは激怒し、次のような理屈でハインリーチを叱責しました。

「信念だ！　信念と成功への強い意志があれば、兵力の不足は補えるのだ！」

物量や兵力の劣勢を、精神力で補えるはずだと強弁し、厳しい現実を直視する代わりに自らの願望を投影した「物語」に陶酔してしまう。戦争末期のヒトラーの態度は、戦前・戦中の日本軍人とかなり似通っているところがあります。しかしハインリーチらドイツ軍の将軍たちがとった行動は、同時期の日本軍の将軍とはまったく違っていました。

ハインリーチと、第3装甲軍司令官のフォン・マントイフェル装甲兵大将、そして第9

軍司令官のブッセ歩兵大将は、既に敗北が確定した戦いで部下の命を犠牲にすることではなく、一人でも多く戦後まで生き延びさせることが自らの務めであると考えていました。

そのため、彼らは絶望的な状況下に置かれた前線部隊を、拠点にしがみつかせて全滅させること、つまり日本軍の語法で言う「玉砕」ではなく、部隊としての形態を保ったまま後方へ撤退させるという、ヒトラーの命令に真っ向から逆らう方策をとったのです。

冷酷な独裁者ヒトラーの命令に逆らうというのは、命に関わるリスクを伴う危険な行為ですが、実は第二次世界大戦中、ヒトラーの命令に逆らう態度をとったドイツ軍人は、数多く存在していました。

その大半は、ソ連軍と戦う東部戦線において、ヒトラーが大都市などの拠点を守るドイツ軍部隊に対して下した「死守命令」の無視でした。自分の部下がヒトラーの命令で全滅することを承服しないドイツ軍の指揮官は、独自の判断を優先して撤退の命令を下し、大都市や拠点の放棄と引き換えに部下を死地から救い出すという行動をとりました。

キリスト教ルター派の牧師を父に持つハインリーチは、ユダヤ人迫害や占領地での非人道的な統治法に強い疑問を抱き、ナチ党への入党の勧誘もすべて断っていました。そして彼は、四月二十七日にマントイフェルとブッセの両部隊に西への全面的な撤退を命じたあと、「総統命令を無視するのはまずいのではありませんか？」という懸念を表明した司令部の参謀に、こう説明しました。

「私にはこれ以上、自殺的で無意味な死守命令を下すことはできません。そのような命令を拒絶することは、部下に対する私の責任であり、ドイツ国民に対する責任でもある。そして神に対しても」

結局、ヒトラーはその三日後の四月三十日、ベルリン市内の総統官房でピストルを使って自殺し、彼の命令から解放されたベルリン守備隊の指揮官たちは、白旗を掲げてソ連軍に降伏しました。

そして、五月八日にベルリン郊外のカールスホルストという町で、ドイツ軍のカイテル元帥が全ドイツ軍を代表して、米英仏ソ四国に対する無条件降伏文書に署名し、ヨーロッパにおける第二次世界大戦はようやく終結しました。

◆［ドイツの場合③］「ヒトラー親衛隊」ですら「玉砕」を拒絶

第二次世界大戦期のドイツ軍には、通常の「国防軍」に加え、ヒトラーの身辺警護部隊から発展した「武装親衛隊（ヴァッフェンSS）」と呼ばれる軍事組織も存在しました。

武装親衛隊は、ユダヤ人迫害などを行った親衛隊（SS）の軍事部門で、連合軍との戦いでは、国防軍の部隊と武装親衛隊の部隊が混在する形で作戦を行うことも少なくありませんでした。両者の違いは、国防軍の将軍や将校にはヒトラーを崇拝する「ナチ党員」が少数派だったのに対し、武装親衛隊はヒトラーへの忠誠とナチ党の教義への絶対的服従を誓う人間ばかりで編成されていたことでした。

第二次世界大戦期に、ヒトラーの命令を無視あるいは拒絶したドイツ軍人が少なくなかったことは、先に触れましたが、こうした現象は驚くべきことに、ヒトラーに忠誠を誓うはずの武装親衛隊においても繰り返し発生していました。

例えば、一九四二年から一九四三年にかけての冬、東部戦線のドイツ軍は、スターリングラード周辺で実施されたソ連軍の大反攻作戦によって戦略規模での敗北を喫し、広大な領域で撤退を強いられていました。

それを知ったヒトラーは、ソ連邦の構成国のひとつウクライナの重要都市ハリコフ（現在の呼称はハルキウ）を守る武装親衛隊の軍団長パウル・ハウサーSS大将に「いかなる情勢になろうとも、ハリコフを死守せよ！」と厳命しました。

しかしハウサーは、この命令に従って部下を全滅させるのは、軍事的合理性の面から考えて無意味と考え、上級司令部の許可を得ることなく、独断で指揮下の部隊をハリコフ市外へと撤退させ、将兵を生き延びさせました。

また、戦争末期の一九四五年三月には、ハンガリー方面で戦っていた武装親衛隊の部隊でも同様のことが起こりました。

この時、ハンガリー戦域で第6SS装甲軍という部隊を指揮していたのは、総統ヒトラーの身辺護衛部隊が創設された頃からの部隊指揮官で、いわば「武装親衛隊の顔」とも言える人物、ヨーゼフ（ゼップ）・ディートリヒSS上級大将でした。敗色濃厚となったこの段階で、ヒトラーは第6SS装甲軍に無謀な反撃の実行を命じ、西への退却を禁止しました。

しかしディートリヒも、命令に従って東への反撃を継続すれば、退路が断たれて部下が全滅すると危惧し、ヒトラーの命令を完全に無視して、独断で前線部隊に撤退命令を下しました。これを知ったヒトラーは激しく怒り、ディートリヒと彼の部下に侮辱的な懲罰を加えると伝えたため、ディートリヒも激昂して、自分が過去に受けた勲章をすべて箱に入れてヒトラーに送り返すという対決的な行動に出ました。

興味深いのは、ヒトラーの側も、自分の死守命令を無視して部下を撤退させたハウサーやディートリヒを逮捕したり処刑したりしなかったことでした。当時のドイツでは、全滅するまで戦う「玉砕」の考え方に同意する人間は、ドイツ軍上層部はもちろん、ヒトラーを崇拝する武装親衛隊においてもきわめて少なかったからです。

ちなみに、先に説明したベルリン最終戦において、首都ベルリンの周辺にはいくつかの武装親衛隊の戦闘部隊が展開していましたが、そのほとんどはオランダやベルギー、ノルウェーなどの外国人義勇兵（共産主義のヨーロッパへの勢力拡大に反対する「反共右派」の政治的信念でナチスに協力）から成る部隊でした。

そして、ディートリヒらに率いられた、ドイツ人から成る武装親衛隊の各部隊は、ヒトラーとナチス体制を見限り、西部戦線に移動して、米英連合軍へと降伏しました。

◆［日本の場合］部下の命を救おうとしなかった上級指揮官たち

こうした事例を、太平洋戦争期の日本軍と比較すると、第二次世界大戦では同じ「枢軸軍」に属した同盟国のドイツと日本なのに、なぜこれほどまでに、部下の命に対する扱いの違いが生じたのか、という疑問が湧き起こります。

その理由の一つとして、ドイツ軍の軍人は、軍人であるのと同時に独立した「個人」として、善悪などの価値判断基準を内面（心の中）に抱いていたのに対し、国家体制に忠誠を誓う思想教育がドイツの場合よりも徹底されていた昭和初期の日本の軍人は、独立した「個人」という意識がきわめて弱く、価値判断基準を内面に持つ人は少数であった事実が挙げられます。特に、軍組織の上層部を占め、大勢の部下の命を握る将官レベルで、その違いが顕著でした。

軍隊の組織規模をあらわす専門用語は、上から順に、軍集団（日本では総軍、方面軍に相当）、軍、軍団、師団、連隊、という階層になっており、例えば三～四個連隊で一個師団、二～四個軍団で一個軍などの部隊編制が一般的でした。

ドイツ軍の場合、先に述べた通り、軍集団司令官や軍司令官という最高幹部クラスに、ヒトラーの理不尽な「死守命令」を無視して、個人としての価値判断基準に基づいて独自の決断を下し、大勢の部下の命を救った将軍が少なからずいました（もちろん、当時のドイツ軍や武装親衛隊に何も問題がなかったと主張しているわけではありません）。

しかし、日中戦争から太平洋戦争に至る時期の日本軍で、同様の事例を探してみても、総軍司令官や方面軍司令官、あるいは軍司令官で部下の命を救うために命令違反を行った人物は、ただの一人も見当たりません。

一九三九年のノモンハン事件における第23師団捜索隊（連隊）長（井置栄一《いおきえいいち》中佐）と、一九四四年のインパール作戦における第31師団長（佐藤幸徳《さとうこうとく》中将）、「特攻」部隊への改編命令を「部下を犬死にさせたくない」と拒絶した陸軍飛行第62戦隊長（石橋輝志少佐）や海軍第131航空隊（芙蓉部隊）隊長（美濃部正《みのべただし》少佐）など、師団長クラスより下のランクでいくつか「部下の命を救うための独断撤退／命令拒絶」を行った事例があるだけです。

ノモンハン事件の井置中佐は、部下を生き延びさせたのと引き換えに、軍内部の凄まじい心理的な圧力で自決を強要され、インパールの佐藤中将は「精神疾患」という形式で職を解かれて軟禁状態に置かれました。

佐藤中将は、命令違反を問う軍法会議の席で上層部（第15軍司令部とビルマ方面軍司令部）の不手際と無能力を告発する覚悟を固めていたため、そうした問題の指摘が記録に残ることを恐れた陸軍上層部が、彼の口を封じたとも言われています。

佐藤中将は独断撤退の過程で、次のような怒りの電報をビルマ方面軍に打電しました。

「〈現実的でない〉でたらめな命令を〈部隊に〉与え、兵団がその実行を躊躇《ちゅうちょ》したからといって、軍紀を盾にこれを責めるというのは、部下に対して不可能なことを強制しようとする暴虐に他なりません」

第31師団の中には、佐藤中将の「命令違反」と「独断撤退」のおかげで命を救われ、生き延びた兵士が大勢いました（その多くは四国出身者）。しかし、佐藤中将自身は戦後も元陸軍の人脈では「独断撤退でインパール作戦を失敗させた張本人の一人」という、理不尽な汚名を着せられることになりました。

つまり日本にも、自分が大勢の部下の命を預かる指揮官として何をすべきか、という価値判断基準を内面に抱く軍人は、わずかながら存在していました。しかし、全体の中ではきわめて少数の例外に過ぎず、しかも軍全体の階層では下部に位置していたため、彼らの行動は日本軍内部では実質的に無視されることになりました。

以上のように、太平洋戦争（第二次世界大戦）期の日本は、戦争遂行の「やり方」においても、敗北がほぼ確定したあとの「負け方」においても、同じ戦争における他の国とは大きく異なっていました。端的に言えば、日本は「自国民の犠牲が著しく増えるやり方」で戦争を行い、「自国民の犠牲が著しく増える負け方」で、敗北を受け入れました。

このような事実と正面から向き合う時、我々はあの戦争について、今までとは違った角度から捉え直さなくてはならないのではないか、という、新たな疑問が湧き起こります。

つまり、あの時代の日本はその他の国と較べて、兵士の能力や兵器の数と性能、弾薬や燃料などの「ハードウエア」の差とは次元の異なる、それらの運用を司る「ソフトウエア」に根本的な欠陥を抱えていたのではないか、という疑問です。

[3] 重大な欠陥を抱えていた日本軍の「戦争ソフト」

◆軍隊が守る対象の「国」とは何か

戦争を行う軍隊について考える時、個々の兵士や指揮官の能力、保有する兵器の数と性能、弾薬や燃料などの補給物資の量という「ハードウエア」と、それらの運用・管理という目に見えない要素である「ソフトウエア」を、区別する必要があります。

戦後の日本では、日本軍という「軍隊」について説明や議論を行う際、しばしば前者の「ハードウエア」に大きく偏る形で進められてきました。「あの戦争で日本軍が敗北したのは、総合的な物量や工業力でアメリカという大国に劣っていたからだが、個々の兵士の敢闘精神や戦術能力、一部の兵器（ゼロ戦や戦艦大和など）の性能では、アメリカに勝っていた」などの議論が、その一例です。

一方、当時の軍隊を動かしていた「ソフトウエア」については、先に述べたような「軍国主義」という概念で一括して全否定するか、あるいは「国を守る」ことを目指したのだという漠然とした説明で語られることが一般的です。精神論への過度の傾倒や、情報と兵站の軽視など、個別の問題点は指摘されますが、「国を守る」という大義名分の説明に疑問が差し挟まれることは、あまりありません。

そして、太平洋戦争期の日本軍が、どのように運用されたかという「ソフトウエア」に関する戦後の議論を注意深く観察すると、この「国を守る」という説明で示される「国」とは何なのか、という定義が、実はきわめて曖昧であることに気付かされます。

戦争や紛争において、ある国の軍隊が「国を守る」と言う場合、「国」という概念にはいくつかの解釈が成立するからです。

まず、その時点の「国家体制」、つまり権力者が国民を統治する社会システム全体を、外敵から守るという解釈。

次に、その時点で国が「領土」と見なしている土地を、外敵から守るという解釈。

そして、その時点で国の領土に住む「国民の生活と命」を、外敵から守るという解釈。

この三つの解釈は、互いに重なり合うことが多いので、明確に区別されることなく、同じものとして扱われることも少なくありません。戦況が自国に有利な流れになっている時には、これら三つの解釈は並立可能であり、区別する必要は生じないからです。

一九三七年に日中戦争が始まり、四年後の一九四一年には太平洋戦争が勃発し、戦況が日本にとって比較的有利な状況で進展していた一九四二年夏頃までは、右の三つの解釈の違いは戦争指導部にとっても国民にとっても、さほど重要ではありませんでした。

しかし、一九四二年夏から始まったガダルカナルの戦いで、日本軍が敗北を喫した頃から、この三つの解釈を並立させることが難しくなり、どの解釈を優先するのかという優先順位を確定しなくてはならなくなります。

前節で説明したフランスのような、国民主権の民主主義国家の場合、優先順位の第一位は「国民の生活と命」で、それ以外の「国家体制」と「領土」は二の次でした。

パリ無防備都市宣言とそれに続くドイツへの降伏、そして多くの領土をドイツに奪われた形でのヴィシー政府樹立という展開は、明白な「国民の生活と命」優先の選択であり、これを守るためなら、「国家体制」や「領土」を多少失うことになってもやむを得ない、という考え方を、当時のフランスの政府と国民は持っていました。

これに対し、戦前・戦中の日本の場合は、それとは大きく異なっていました。

大日本帝国憲法下で「国家神道」の絶対的価値観が支配した日本では、軍人も市民も、教育によって「天皇を中心とする国家体制（国体）の護持」を優先順位の第一位とする考え方に順応していました。日本軍と日本国民が守るべき「国」とは、天皇中心の国体、つまり「国家体制」のことで、その次に「領土」があり、「国民の生活と命」は、先の二つに較べると著しく軽視されていました。

そして、日本が戦争に負け始めると、こうした優先順位の序列が表面化し、やがて悲惨な出来事が戦場とその周辺で発生することになります。

その典型的な事例が、一九四五年の春から夏にかけて行われた、沖縄戦でした。

◆「軍隊が市民を守らなかった戦い」としての沖縄戦

一九四五年の沖縄戦は、現地の沖縄県では今でも「軍隊が市民を守らなかった戦い」として語り継がれています。

二〇一五年四月一日付の沖縄県の新聞『琉球新報』は、「本島上陸70年　軍は住民を守らない　この教訓を忘れまい」と題された社説を掲載しました。その冒頭部分では、次のように述べられています。

『沖縄戦の最大の教訓は「軍隊は住民を守らない」である。これは抽象的なスローガンではない。無数の実体験、戦場の実際によって立証された事実である。

こう言い換えてもいい。「軍隊がいると住民は犠牲になる」。とりわけ、心の底では住民を同胞と思っていない軍隊が一緒にいると、住民はむしろ死を望まれる」』

沖縄戦についての予備知識を持たない、日本の本土在住者にとっては、非常にショッキングな言葉であろうと思います。「住民はむしろ死を望まれる」とは、一体どういうことなのか？　沖縄に展開していた日本軍人は、住民を守ってくれなかったのか？

その疑問への説明が、同じ社説の中で述べられています。

『沖縄戦に先立ち、軍部は中学生を含む住民に壕〈地下の軍事施設〉を掘らせ、戦争準備を強制していた。従って住民が〈敵であるアメリカ軍に〉投降すれば、どこに司令官がいて、どこに武器弾薬があるか、敵軍に知られてしまう。だから住民が生き残るよりは住民の全滅を願う。「むしろ死を望まれる」とはそういう意味だ。強制集団死〈沖縄県民のいわゆる集団自決〉はその結果である』

そして、沖縄戦の最終局面で日本軍の軍人が市民に対してとった冷酷な行動について、次のように記述しています。

『これ〈日本軍部隊の本島南部への撤退〉以降、日本軍による食料強奪、住民の壕からの追い出し、壕内で泣く子の殺害が頻発する。「出血持久戦」でなければ無かった悲劇だ。果ては方言を話す住民をスパイ扱いしての殺害も起きた。住民を同胞扱いしない軍との同居の危険がここに顕在化した』

沖縄県援護課が作成した公式の統計によれば、沖縄戦における死者の総数は約二〇万人で、そのうちのアメリカ軍の戦死者は約一万二〇〇〇人（六パーセント）でした。それを除いた約一八万八〇〇〇人の半分に当たる約九万四〇〇〇人（四七パーセント）は、日本軍の軍人と軍属（沖縄出身者も含む、軍と雇用関係にある者）で、残りの約九万四〇〇〇人が、一般の沖縄県民でした。

このほか、記録に残らない戦没者として、朝鮮人の労働者が約一万人、沖縄戦で命を落としたと言われています。

また、戦後に厚生省が作成した統計では、沖縄県の一般市民の戦没者のうち、避難していた壕や洞窟の軍への提供（日本軍による実質的な市民の追い出し）が原因で死亡した一四歳未満（つまり子供）の死者は、一万人以上でした。

これらの沖縄戦の冷厳な事実は、戦後七〇年を経た今もなお、沖縄県で「軍隊は住民を守らない」との言葉が語られ続ける理由を静かに教えていると言えます。

◆「皇民化教育」と「教育勅語」を熱心に受け入れた沖縄

沖縄戦で、これほど多くの一般市民が命を落とした背景には、戦前・戦中の日本で行われた「皇民化教育」が影を落としていました。

民主主義社会での市民教育の柱と見なされている「公民科」ではなく「皇民化」という文字の違いに注意してください。後者の「皇」は、言うまでもなく「天皇」のことで、皇民化教育とは「日本国民は、絶対的な存在である天皇に忠誠を誓い、奉仕する臣民（君主に仕える下々の者）」だとする教育方針のことでした。

戦後の人間からすると意外な気もしますが、戦前・戦中における沖縄県は、日本の中で最も、この「皇民化教育」が盛んだった地域でした。その理由は、当時の日本国内で根強く残っていた、沖縄県民に対する「出身地差別」でした。

本州における廃藩置県（一八七一年）から八年後の一八七九年（明治一二年）、琉球藩は明治政府によって正式に「沖縄県」と制定されましたが、沖縄県民に対する選挙権などの諸権利の保障は、常に内地（他府県）よりも数年遅れて実施され、県政の実権は中央政府の意向を受けた内地出身の官吏によって掌握されていました。

そして、明治政府が推進した産業振興政策の恩恵をほとんど受けない状況下で、他府県と同等の納税義務を課せられた沖縄県民の一部は、生活費を稼ぐために内地へと出稼ぎに出たり、ハワイや東南アジアなどの海外へと移住することを余儀なくされました。

しかし、沖縄県民を低賃金労働者として受け入れた京浜や京阪神の工業地帯では、言語や文化の異なる沖縄出身者を差別する風潮が広まり、太平洋戦争を目前に控えた一九三〇年代に入ってもなお、賃貸住宅の広告に「朝鮮人と琉球〈沖縄〉人はお断り」との条件が付けられている場合がしばしば見られたほどでした。

このような他府県民による有形・無形の沖縄への差別は、沖縄県民に大きな精神的苦痛をもたらしましたが、それに対する解決策として彼らが選んだのは、沖縄県民を特徴づける文化的な差異を極力排除し、本州など内地に住む人々と同様の習慣や風習に自分たちの生活様式を合わせていこうという「同化政策」でした。

例えば、一九〇〇年（明治三三年、日露戦争勃発の四年前）七月五日付の『琉球新報』

には、主筆の太田朝敷《ちょうふ》による次のような社説が掲載されました。

『我が県民をして同化せしむるということは、有形無形を問わず、善悪良否を論ぜず、一から十まで内地各府県に化すること、類似せしむることなり。極端に言えば、クシャミすることまでも他府県人の通りにすると云うにあり』

こうした同化政策の一環として、沖縄は当時の日本政府が推進していた皇民化教育、すなわち「天皇を現人神《あらひとがみ》として崇拝し、国民は皇国のために尽くす義務を負う」という思想教育を、他県に先んじて積極的に推進していきました。

一八九〇年（明治二三年）制定の「教育勅語」に従い、沖縄県内の各学校でも日の丸掲揚や君が代斉唱の義務化など、「内地の住民以上に天皇の忠良なる臣民としての務めを果たす」ことを目標に据えた教育が熱心に行われ、沖縄師範学校には全国で初めて「天皇・皇后両陛下の御真影（肖像写真）」が下賜されました。

つまり、戦前・戦中の沖縄は、少なくとも当時三〇歳以下の若年層においては、大日本帝国内で最も皇民化教育が行き届いた「忠君愛国の県」だったのです。

そして、戦前の日本における皇民化教育の中核に位置づけられていたのは、先に述べた「教育勅語」という、明治時代に国の方針とされた「神聖な教え」でした。

◆発布当初から懸念されていた「教育勅語」の危険性

正式な名称を「教育に関する勅語」という教育勅語は、一八九〇年十月三十日に、明治天皇が山県有朋《やまがたありとも》首相と芳川顕正《よしかわあきまさ》文部相に与えた勅語（天皇が国民に下賜するという形式で発せられる意思表示で、大日本帝国時代には絶対的な権威を持っていた）でした。

文面そのものは、三一五文字から成る比較的短いもので、「皇室の祖先が確立した国家や道徳、残された教訓を褒め称え、その子孫（代々の天皇）と国民はそれらを共に守っていかなくてはならない」という、国民の価値観の方向性を規定する内容でした。

実際の文章を作成したのは、明治天皇ではなく、井上毅《いのうえこわし》（フランスへの留学経験を持つ内閣法制局長官）と元田永孚《もとだながざね》（天皇の側近である儒学者）が、彼らの考える政治色や宗教色を排しつつ、文案を注意深く起草していったと言われています。

教育勅語の原文は、当時の文語体で道徳全般についての「教え」を説く内容でしたが、学校などの教育現場では、そこに記された教えの部分を「十二の徳目」という形にわかりやすく整理して、子供に教えていました。

皇室の先祖が築いた国で、国民が忠義と孝行を尽くした行いを褒める「教え」に続いて示された「十二の徳目」の内容は、例えば「父母に孝行する」「夫婦は仲良く」「友人同士では互いに信じ合う」など、一般の人々が読んでもすぐ理解できるものでしたが、その中に、戦前・戦中の日本人の思想を強く方向づける、次のような「教え」がありました。

『一旦緩急あれば義勇公に奉じ以て天壌無窮の皇運を扶翼すべし』

現在の言葉に訳すと「もし何か緊急事態が起きれば、国民は忠義と勇気を持って公のために奉仕し、その行いによって、永遠に続く皇室の運命を助け支えるようにせよ」というような意味になります。

この発表が行われた一八九〇年から、太平洋戦争の敗北（一九四五年）までの五五年間にわたり、この「教え」は日本の教育における事実上の中核でした。

発布から四年後の一八九四年に日清戦争が勃発すると、国内の教育関係者は、教育勅語の教え、特に『一旦緩急あれば……』の文言を強調した言説で戦意を鼓舞し、国民の間には自国の国家体制への奉仕と献身を賛美する「国家主義」の思想が広がりました。

こうした状況を見て、西園寺公望《さいおんじきんもち》文部相（彼の前任者は前記した井上毅）らは、日本国民があまりに過度な「自国中心の思考」に囚われては、やがて世界で孤立してしまうことになる、と危惧し、教育勅語に何かバランスを取るための追記を入れる（明治天皇による「教育勅語追加案」の下問とそれに反対する伊藤博文の『教育勅語追加の議』）、あるいは新たに教育勅語を作り直す（西園寺公望、竹越与三郎《たけこしよさぶろう》による『第二次教育勅語』計画）という動きが起こります。

特に西園寺公望は、井上毅らの「国家主義的教育」の方針に批判的で、世界各国との協調を重視した、いわゆる「世界主義的教育」の方針を主張していました。

彼は、自国を賛美する思想が容易に排外主義（他国の文化や他国人を排する思想）へと転化することを見抜いており、過度な「排外主義的国粋主義」に適切な対策を講じなければ、やがて「国民を不幸にする事態」が起きるかもしれないと懸念していました。

また、西園寺は一八九六年三月に高等師範学校の卒業証書授与式で、次のような内容の演説原稿を、代理の秘書官に朗読させました。

「国民の気性は、活発爽快で、堂々としているのがよい。苦しい逆境に耐えて頑張るような、悲壮感のある姿を国民の模範とする風潮が、昨今の社会に広がりつつあるが、そんなことをしていては、やがて国の隆盛に反する事態を招くだろう」

◆政治権力によって恣意的に解釈された「教育勅語」

しかし、西園寺公望の主張は結局実を結ばず、教育勅語の改訂や修正がなされることはありませんでした。

伊藤博文は、教育勅語の「国家主義的教育」の側面を悪いとは考えておらず、大日本帝国の基盤を固めるには、天皇の権威を強化する教育は欠かせないと考えていました。そのため、西園寺らの求めた『第二次教育勅語』に同意しない態度をとりました。

そして昭和に入ると、まさに西園寺が懸念したように、教育勅語に基づく教育方針が、日本国民を次第に「排外主義的国粋主義」の方向へと導いていくことになります。

第2章の中で詳しく説明しますが、教育勅語の『一旦緩急あれば……』という文言は、国家神道の政治体制下で重要な意味を持つ施設である「靖国神社」と組み合わせる形で教科書に盛り込まれ、国民は「常日頃から、いざという時には天皇を頂点とする神聖な国家体制を守るために犠牲となる覚悟をしておく」ことが重要だという、西園寺が警鐘を鳴らした「悲壮感のある姿を国民の模範とする風潮」が、国全体を覆うことになりました。

一九三五年二月に「教育勅語普及会」が刊行した『教育勅語と我等の行道』という、中学生向けに出版された教育勅語の副読本は、前記した『一旦緩急あれば……』の文言と対向のページに靖国神社の写真を掲載し、次のような説明文を記載しています。

『靖国神社は、国家の有事にのぞみ、家を忘れ、国家の存在に代わりその身を滅ぼした、多くの忠魂〈忠実な軍人の魂〉を、別格官幣〈国家のために功労のあった人臣を祀る神社の社格〉として祀るもので、これは実に尽忠報国の赤誠〈まごころ〉に対して、天と地の感動が表れたものと言える。

ここにその神社を掲げて、国家守護の神として敬仰〈慎んで仰ぐ〉するので、永遠に義勇奉公の大鑑とし、国家の犠牲となった忠魂に背くことのないようにしてほしい』

皇民化教育の方針は、こうして完成していったのです。

ここで、話を先の沖縄戦に戻すと、当時の沖縄県民は教育勅語で教えられた『一旦緩急あれば……』の文言を、米軍との戦いに置き換え、大人だけでなく中学生くらいの年代の子供までもが、自発的に、日本軍の防衛戦に協力する意欲を燃やしました。

沖縄県民から見れば、日本軍は自分たちと共に『義勇公に奉じ』て、共通の目的のために骨身を惜しまず献身する「仲間」のはずでした。

ところが、現実に沖縄戦の最中で発生したのは、先に引用した『琉球新報』の社説に書かれているような、日本軍人による沖縄県民の「切り捨て」や「見殺し」という悲惨な事態でした。この理解しがたい状況を読み解くためには、当時の日本軍人がどんな「任務」を帯びていたのか、という根元的な問題に光を当てる必要があります。

戦後の日本社会では、戦没軍人について言及する際、「国のために戦った軍人」という言葉がよく使われます。「亡くなった日本軍人が、日本のために戦ってくれたから、今の平和な時代がある」という表現も、よく目にします。

しかし、ここには大きな誤解と錯覚があります。

教育勅語の文言と、それを援用した皇民化教育の内容が示す通り、当時の日本軍人が守る対象とされた「国」とは、「天皇を中心とする国家神道体制」、つまり当時の政治権力の体制であって、国内各地で生活を送る国民の生活や命ではありませんでした。

そして、戦いの中で「お国のため」という形式で命を落とした軍人は、靖国神社に祀られて顕彰され、さらなる皇民化教育のための材料として、未だ命を落としていない軍人たちの「模範とする風潮」を作り出すために利用されていきました。

その結果、日本軍人たちは、先に触れた『戦陣訓』の教義とも相まって、人間の命の価値を著しく軽視する思考に基づいて行動するようになり、沖縄県民を戦火から守ることよりも、自分たちが「どんな死に方をするか」の方を重要視するようになりました。

当時の日本軍人にとって理想的な「死」とは、敵に降伏せず、戦場で敵弾を受けて戦死するか、または敵の捕虜となることを避けるために自決するかのどちらかでした。

沖縄戦を指揮した日本軍第32軍司令官の牛島満《うしじまみつる》中将は、六月二十三日未明に摩文仁《まぶに》の司令部が米軍の直接攻撃に晒されると、自分の名誉を守るため、長勇《ちょういさむ》参謀長と共に摩文仁高地で割腹自殺を遂げました。彼らが死んだあとには、四日前の六月十九日に彼が書き残した最後の軍命令のみが残されました。

『これ以降、各部隊はそれぞれの戦場で生存する上級指揮官の下で、最後まで敢闘し、悠久の大義に生くべし』

この言葉で結ばれた牛島中将の「命令」

『教育勅語と我等の行道』
教育勅語普及会　1935年

により、第32軍は米軍への組織的な降伏の機会を失い、洞窟に籠もる日本軍の残存兵は、絶望的な戦闘の継続を義務づけられました。そして、一緒に洞窟へと避難している市民が敵に投降すれば、自分たちの居場所や、市民の協力を得て築いた地下陣地の情報が漏れるとの理由から、市民が洞窟を出て米軍に投降して生き延びることを許さず、自分たちと運命を共にさせました。

このような、沖縄戦における軍と市民の歪んだ関係は、部隊の全滅や市民の死亡を「戦争指導の失敗」と捉えない、当時の日本の価値観が生みだしたものでした。

そして、「部隊の全滅」や「市民の死亡」を「戦争指導の失敗」と捉えない価値観を、道義的に正当化する上で、決定的に重要な役割を果たしたのが、靖国神社でした。

◆靖国神社にまつわる四つの大きな誤解

現在も東京・九段にある靖国神社は、戦前から戦中にかけての時期、日本の政治体制にきわめて大きな影響力を持っていました。

その理由は、教育勅語の『一旦緩急あれば……』という教えの内容を、具体的で明瞭な形として国民に示す「シンボル」として位置づけられたからでした。

近年、靖国神社という施設がメディアで取り上げられる時、そのほとんどは「首相や大臣の参拝」や「それに対する近隣諸国の反発」という文脈で語られます。そして、後者の背景に存在する歴史的事実として、太平洋戦争後に戦勝国の主導で行われた「極東国際軍事裁判（通称『東京裁判』）」で「Ａ級戦犯」の判決を受けた当時の戦争指導者が、靖国神社に祀られていることも、メディアでしばしば説明されます。

しかし、本書ではそのような一般的な説明からいったん離れて、そもそも靖国神社とはどんな施設なのか、元々は何を目的として創立され、戦前・戦中の日本社会でどのような役割を担っていたのか、という根元的な問いに、目を向けることにします。

終戦から七〇年を経た現在の日本で、こうした問いにきちんと答えられる日本人は、さほど多くはないように思います。それゆえ、靖国神社にまつわる重大な「誤解」が、今なお日本国民の間に広く浸透しており、改善される兆しもないように見えます。

それでは、靖国神社にまつわる重大な「誤解」とは何なのか。私は、以下の四つに分類可能であると思います。

一．「靖国神社は日本の伝統」という誤解
二．「国民を守るために死んだ英霊」という誤解
三．「戦没軍人が眠る場所」という誤解
四．「戦って命を落とした英霊」という誤解

まずは、靖国神社は現在でも一部の人々に信じられているような「日本の伝統」と密接

に結びついた施設なのかどうかという部分に、光を当ててみます。

◆靖国神社の前身である「桜山招魂場」と「東京招魂社」

現在の靖国神社は、日本国内で唯一、戦前の国策を政治的に継承する場所としての側面と、慰霊の場所としての側面を併せ持つ、複合的な宗教施設として機能しています。

本来、神社とは、古来から続く土着信仰から神道の祭祀施設まで、幅広い形態を持つ信仰の場所で、明治維新以前には仏教の教えと習合している神社も存在しました。

「神社」という名称が成立する以前から地域の信仰対象となっていた施設も、のちに「神社」へと統合されたため、厳密な定義は難しいですが、一般的には「人々が神様を敬い、手を合わせて、神様に願い事をしたり、災いを鎮めたりする施設」と考えられています。

その後、一八六八年に明治新政府の政策として「神仏分離」が行われ、全国の神社は仏教から切り離した形で、国家の管理下に置かれることになりました。

神社に祀られる神々は、日本の建国神話に登場する神々や天皇、およびその祖先が有名ですが、やがて実在の人物の業績を讃えて「神格化」し、その人物を神として祀る神社も日本各地にできるようになります。不本意な死に方をした人物の霊魂が、天災などの災いを引き起こさないよう鎮める目的で、その人物を「神」として祀る神社が建つこともありました。

日露戦争における日本軍の実質的勝利に貢献し、国家的英雄となった東郷平八郎や乃木《のぎ》希典《まれすけ》も、それぞれ死後に創建された「東郷神社」や「乃木神社」に祀られています。

そして、明治維新に先立つ幕末の動乱期には、「所属集団の大義に殉じた人々」を祀る形式の「招魂社」という神社が生み出されます。

招魂社の始まりは、山口県（当時の長州藩）の、下関の桜山という場所に作られた「桜山招魂場（のちに桜山招魂社と改名）」でした。

一八六三年、長州藩で「奇兵隊」と名乗る武装勢力を率いて、尊皇攘夷の戦いを繰り広げた高杉晋作は、戦死した兵士の「魂を招いて慰霊顕彰する場所」が必要だと考え、下関に「招魂場」を建設すると決定。二年後の一八六五年、「桜山招魂場」が完成し、戦死した奇兵隊隊士の共同墓地と、神道式の祭祀を行う鳥居や社殿が造られました。

その後、一八六八年から一八六九年の戊辰戦争（実質的な〝日本内戦〟）で長州と薩摩の陣営が勝利し、いわゆる明治維新が成し遂げられると、江戸を支配下に置いた長州の幹部たちは、江戸にも（長州の）招魂社が必要だと考えて立地場所を選定。江戸城北西の九段で建設を開始し、一八六九年六月二十九日に「東京招魂社」が完成しました。

これが、現在の靖国神社の始まりです。

今（二〇一八年）から数えて、一四九年前の話です。

ちなみに、伊勢神宮の起こりは約二〇〇〇年前とされていますが、こちらは完全に神道の本流として天照大神《あまてらすおおみかみ》（内宮）と豊受大御神《とようけのおおみかみ》（外宮）が祀られています。

つまり、靖国神社と伊勢神宮は、「国家神道」の時代には共に国の最重要施設に位置づけられ、名称は共に「神社」とされているものの、歴史の長さも発祥も祀られている対象も、同一の尺度では比較できないほど全てが異なる存在です。

話を「東京招魂社」に戻すと、戊辰戦争とそれに続く台湾出兵などの戦没軍人も、この招魂社に祀られ、明治新政府への貢献を顕彰されました。

しかし、規模が大きくなるにつれ、「正式な神社としての『社格（位置づけ）』を与え、祭祀を司る『神官』を置く必要があるのでは」「『招魂』という呼称は一時的な『招き』に過ぎないように聞こえるが、恒久的な祭祀と顕彰にふさわしい名前に変えるべきではないか」との声が出始めます。

明治新政府の陸軍と海軍、そして警察を管轄する内務省もこれに賛同したことから、東京招魂社は、明治天皇の命名により、一八七九年六月四日付で「靖国神社」と改名され、「別格官幣社」という神社の社格が与えられました。

靖国神社の人事権は、国内の神社の行政を統括していた内務省が握り、管理は内務省と陸軍省・海軍省が共同で行う形態がとられました。

靖国神社の参道中央には、一八九三年に建立された大村益次郎《おおむらますじろう》の銅像が今も建っていますが、大村は長州藩出身の「近代日本陸軍の父」とされる人物で、東京招魂社を九段に建設する際にも重要な役割を果たしたと言われています（木戸孝允《きどたかよし》は最初、長州藩の招魂社を上野に建てようと提案しましたが、大村はこれに強く反対し、九段に決まりました）。

以上のように、靖国神社はもともと「長州藩の戦没軍人を祀るローカル神社」としてスタートした施設で、日本人一般の「神社」の捉え方からすると、歴史的に見た「日本の長い伝統」に結びつく施設だとは言えないものでした。

その歴史は、太平洋戦争が勃発した一九四一年の時点で見ても、東京招魂社の完成から数えてわずか七二年、靖国神社になってからだと六二年しかありませんでした。

◆戦没軍人は「国民を守るため」に死んだのか

首相をはじめとする政治家が、靖国神社に参拝する時、賛否をめぐる大きな議論が、国の内外で湧き起こります。その際、首相や政治家の靖国神社参拝を肯定・擁護する意見として、次のような論理をよく目にします。

『国を守るために犠牲となった軍人の魂に祈りを捧げるのは、国民として当然のことだ』

『彼らの犠牲のおかげで、戦後の日本の平和と繁栄がある』

この論理は、一見すると「なるほど」と思いますが、しかし注意深く読み解くと、そこには巧妙な論理のトリックがいくつも隠れていることに気付きます。

ここで言う「国を守る」の「国」とは、後段の「国民」という意味なのか？戦後の平和と繁栄は、当時の軍人たちが「国を守ろうとした」おかげなのか？

沖縄戦についての論考で解説したとおり、当時の日本では、軍人も市民も「国を守る」ための奉仕や犠牲を「国民として当然の義務」だと理解していましたが、そこで語られる「国」とは、国民ではなく「天皇を頂点とする国家体制」を指していました。

つまり、日本国内で生活を営む一人一人の国民ではなく、「天皇を中心とする国家神道の政治体制（国体）」こそ、軍人や国民が命を捨ててでも守るべき対象でした。

ただし、当時の日本では右の実質の中で「……を中心とする国家神道の政治体制」という部分は語られず、日本の軍隊は「天皇のための軍隊」と位置づけられていました。当時の軍の刊行物や新聞、雑誌でよく使われた「皇軍」とは、そのような意味でした。

また、当時の「国家神道の政治体制」は、それ自身を守るためなら、自国の軍人や市民をどれほど死なせても、非難されることはなく、むしろ「国のために犠牲になった名誉」を、それらの死者に与える資格を持つ唯一の絶対的権威でもありました。

これはつまり、「国家神道の政治体制」の存続と防衛を「国を守る」ことだと認識して目的化していた当時の軍人の献身的な戦いは、結果的には一人一人の国民の命や生活を守ることには繋がらず、むしろ、その逆の効果（多くの国民のさらなる犠牲）をもたらしていたことになります。

そして、これが最も冷徹で残酷な事実ですが、歴史的な経過を踏まえて結論づければ、戦後の日本に平和と繁栄をもたらした出発点は、一九四五年八月に発生した「国家神道の政治体制の崩壊」でした。

当時の軍人が守ろうとした、「国家神道の政治体制」が日本の敗戦と共に解体され、占領軍によって「国民主権（民主主義）」の新たな政治体制が日本に持ち込まれたことが、戦後日本の「平和と繁栄」の実質的なスタート地点だったのです。

逆に言えば、当時の日本の戦争指導部が敗色濃厚となったあとも敗北を認めず、各地の日本軍人が「国家神道の政治体制」を守るための戦いをやめなかったことで、この転換後の「スタート」が遅れ、敗戦の日まで、軍人と市民の死者の数が増大し続けました。

こうした戦後の事実は、当然のことながら戦前・戦中の日本人は知る由もないことで、後知恵で彼ら（軍人）の行動を非難したり、戦争中における彼らの死を軽んじるような考えを持つことは、後世に生きる日本人として、許されることだとは思いません。戦争で亡くなった先人を敬い、手を合わせて祈りを捧げることは大事な行いだと思います。

けれども、戦没者への祈りは本来「千鳥ヶ淵戦没者墓苑」（後述）や、一人一人の戦没軍人と戦没市民が静かに眠る「墓地」など、戦前・戦中の政治体制（国家神道）から切り離された、特定の宗教とも政治とも無縁の場所で行うべきものです。

◆靖国神社と「アーリントン国立墓地」の違い

首相や大臣の靖国神社参拝を擁護する意見の中には、アメリカの「アーリントン国立墓地」を引き合いに出して、アメリカの大統領が同地を訪問・献花するのと何も違わないはずだ、だから問題にする方がおかしい、という意見もあります。

けれどもアーリントン国立墓地と靖国神社には、政治的にきわめて重要な違いが、三つあります。

まず、前者は戦没者を埋葬する「墓地」ですが、靖国神社は違います。後者は、戦没者を神に祀り上げる、つまり「神格化」して顕彰する、政治的な宗教施設です。

ちなみに、靖国神社から徒歩で一五分ほどの場所にある「千鳥ヶ淵戦没者墓苑」は、身元不明の戦没者の遺骨、約三六万柱が納められた墓地で、国際的には、日本におけるアーリントン国立墓地に相当する施設と見なされています。

実際、二〇一三年十月三日には、来日中のジョン・ケリー米国務長官とチャック・ヘーゲル米国防長官が、二人揃って千鳥ヶ淵戦没者墓苑を訪れ、献花しています。

彼らが靖国神社ではなくこの場所を選んだ理由については、この年の五月に、安倍晋三首相がアメリカの外交専門誌『フォーリン・アフェアーズ』のインタビューで「自分が靖国神社を参拝するのは、アメリカの指導者がアーリントン国立墓地を訪れるのと同じだ」と弁明したことに対する、ホワイトハウスからの「それは違う」という意図をこめたメッセージだったとも言われています。

次に、アーリントン国立墓地には一八六一年から一八六五年までの四年間にわたり、アメリカ各地で繰り広げられたアメリカ内戦（日本での一般的な呼称は「南北戦争」）において、最終的に勝利した北軍（エイブラハム・リンカーンが大統領として指導した側）の戦没兵士だけでなく、敗れた南軍の戦没兵士も埋葬されていますが、靖国神社には一八六八年から一八六九年の戊辰戦争で戦死した旧幕府軍の兵士や、薩摩・長州軍と敵対していた新撰組、彰義隊などの兵士は祀られていません。

また、薩摩・長州軍に属していた指揮官や兵士の中でも、のちに明治新政府に反旗を翻した者（西郷隆盛など）も祀られていません。つまり、内戦の戦没兵士を陣営の区別なく平等に埋葬するアーリントン国立墓地とは異なり、靖国神社は内戦で戦った兵士を「官軍（明治政府側）」と「賊軍（それに逆らった側）」に区別し、前者のみを祀っています。

そして、これが最も重要な違いですが、アーリントン国立墓地は兵士が死亡した原因である個々の戦争についての評価は一切行わず、埋葬された兵士を礼賛・称揚したり、神格化・聖人化なども一切していないのに対し、靖国神社は兵士が死亡した原因である個々の戦争を政治的に肯定し、祀られた兵士を礼賛・称揚したり、神格化・聖人化する活動を、積極的に行っています。

言い換えれば、アーリントン国立墓地は政治色のない、遺族が戦没兵士に献花する「墓地」であるのに対し、靖国神社は「国家体制を守るために戦って命を落とした兵士」の慰霊という行為を通じて、「兵士が国家体制のために犠牲となる構図」つまり当時の大義名分を現在も肯定する、政治色がきわめて濃厚な宗教施設であると言えます。

そして、そこで重視されるのは「兵士が国家体制のために犠牲となる構図」の崇高さであり、実際に一人一人の兵士がどのような環境で、どういった理由で命を落としたのか、という問題についてはまったく関心が向けられていません。

◆戦没軍人の何割が「戦死者」だったのか

それでは、靖国神社に祀られている戦没軍人の「死に方」は、どのようなものだったのか。全体の何割くらいが、敵との戦いで「戦死」したのか。

一人一人の兵士がどんな環境で、どういった理由で命を落としたのか、という問題をめぐっては、本来ならば「靖国神社に参拝する首相や大臣」が、玉串を捧げて「二拝二拍手一拝」の作法で拝礼するごとに想起し、それらの犠牲は避けられなかったのか、当時の戦争指導の考え方は間違っていなかったのかと、真摯に考えなくてはならないはずです。

そして、自分が国家の舵取りを国民から委ねられる立場にある今、そのような当時の戦争指導者の考え方や、国の内外で多くの人間の命を失わせた「太平洋戦争（およびその前段階としての日中戦争、ノモンハン事件など）」の全体像について、国家の指導者という立場からどう理解しているのか、それを国民に説明する責任を負っているはずです。

靖国神社にまつわる四つの誤解

1.「靖国神社は日本の伝統」という誤解

東京九段に靖国神社の前身「東京招魂社」が長州藩の主導で作られたのは1869年(明治2年)で、1879年に「靖国神社」と改名されました。太平洋戦争が勃発した1941年(昭和16年)の時点で、東京招魂社の完成から数えて72年、靖国神社になってからだと、わずか62年の歴史しかありませんでした。

2.「国民を守るために死んだ英霊」という誤解

戦前・戦中の「国体」思想(第2章を参照)が示す通り、戦争中の日本軍人や軍属が命を捧げて守ろうとしたのは、天皇と、天皇を中心とする当時の日本の国家体制であり、日本の国民ではありませんでした。逆に、国民も軍人と同様、天皇と国家体制を守る戦いに命を捧げることが、「臣民」としての務めとされていました。

3.「戦没軍人が眠る場所」という誤解

靖国神社はアメリカの「アーリントン国立墓地」とは異なり、戦没者を埋葬する「墓」ではなく、遺骨も納められていません。国策に殉じた軍人を「神」に祀り上げる、つまり「神格化」して顕彰する政治的な目的を持つ宗教施設です。国際的には、皇居の西側にある「千鳥ヶ淵戦没者墓苑」が、「アーリントン国立墓地」に相当する、戦没軍人・軍属の慰霊施設と見なされています。

4.「戦って命を落とした英霊」という誤解

太平洋戦争中に命を落とした日本軍の軍人・軍属の数は、約230万人とされ、そのうち食料の不足による衰弱で栄養失調や病気になって死んだ「餓死者」は、全体の約6割に当たる約140万人でした(藤原彰『餓死(うえじに)した英霊たち』青木書店)。靖国神社に祀られている戦没軍人の半分以上は「戦場で敵と勇敢に戦って散った」戦死者でも、「名誉を守るために自決した」のでもない、戦争指導部の不手際で死んだ人々でした。

けれども、靖国神社の参拝後に記者の取材を受ける首相や大臣が、そうした最も重要で核心に触れる問題、つまり一人一人の日本軍人の「死に方」についての自分の考えを述べることはありません。

彼ら・彼女らが述べるのは、決まって具体性のない、戦没軍人を讃えたり、漠然とした一般論で平和の尊さを訴えたりするだけの、飾りのような言葉だけです。

例えば、警察トップの国家公安委員長（当時）である山谷えり子議員は、二〇一五年四月二十三日午前に「春季例大祭（四月二十一日〜二十三日）」に合わせて靖国神社を参拝したあと、記者団の質問に答えて「国のために戦い、尊い命をささげられた英霊に感謝の誠をささげてきた」「平和な国づくりをお誓いしてきた」と説明しました。

しかし、こうした当たり障りのない無難な言葉と、実際に太平洋戦争の戦没日本軍人がどのような「死に方」をしたのか、という冷厳な事実を対比させれば、現在のような「首相と閣僚の靖国神社参拝」がいかに無責任で、皮相的なセレモニーに過ぎないのかという図式が浮き彫りになります。

元日本軍人の歴史家・藤原彰が『餓死《うえじに》した英霊たち』（青木書店、二〇〇一年）で示した実証的研究によれば、太平洋戦争期に命を落とした日本軍人と軍属（正規の軍人ではない准軍人）の数は、約二三〇万人で、そのうち食料の不足による衰弱で栄養失調や病気になって死んだ「餓死者」は、全体の約六割に当たる約一四〇万人でした。

赤道の少し南にあるニューギニア島の東部では、戦没軍人の九割を占める一一万人以上の日本軍人が、敵との戦いではなく、飢餓とそれに起因する病気で死亡しました。

東京の陸軍参謀本部は、現地の地形や気候をきちんと調査せず、詳しい地形図が入手できなかった戦場では大ざっぱな陸地だけの（詳しい地形が描かれていない）地図上で部隊の移動を考え、前線部隊に命じました。しかし、現地の日本兵が行軍を強いられたのは、日本の常識では到底想像できない、踏破がほぼ不可能な深いジャングルや、急峻な断崖と急流の河川、富士山よりも高い山脈の連なりなどでした。

食料の補給もほとんどなされなかったため、苛酷な行軍による疲労と空腹、そして免疫力や抵抗力が低下したことによる風土病で、二〇代の若者がみるみるうちに老人のような姿になり、やがて自分で立つこともできなくなり、横たわったまま、植物が枯れるようにして死んでいきました。

そして東部ニューギニアの場合、赤道付近の熱帯であっても気温の低い高山を防寒装備なしで踏破させられたために、途中で力尽きて凍死した兵士もいました。

◆一四〇万人の日本兵を死なせた日本の戦争指導部

つまり、靖国神社に祀られている戦没軍人の半分以上は「戦場で敵と勇敢に戦って散った」戦死者でも、「名誉を守るために潔く自決した」のでもなく、戦争指導部の不手際によって食料を与えられないまま戦場に放置され、無理な行軍を命じられた挙げ句、人間の尊厳を奪われた形で人生最後の瞬間を迎えた日本軍人と軍属だったのです。

言葉を換えるなら、ニューギニア東部だけで一一万人、戦争全体では一四〇万人の日本軍人を実質的に「死なせた」のは、敵ではなく、東京の戦争指導部でした。

ちなみに、太平洋戦争（第二次世界大戦期の対日戦）におけるアメリカ軍人の戦死・行方不明者数は、全体で約九万人でした。それよりも多くの日本軍人が、ニューギニア東部だけで「戦わずに」指導部の不手際のせいで餓死した、と考えれば、これがいかに異常な事態かわかります。

こうした現実を、先ほど挙げた言葉に当てはめると、次のようになります。

『国を守るために餓死した軍人の魂に祈りを捧げるのは、国民として当然のことだ』
『彼らの餓死のおかげで、戦後の日本の平和と繁栄がある』

もし戦場で餓死した日本の軍人が、こうした言葉を聞いたら、どう思うでしょうか。

しかし、これが太平洋戦争の現実でした。

そもそも戦場に送り込んだ兵士を餓死させてしまっては、彼らが「国のために戦う」ことはできなくなります。しかし、当時の戦争指導部は、兵站を著しく軽視していたため、多くの戦域で大量の餓死者を生みだしていました。

太平洋戦争期の日本の戦争指導部が、兵站を極端に軽視していた事実は、今まで数多くの書物で繰り返し指摘されてきましたが、その大半は「物量の不足を精神力で補うという考え方が支配的だったため」だと説明しています。

けれども、一九三九年のノモンハン事件で既に露呈していたこの問題が、まったく反省も改善もされないまま、終戦まで同じような失敗を繰り返して死者の数を増大させたという現実を考える上で、前線の兵士を「死なせないためには何が必要か」という発想が、東京の戦争指導部には無かったという恐ろしい事実にも、目を向ける必要があります。

こうした「戦争指導部の無能力」について、靖国神社を参拝する首相や閣僚は、一切触れようとしません。また、それを首相や閣僚に質問する記者も見当たりません。

◆戦争指導の失敗の免責装置としての靖国神社

戦没軍人の六割が餓死という、本来なら政府や戦争指導部の大失敗の責任を追及する声が上がるはずの状況であるにもかかわらず、戦中、そして戦後の日本では、まったくそのような動きは存在しませんでした。

当時の日本の戦争指導部は、どれほど多くの軍人が命を落としても、靖国神社という施設が存在する限り、無制限に免責される、つまり責任を問われない仕組みが成立していたからです。

先に述べたように、靖国神社は教育勅語の『一旦緩急あれば……』という教えの内容を忠実に実行して命を落とした日本軍人を祀る施設です。したがって、戦争に関係する形式で死亡した日本軍人は、その「死に方」がどのようなものであっても、等しく「英霊」という言葉によって、靖国神社で顕彰されます。

逆に言えば、死亡した日本軍人が「英霊」として顕彰されるなら、その「死」は決して「失敗」や「不手際」であったことにはなりません。彼らの死の原因が戦争指導部の失敗や不手際となれば、英霊の名誉も傷つく、との考え方も成り立つからです。

こうして、当時の戦争指導部は、靖国神社が存在する限り、自国の軍人がどれほど多く命を落としても、ほとんどその責任を問われず、幹部たちは地位を保ち続けました。

他国の場合であれば、部隊の運用に失敗して自国の軍人を大勢死なせた軍の幹部は、罷免・更迭されるか銃殺に処せられます（後者はソ連などの全体主義国）。しかし、日本では靖国神社が死んだ軍人を「英霊として顕彰」してくれるので、自国の軍人を大勢死なせた軍の幹部が、失敗の責任を厳しく追及されることはありませんでした。

先に挙げたノモンハンやインパールの場合でも、関東軍作戦参謀の辻政信《つじまさのぶ》少佐や第15軍司令官牟《む》田《た》口《ぐち》廉也《れんや》中将（階級はいずれも当時）など、敗北や失敗に責任を負う司令官や幹部将校は、一時的に閑職に左遷されてはいました。しかし部下の死についての厳格な責任追及はなされず、その多くはしばらくすると再び第一線に復帰して、同じような「部隊の死者を増やす作戦」を指導しました。

この、戦争指導の失敗の免責装置としての「靖国神社」の役割を成立させる上で、必要不可欠だったのは、死んだ軍人の霊魂はどれほど遠くの戦場で倒れても、靖国神社に帰って戦友たちに再会できる、という、国家神道の理念に即した「物語」でした。

◆軍人の死という「マイナス」を「プラスの価値」に転化する

例えば、公益財団法人・特攻隊戦没者慰霊顕彰会の公式ホームページにある「靖国神社で会いましょう」というページの冒頭には、以下のような言葉が記されています。

『靖国神社に祀られることは誰もが念頭にあったので、靖国神社とか九段の文字は遺詠や遺書の至るところに見かける。先ずは自分が戦死したら魂は靖国神社に行くのだと言っているもの、これは他人に言うのではなく、自分自身に言いきかせているのだろう』

この言葉が示す通り、肉体は死んだけれども、霊魂は「生きて」靖国に帰る、つまり「死んだけれど死んでいない」という、宗教的であるがゆえに客観的な検証が不可能な曖昧さを持つ「物語」は、当時の日本軍人や国民の間では（本心からそれを信じていたか否かは問わず）常識とさえ呼べるほどの価値判断として、広く定着していました。

この「物語」には、命令を下す側の人間（指揮官）が、部下を死なせる、または死なせたことに対する精神的負担を、いくぶん軽減できるという側面もありました。

出撃した部下のパイロットが、全員そのまま死ぬことを前提とした「特攻」の命令に対し、ほとんどの飛行隊指揮官が苦悩しつつもそれに従う決断を下した背景には、「実際には死んだけれども霊魂は『生きて』靖国に帰る」という「物語」の存在があったことは、出撃した隊員による手記など、多くの遺書や遺品によって示されています。

先に引用した文の最後に記されている「自分自身に言いきかせているのだろう」という言葉は、生きて帰れない出撃を命じられた特攻隊のパイロットが、苦悩や恐怖と戦いながら、最後の最後に「心の拠り所」にしていたのが、死んでも靖国神社で仲間と再会できるという「物語」であったことを示唆しています。

このように、靖国神社という特殊な施設は、戦前・戦中の日本において、軍人が死ぬという「マイナスの出来事」を、「国難に殉じた崇高な犠牲者」という「プラスの価値」へと転化する機能を持っていました。そして教育勅語に基づく教育によって国民に定着した「悲壮感のある姿を国民の模範とする風潮」をさらにエスカレートさせる役割を果たしていたといえるでしょう。

日本の軍人が、いくら死んでも「失敗」や「悪いこと」とは見なされない。むしろ死者が増えることで、その原因となった「戦争の状況」と「戦争で死んだ日本軍人」が美化・称揚されて、死地へと向かう日本軍人がさらに増大する。

こうした相互作用の結果が、現代の価値判断基準では想像することも難しい、沖縄戦や

靖国神社「問題」の多層的な構造

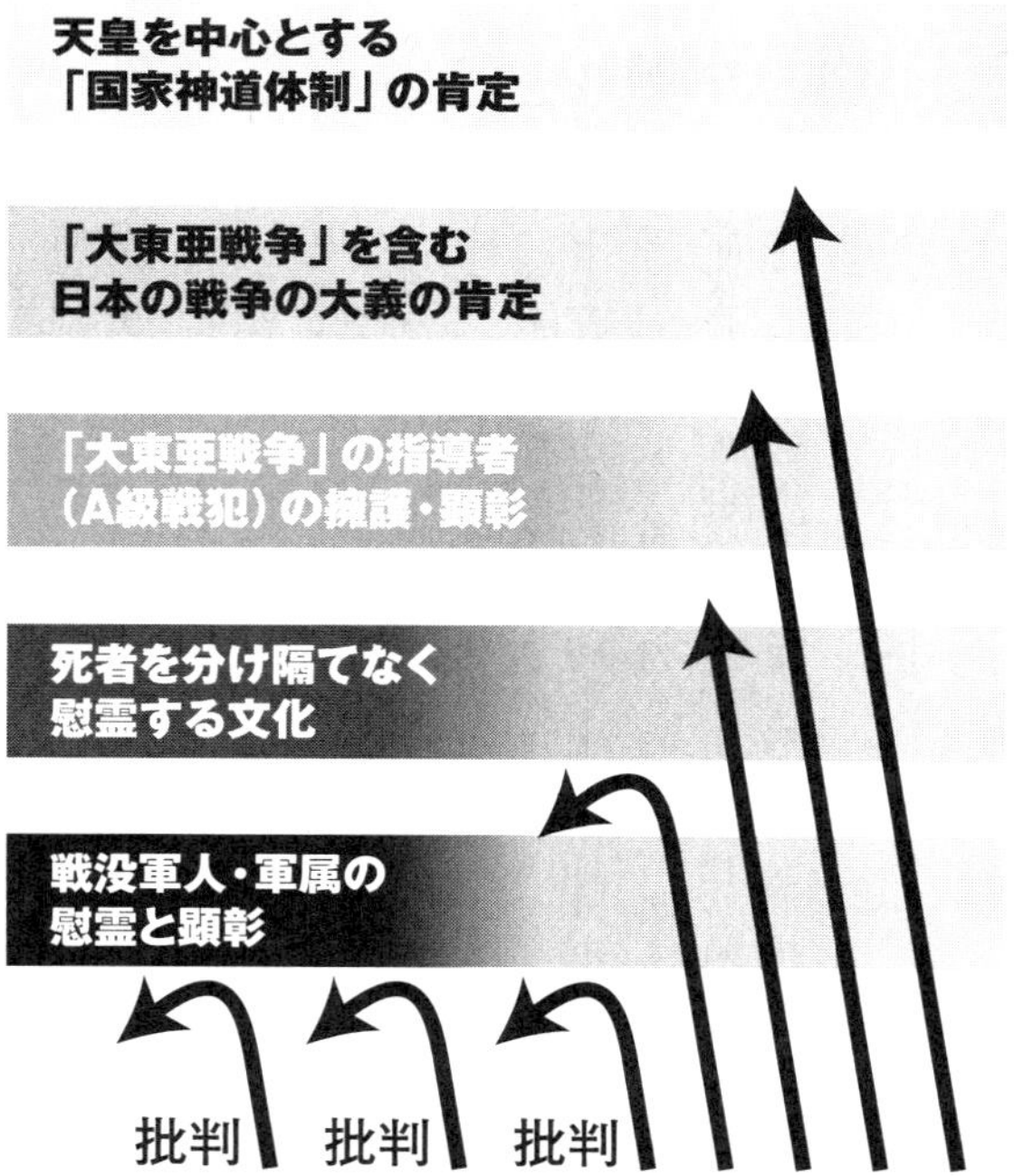

◈ 靖国神社をめぐる問題は、多層的な構造となっていますが、大抵の批判は最下層の「戦没軍人・軍属の慰霊と顕彰」という階層で遮断されます。最下層や下から二番目の階層を肯定すれば、自動的にその上の階層も肯定したことになります。

特攻、餓死などの、すさまじい形での人的損失でした。

それでは、当時の日本人は、そのような「死者を増やし、失敗を免責する装置」としての靖国神社に、誰も疑問を抱かなかったのでしょうか？

前記した通り、靖国神社は教育勅語の『一旦緩急あれば……』という文言と結びつけて教科書に盛り込まれ、国民は「常日頃から、いざという時には天皇を頂点とする神聖な国家体制を守るために犠牲となる覚悟をしておく」ことが重要だという心構えを深く植え付けられていたため、靖国神社の実質的な機能を冷静に分析することは困難でした。

靖国神社に疑いを差し挟むことは、教育勅語やその前提である「天皇の絶対的権威」に疑問を呈することにも繋がるため、そのような考えを持つことはできなかったのです。

しかし、ここで再び、最初の疑問へと立ち返ります。

同じ「教育勅語に基づく教育」が行われ、同じように日本軍が対外戦争を行っていた、明治から大正期の日本では、沖縄戦や特攻、餓死などの、のちの太平洋戦争で日本軍が生み出すことになる「異常な形での人的損失」は、実質的に皆無でした。

日本はいつ、どのようにして、戦争で「異常な形での人的損失」を生み出す国へと変化してしまったのでしょうか？

◆「軍部の暴走」という戦後日本の認識への疑問

戦後の日本では、昭和初期から太平洋戦争の敗北に至るまでの、大勢の自国民や他国民を死に至らしめた「戦争への道」は、一般的に「軍部の暴走」という言葉で語られるのが常でした。

軍部、つまり日本陸軍や日本海軍の指導部が、大日本帝国憲法に基づく「統帥権の独立（軍に命令でき、また軍が全ての報告義務を負うのは「統帥権」を持つ天皇ただ一人であり、政治家は天皇と軍の間のやりとりに干渉する権限を持たない）」という特権的地位を利用して、政治家や国民の意向を事実上無視した行動を重ねたことは、歴史的な事実です。

それゆえ、形式的には、この説明で何の問題もないように見えます。

しかし、このような認識だと、太平洋戦争期の日本が抱えていた問題点が、あたかも明治や大正を含めた「大日本帝国時代の日本」に共通するものであったかのような結論になります。けれども、既に指摘したように、昭和前期の日本が抱えていたさまざまな問題点と、明治や大正期の日本が抱えていた問題点は、決して同じではありませんでした。

したがって、昭和初期から太平洋戦争の敗北に至るまでの、大勢の自国民や他国民を死に至らしめた「戦争への道」の根源に迫るためには、いったん昭和前期の日本と、明治や大正期の日本を切り離して考える必要があります（もちろん、明治期や大正期に何も問題がなかったと主張しているわけではありません）。

そして、軍部が主導権を握って社会からさまざまな形態での「自由」を奪い、政治家や一般国民を「力でねじ伏せる」ように、国家体制に従わせた経過を冷静に観察すると、軍部が「軍事クーデター」のような手段で一方的にその状況を作り上げたわけではなく、むしろ日本国民や日本のメディア（新聞・ラジオ）もそれに協力し、時には逆に国民やメディアが軍部に対して、さらなる強硬策を要求していた事実を知ることができます。

戦前・戦中の日本では、朝日新聞をはじめとする新聞各紙は軍部の目指す方向性に沿う言説を盛んに書き立て、国民も日の丸の小旗を振ってそれを応援していました。

こうした歴史的事実は、「軍部の暴走」という言葉で責任の全てを軍部に押し付けるかのような歴史認識とは、相容れないものです。しかし、戦後に「軍部の暴走」という否定的な言葉で断罪されてしまうような「価値判断基準」は、決して当時の軍人だけが例外的に持っていたわけではなく、一般国民の側も、ほぼそれと同種の価値判断基準を心の中に共有していたことを、我々は改めて思い出す必要があります。

そのことは、当時の日本人が読んでいた新聞や雑誌からも読み取ることができます。

例えば、日中戦争勃発直後の一九三七年十一月から十二月にかけて、東京日日新聞などに、日本軍の将校二人が「百人斬り競争」をしているという記事が掲載されました。

南京を目指す進撃の途中で、どちらが先に日本刀で敵兵を一〇〇人「斬り殺すか」という競争をしている、という、国民の戦意高揚の効果を狙った記事です。

十一月三十日の最初の記事では「現在六五対二五」という「スコア」が示され、その後何度か途中経過が報じられたあと、十二月十三日の記事では「一〇六対一〇五で、どちらが先に百人を斬ったかわからないので、新たに一五〇人斬り競争をすることになった」と書かれました。そして、翌一九三八年三月には、故郷に帰還した将校が地元紙に「武勇伝」を語ったり、小学校や中学校で「百人斬り」を認める講演を行ったりしました。

◆当時を生きた日本人の「価値判断基準」に光を当てる

戦後の日本では、この「百人斬り競争」が事実であったのか否かという議論が湧き起こり、また当事者の将校は、当時の新聞記者から「記事にすると特ダネになるし、お嫁さんになりたいという女性も殺到しますよ」とそそのかされたのだという弁明を行いました。これらの記事に書かれた「敵兵斬殺競争」が事実なのか、それとも記者の創作や誇張なのかというのは、重要な問題ではありますが、それとは別に、戦後に生きる我々が直視しなくてはならない、より重要な問題があるように思えます。

この「日本軍の将校二人が日本刀で敵兵を斬殺する競争」というシチュエーションを、戦争中とはいえ、あたかも「スポーツの観戦」あるいは「快挙」のように紹介した新聞記事が、当時の日本では読者に歓迎され、社会の表面では何事もなく受け入れられたという事実です。

当時の日本軍人だけでなく、日本国民の持っていた人の「命の重さ」についての感覚も、明治や大正期の日本とは明らかに違っていたことを、これらの記事は示唆しています。

例えば、相手が「敵」ならゲームのように無造作に殺しても問題ない、という発想は、第一次世界大戦頃の大正期の日本にはありませんでした。敵の捕虜にも同じ人間としてきちんと敬意を払い、捕虜となったドイツ軍人から美味しいパンの焼き方やソーセージの作り方、そしてクラシックの名曲などを教えてもらったりしていました。

言い換えれば、人の命や人権を著しく軽く扱う「価値判断」は、戦前・戦中の軍部や軍人だけの特徴ではなく、少なくとも社会の表面では、日本国民の側にも広く共有されたものだったのです。先に挙げた「百人斬り競争」の記事を読んで、戦争の非人道性や残虐性などに「おかしい」と感じた国民は、少なからずいたのかもしれませんが、社会全体としては、そのような「競争」を是認・肯定する風潮が圧倒的でした。

それであれば、戦前や戦中における日本の否定的側面や「過ち」を、将来において繰り返さないためには、戦後の日本である種のパターン化がなされてきたように、問題の根源と責任を「軍部」や「軍国主義」に求めるのではなく、それらの軍人や当時の日本国民の心の中にあった「価値判断基準」にこそ、光を当てなくてはなりません。

そして、昭和初期から一九四五年の敗戦に至るまでの日本国内で、軍人や政治家、国民の心を支配した価値判断基準は何だったのかと言えば、天皇を中心とする国家体制を「世界に類を見ない神聖で崇高な国のあり方」と定義し、その恒久的な存続に最大の価値を置き、あらゆる国民にその目的への奉仕と献身、犠牲を求め、その目的に貢献しない物事には一切の価値を置かないという「国家神道」の精神でした。

日本軍の問題点としてよく指摘される「精神主義への過度な傾倒」も、従来は「指導部の愚かさ」として説明されてきましたが、当時の「国家神道」の精神に基づく判断だと捉えれば、そこには一定の合理性すら浮かび上がってきます。

つまり、当時の戦争指導部も軍人も、自分たちは「間違った道を進んでいる」とも「失敗する道を進んでいる」とも思わず、意思決定や行動が「国家神道」の価値判断基準に合致している限り、どれほど多くの兵士が餓死などで命を失っても、自分たちは「正しい道を進んでいる」と確信していたのです。

それでは、こうした「国家神道」の政治理念は、どのようにして当時の日本国民の思想に浸透し、やがて大日本帝国という国の政治を完全に支配するに至ったのか。

第2章では、日本における「国家神道」が支配した政治体制の、一般に考えられているよりも「実は浅い」歴史について、戦前・戦中の関連文献をひもときながら解説します。

第2章

国家神道体制と「国体明徴」運動の隆盛

［4］重要な転機となった「天皇機関説」事件

◆「日本は絶対の一国ではない」と考えていた明治期の日本

国家神道の政治体制は、大日本帝国の始まりである明治維新の頃から、完成したものとして国民に受け入れられていたわけではありません。

むしろ、明治時代の政治家や言論人の中には、日本が世界の中で特別な存在だという、後に国家神道の政治体制で前提となる絶対的な現状認識ではなく、日本もまた広い世界を構成する「数多く存在する国の中のひとつ」にすぎず、その枠組みの中での発展と繁栄を目指すべきだという相対的な現状認識を持つ人物が、少なからず存在していました。

前章の「教育勅語」に関する説明で触れた西園寺公望や、その仲間として『第二次教育勅語』の必要性を説いていた竹越与三郎なども、そうした「世界の中の日本」という考えに基づく国づくりを目指していました。

一八九六年七月二十五日、竹越与三郎は西園寺や陸奥宗光《むつむねみつ》らの援助を受けて、ある総合雑誌を創刊しました。『世界之日本』というその雑誌には、西園寺と陸奥に加え、伊藤博文や梅謙次郎《うめけんじろう》、尾崎行雄《おざきゆきお》（「憲政の神様」と呼ばれる）、新渡戸稲造《にとべいなぞう》なども寄稿していましたが、主筆の竹越は創刊号で次のような認識を披露していました。

『日本は絶対の一国ではない。共存共栄の大きな法則で繋がれた、世界を組織する国々の一つであり、東京湾の水がすぐに金門湾〈米国西海岸〉の水と行き来するかのように、各国の思想と生活は互いに触れ合い、互いに感動し合うものだと理解すれば、世界の勢力に背を向けて長く孤独を守ることなど、できないことは初めから明らかである。

ここに至っては、「日本人の日本」よりも「東洋の日本」、さらには「世界の日本」を自覚し、世界の舞台において、世界的見地より経綸〈仏教用語で言うところの「教え」と「その注釈」〉を生み、世界を胸に抱いて列国の関係を仲介しなくてはならない』

当時の日本は、歴史的な文脈においては紛れもなく「帝国主義」の国であり、中国や朝鮮、台湾の人々がこの文章を読めば「ただの綺麗ごと」だと思うかもしれません。

しかし少なくとも、日清戦争勃発の二年後、日露戦争勃発の八年前の日本の言論界には、この記事のような「日本という国は唯一絶対の特別な国ではなく、世界の中の一国にすぎない」「それゆえ、世界的な見地から物事を考え、行動する国を目指すべきだ」という考え方が存在し、それに理解を示す政治家もいたことを踏まえておく必要があります。

言い換えれば、明治時代の大日本帝国は、「帝国」という特質を備えつつも、自国と他国を相対的な関係として把握する能力を、おおむね正しく持ち合わせていたのです。

◆「天皇機関説」と天皇の位置づけ

けれども、昭和初期の一九三〇年代の日本では、「日本という国は唯一絶対の特別な国ではなく、世界の中の一国にすぎない」という考え方は、完全に否定されました。

一九三〇年代の中頃から一九四五年八月の敗戦（ポツダム宣言受諾）までの、国家神道体制が完全に支配した時代の日本では、竹越与三郎らの認識とは正反対の「日本という国は唯一絶対の特別な国であり、世界の中の一国ではない」という考えが、疑問の余地なく正しい認識だとされていたのです。

それでは、大日本帝国はどのようにして、自国と他国を相対的な関係として把握する能力を失い、日本は「世界で他に類を見ない神聖な国」であり、日本人は世界の中で絶対的に突出した「特別に優れた存在」なのだという、唯我独尊的な思い上がりへと陥ったのでしょうか。

その社会変化の過程で重要な転機となったのは、いわゆる「天皇機関説事件」と、それに前後して日本国内、とりわけ政界と言論界で大々的に繰り広げられた「国体明徴《めいちょう》運動」と呼ばれる、政治的な思想統一の一大キャンペーンでした。

「天皇機関説事件」とは、美濃部達吉《みのべたつきち》をはじめとする当時の憲法学者が主張した、大日本帝国という国家における天皇の位置づけの理論（天皇機関説）に対して、軍人や国粋主義の政治活動家が激しく批判・糾弾し、遂には政府が天皇機関説の理論を否定する公式声明を二度にわたり発表するに至った、重大な政治的事件でした。

明治から大正を経て昭和初期に至る、大日本帝国時代の日本では、憲法と天皇の関係について「天皇機関説」と「天皇主権説（神権説）」の二つが存在しました。

この二つの学説の違いを簡潔に説明すると、国家を一つの「法人（組織）」と捉え、君主である天皇はその法人を構成する「最高機関」と位置づけるのが「天皇機関説」です。そして天皇を絶対王政の君主のように万能の権力を持つ存在ではなく、あくまで憲法の枠内で（形式上は「国家」に属する）統治権を行使する存在であると規定していました。

一方、「天皇主権説」の方は、現人神《あらひとがみ》である天皇は憲法のような人工的な枠組みに囚われることなく、超越的に統治権（主権）を持つはずだとの認識に立っており、憲法を近代国家の基盤とする立憲主義にもあまり価値を認めていませんでした。

一八八九年に明治憲法（大日本帝国憲法）が制定された当初は、後者の「天皇主権説」が優勢でしたが、西欧諸国の議会制度や立憲主義の研究が日本で進むにつれて、主権説では憲法との整合性に齟齬《そご》が生じることが判明しました。そして、東京帝国大学教授だった一木喜徳郎《いちききとくろう》とその弟子の美濃部達吉らの理論構築によって、明治後期頃から昭和初期までは「天皇機関説」が日本の政界や学術分野での認識の主流となり、昭和天皇も「天皇機関説」の解釈を承認していたと言われています（本庄繁《ほんじょうしげる》『本庄日記』）。

しかし、現人神とされる天皇の存在を「機関」という無機質かつ通俗的な言葉で表現する考え方は、多くの軍人や国粋主義の政治家など、天皇の絶対的な権威や神聖性を崇拝する人々には受け入れられませんでした。

そして、昭和初期に「国体明徴運動」（後述）と呼ばれる思想的な運動が高まると、やがて「天皇機関説」の提唱者である美濃部を攻撃する政治家が出現します。

◆「天皇機関説事件」で追い詰められた美濃部達吉

一九三五年二月十八日、貴族院（当時の日本の国会に当たる帝国議会は、衆議院と貴族院の二院制でした）の菊池武夫議員（男爵、陸軍中将）が、美濃部と「天皇機関説」を激しく批判する演説を行ったことが、いわゆる「天皇機関説事件」の発端でした。

菊池を中心とする「天皇主権説」派の議員は、日本を統治する主体が天皇ではなく「国家」に属するという定義では、天皇より上位の存在を認めることになり、至高の存在である天皇への「緩慢なる謀反であり、明らかな反逆である」として、美濃部を「学匪《がくひ》（学問を犯罪的行為に悪用する罪人）」と呼んで罵倒しました。

かねてより美濃部と「天皇機関説」を快く思わず、敵意と憎しみの感情を抱いていた軍人や国粋主義の政治家、彼らに共感する市民らは、この菊池の演説に喝采を送りました。

これに対し、同じく貴族院の議員であった美濃部は、二月二十五日に貴族院本会議において「一身上の弁明」と題した反論を行い、自分の「天皇機関説」は決して天皇への不忠でも不敬でもないことを以下のように訴えました。

『日本臣民にとり、反逆者、謀反人と言われるのはこの上ない侮辱であります。学問を専攻している者にとって、学匪と言われることは耐え難い侮辱であります。〈中略〉天皇が国家の機関たる地位にあられるというようなことを申すと、法律学の知識がない者は、あるいは不穏なことを言うと感じるかもしれません。

しかし、その意味するところは、天皇はご一身、ご一家の権利として統治権を保有されるのではなく、それは国家の公事であり、〈中略〉天皇の私的行為ではなく、国家の行為として効力を持つことを言い表すものです』

一九三五年二月二十六日付の『東京日日新聞』は、一面で「果然、美濃部博士起ち『天皇機関説』反対逆襲」との見出しと共に、この美濃部の貴族院本会議での反論内容と、次のような（演説後に美濃部が語った）談話を掲載しました。

『私は単に貴族院議員として、自分の立場を弁明したまでのことである。自分の説が誤り伝えられて、誹謗され、逆賊とまであざけられることは腑に落ちないことである。

いわゆる天皇機関説の「機関」という意味が誤解されていることは、実に遺憾にたえない』

しかし、美濃部に対する政界と言論界の攻撃はさらに激しさを増し、二月二十八日には江藤源九郎《えとうげんくろう》という衆議院議員が美濃部を「不敬罪」で告発するという展開になります（美濃部は取り調べを受け、後に起訴猶予処分となる）。

四月六日には、陸軍教育総監の真崎甚三郎《まさきじんざぶろう》大将が、全陸軍に「天皇機関説」の全否定を意味する「国体明徴」の訓示を発し、四月九日には美濃部の著作のうち『逐条憲法精義』『憲法撮要』『日本憲法の基本主義』の三冊が出版法第一九条（安寧秩序の妨害と風俗の壊乱の禁止）に抵触するとして発禁処分となりました。

四月十五日には、帝国在郷軍人会本部が「天皇機関説」を全否定する内容の『大日本帝国憲法の解釈に関する見解』と題したパンフレットを一五万部印刷し、それを全国に配布して、美濃部と「天皇機関説」への国民の敵意を煽《あお》りました。

こうして、雪崩のような政治的攻撃の標的となった美濃部は、事実上孤立無援の状態となりましたが、「今この状況で議員を辞職すれば、自らの罪を認めて誤りを天下に陳謝することになるが、それは学問的生命の放棄を意味し、耐え難い苦痛である」として、議員辞職の勧告は拒絶し続けました。

けれども、国内での「天皇機関説」への排撃運動は、在郷軍人会やそれに同調する議員連盟が各地で開催した政治集会によって全国へと波及し、ついに岡田《おかだ》啓介《けいすけ》首相が、政府として「天皇機関説」を全否定する声明を発表する必要に迫られることになります。

◆日本の進路を大きく変えた「国体明徴運動」の始まり

美濃部らの「天皇機関説」を完全に否定する政府声明は、一九三五年の八月と十月の二度にわたって行われ、その内容は、小冊子の形で全国の学校にも配布されました。

ここでは、東京高等蚕糸学校が発行した『国体に関する政府の声明書　附　文部省訓令』を参照しながら話を進めます。

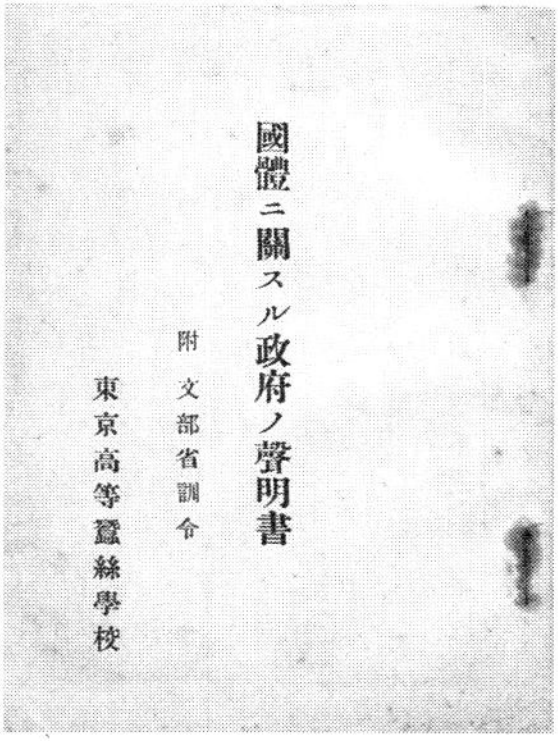

『国体に関する政府の声明書　附　文部省訓令』
東京高等蚕糸学校　1935年

まず、一九三五年八月三日、「国体に関する政府の声明書」として第一の声明が発表されましたが、その内容は次のようなものでした。

『恭しく考えをめぐらせてみるに、わが国体は天孫降臨の際に下し賜える御神勅によって明示されたように、万世一系の天皇が国を統治され、宝祚《ほうそ》〈皇位〉の降

〈繁栄〉は天地と共に窮なし〈永遠である〉。それゆえ、憲法発布の御上諭〈天皇の裁可を受けた文書〉に「国家統治の大権は朕《ちん》がこれを祖宗に継承してこれを子孫に伝える所なり」と宣下され、憲法第一条には「大日本帝国は万世一系の天皇これを統治す」と明示されている。

このように、大日本帝国統治の大権は、厳として天皇に存することは明らかである。国の統治権が天皇に存せずして、天皇はこれを行使するための機関であるとするような考え方は、全く万邦無比なるわが国体の本義を誤解したものである。

最近、憲法学説をめぐり、国体の本義に関連してさまざまな論議がなされている状況は誠に残念なことである。政府はいよいよ国体の明徴〈その特徴を明らかにすること〉に力を注ぎ、その精華を発揚するよう努める。そのために、ここに意図を述べて広く各方面の協力を希望する』

第一の声明は、天皇機関説の否定と、国体明徴運動の推進を政府方針として公式に明言したものでした。

二番目の政府声明は、次のような内容で、同年十月十五日に発表されました。

この声明は、政治的圧力の高まりに抗し切れなくなった美濃部が、九月十八日に貴族院議員を辞職した際に「天皇機関説の学説を撤回するとか、自説の誤りを認めるということではない」と述べたことに対し、軍人や「天皇主権説」派の政治家がさらに激しい反発を示したために、それを沈静化する目的で出されたものでした。

『みだりに外国の事例学説を援用して、それをわが国体に当てはめ、統治権の主体は天皇ではなく国家にあるとし、天皇は国家の機関である、と考えるような、いわゆる天皇機関説は、神聖なるわが国体に悖《もと》り、その本義をはなはだしく誤解するものであるがゆえ、厳にこれを芟除《さんじょ》〈除去〉しなくてはならない。

政教その他百般の事項すべてが、万邦無比なるわが国体の本義を基とし、その真髄を顕揚したものでなくてはならない。

政府は右の信念に基づき、ここに重ねて意図を闡明《せんめい》〈明瞭に説明〉し、国体観念をさらに明徴にし、その実績を収めるため全幅の力を発揮することを期待する』

◆外された「天皇神格化と絶対視」のリミッター

一方、この冊子に併録されている「文部省訓令」は、これに先立つ一九三五年四月十日に下されたもので、二度の政府声明の下敷きとなるような内容を含んでいました。

『現在の内外の情勢を考えれば、目下の急務は、建国の大義に基づき日本精神を作興〈奮い立たせる〉し、国民的教養の完成を期し、よって国本〈国の基礎〉を不抜に培うことにある。

わが尊厳なる国体の本義を明徴にして、これに基づいて教育の刷新と振作〈振るい起こす〉とを図り、もって民心の向かうところを明らかにすることは、文教において喫緊の要務とするところである。

この非常の時局に際し、教育及び学術に関与する者は、まことにその責任の重大さを自覚し、ここに述べた趣旨を体現し、いやしくも国体の本義に疑惑を生じさせるような言説は、厳にこれを戒め、常にその精華の発揚を念とし、これによって自己の研《けん》鑽《さん》に努め、子弟の教養に励み、もってその任務を達成することを期待しなくてはならない』

この訓令は、天皇機関説には直接触れていないものの、結果として後の「天皇機関説事件」の呼び水となるような内容を含んだ文書でした。

当時の情勢を少し引いた視点から俯瞰すると、「天皇機関説」は、天皇が絶対的な地位にある大日本帝国において、国民や政府機関が天皇の価値を際限なく上昇させることを防ぐ、いわば「リミッター」の役割を果たしていたことがわかります。

当時の日本社会における天皇は「現人神」とされていましたが、西欧を手本に導入した立憲主義という近代国家の枠組みに「現人神」という古代の発想をそのまま適合させるのは難しいため、この「機関説」という解釈を両者の間に挟み込み、それが天皇の神格化や絶対視が際限なくエスカレートすることを防ぐ役割を持たされていたのです。

一九三五年八月に「国体に関する政府の声明書」として第一の声明が発表されてから、わずか一か月後の同年九月、陸軍の小林順一郎大佐が執筆した『軍部と国体明徴問題』という冊子が、「今日の問題社」という出版社から刊行されました。そこには、当時の軍人たちが、最初の政府声明の内容を「美濃部の天皇機関説に対する糾弾の度合いが手ぬるい」として不服に感じ、さらなる攻撃が必要だと考えていた事実が生々しく描かれています。

『軍部と国体明徴問題』小林順一郎　今日の問題社　1935年

『美濃部は、前に言ったように、天皇のご所有あそばす「統治の大権」は「権能」に過ぎないものである、とまず断定した上で、その「権能」は万能無制限の権力ではなく、憲法の条規によって「制限された権能」だと断言している。〈中略〉

すなわち「社長」が会社成立のための一機関として、会社に帰属しているがごとくに、「天皇は国家の一機関として、憲法に規定している制限された権能だけを持たれて国家に帰属されているもの

だ」というのだ。〈中略〉

まるで外国だ。国体破壊だ』

しかし、美濃部達吉が激しく批判・糾弾され、「天皇機関説」を否定する公式声明が政府から二度にわたって出たことで、「天皇の神格化と絶対視の暴走を止めるリミッター」は、軍人らの望み通り、日本の社会機構から事実上取り外されてしまいます。

その結果、日本社会では堰《せき》を切ったかのように、天皇の神格化と絶対視をエスカレートさせるような本が氾濫します。

それと共に、西欧由来の「立憲主義」を尊重する必要性の認識が急速に薄れていき、やがて天皇崇拝の「国体」思想が実質的に憲法より上位にあるかのような言説が、社会の指導的立場にある組織や個人によって発せられていきました。

[5] 国家神道体制の中核をなした「国体」の理念

◆文部省が刊行した『国体の本義』の内容

先の「天皇機関説」をめぐる記述の中で、何度か「国体」や「国体明徴」という言葉が出てきました。

これらの言葉は、当時の日本ではきわめて重要な意味を持つものでした。しかし奇妙なことに、当時の出版物に氾濫した「国体」とは何であるのかという厳密な定義は、一九四五年八月に日本が太平洋戦争の敗戦を迎えるまで、ついに一度も明確になることはありませんでした。

一般的に、当時の日本における「国体」とは「国のあり方」や「国柄」など、抽象的な自国の理想像を示す概念でしたが、その中核を占めるのは「絶対的に崇高な天皇とそれに従う日本国民」という構造の国家体制でした。

戦前から戦中に至る時期の日本において、国民の間に「国体」の概念を形成する上で重要な役割を果たしたのは、「天皇機関説事件」から二年後の一九三七年三月に文部省が刊

『国体の本義』　文部省　1937年

行した『国体の本義』という一冊の書物でした（五月には同書の市販本が刊行）。

ちなみに、日中戦争の発端となった「盧溝橋事件」（北京郊外の盧溝橋で発生した日本軍と中国軍の偶発的な武力衝突）が起きたのは、市販本が刊行された二か月後の一九三七年七月七日のことでした。つまり、『国体の本義』が出版されたのは、日中戦争勃発の直前でした。

累計一七三万部が印刷されたと言われるこの本の中で、文部省はまず、当時の日本社会が直面していた「思想的混迷」の根源として、明治維新後に日本へ流入した西欧文化に、批判的な視線を向けています。これは、美濃部と「天皇機関説」に激しく反発した軍人や政治家、市民らに共通する認識でもありました。

『そもそもわが国に輸入せられた西洋思想は、主として十八世紀以来の啓蒙思想であり、あるいはその延長としての思想である。

これらの思想の根底をなす世界観・人生観は、歴史的考察を欠いた合理主義であり、実証主義であり、一面において個人に至高の価値を認め、個人の自由と平等とを主張すると共に、他面において国家や民族を超越した抽象的な世界観を尊重するものである。

従って、そこには歴史的な全体より孤立して、抽象化された個々独立の人間とその集合とが重視される。このような世界観・人生観を基とする政治学説・社会学説・道徳学説・教育学説等が、一方においてわが国の諸種の改革に貢献すると共に、他方において深く広く、その影響をわが国本来の思想・文化に与えた』

ここで注目すべきは、合理主義や実証主義、個人主義などの考え方を、当時の文部省は「歴史的考察を欠いた」「歴史的全体から孤立した」ものであると、否定的に捉えていることです。

◆西欧式の思想に対する複雑な捉え方

文部省は、この次のページで、明治維新後の日本において、フランス啓蒙期の自由民権運動や、英米の議会政治思想、実利主義、功利主義、ドイツの国権思想などが輸入されて「固陋《ころう》な慣習や制度の改廃にその力を発揮した」ことを、一応は認めています。

その上で、極端な欧化はわが国の伝統を傷つけ、歴史の内面を流れる国民的精神を衰弱させる恐れがあるとの理由から、国粋主義的な伝統回帰の運動が起こり、それによって欧化主義と国粋保存主義の対立が生じたと説明します。

こうした「伝統に従うべきか、それとも新思想（西欧式の考え方）につくべきか」という日本国民の悩みは、一八九〇年の『教育に関する勅語』（いわゆる教育勅語、第1章を参照）に記された「天皇が君臨する国家体制の存続繁栄を第一に考える」という教えによって、いったんは解消されたかに見えました。

しかし、西欧思想の日本への流入はさらに激しさを増し、民主主義、社会主義、無政府主義、共産主義、ファシズムなどの新たな政治思想が乱立して「思想上・社会上の混乱」を惹起し、「国体に関する根本的自覚を喚起するに至った」というのが、当時の文部省が理解するところの「日本国内の現況」でした。

『社会主義、無政府主義、共産主義等の詭激《きげき》〈激しく度を失うこと〉なる思想は、究極においては、すべて西洋近代思想の根底をなす個人主義に基づくものであって、その様々な現れ方の違いにすぎない。個人主義を基本とする欧米においても、共産主義に対しては、さすがにこれを容れ得ずして、今やその本来の個人主義を棄てようとして、全体主義・国民主義の勃興を見、ファッショ・ナチスの台頭ともなった。

すなわち個人主義の行き詰まりは、欧米においてもわが国においても、等しく思想上・社会上の混乱と転換との時期を引き起こしていると言うことができる』

そして、文部省はこの本の出版目的について、次のような言葉で説明しています。

『今日わが国民の思想の相剋、生活の動揺、文化の混乱は、われら国民がよく西洋思想の本質を徹見すると共に、真にわが国体の本義を体得することによってのみ解決せられる。しかしながら、このことは、独りわが国のためのみならず、今や個人主義の行き詰まりにおいてその打開に苦しむ世界人類のためでなければならない。ここに、我らの重大なる世界史的使命がある。

すなわち「国体の本義」を編纂して、肇国《ちょうこく》〈建国〉の由来をつまびらかにし、その大精神を闡明すると共に、国体の国史に顕現する姿を明示し、進んでこれを今の世に説き及ぼし、もって国民の自覚と努力をうながすゆえんである』

つまり当時の文部省の考えに従えば、日本国内の思想的混迷を打開して、国民に進路を指し示す方策としての「国体の明徴」は、日本人にとって有益であるのみならず、個人主義の行き過ぎでさまざまな主義主張の乱立するに至った諸外国の「世界人類」にとっても有益なもの、ということになります。

けれども、その「国体」の具体的な説明に入ると、いきなり日本国内でしか成立しない「日本の特殊性」を強調する言葉ばかりが並ぶ文章となります。

『大日本帝国は、万世一系の天皇〈が〉皇祖の神勅を奉じて永遠にこれを統治したもう。これ、わが万古不易の国体である。この大義に基づき、一大家族国家として億兆一心〈全国民が心を一つにして〉聖旨《せいし》〈天皇の考え〉を奉体〈心に留める〉して、よく忠孝の美徳を発揮する。これこそが、わが国体の精華とするところである。この国体は、わが国永遠不変の大本であり、国史を貫いて明るく輝いている』

ここに書かれている「万世一系」という言葉は、天皇の家系が「古来より未来永劫まで途切れのない一本の系譜」であるという意味ですが、最初にこの言葉を使ったのは、幕末期の岩倉具視《いわくらともみ》であった（一八六七年）とされています。

そして、皇祖天照大神の「神勅」に始まる建国神話を、古訓古事記と日本書紀（共に日本最古の史書）に従って詳しく説明した上で、日本における天皇の特別な地位について次のように定義します。

『天皇は、皇祖皇宗の御心のままにわが国を統治される現御神《あきつみかみ》である。この現御神あるいは現人神と申し奉るのは、いわゆる絶対神とか、全知全能の神とか言うような意味の神とは異なり、皇祖皇宗がその神裔〈神の末裔〉であらせられる天皇に現れ、天皇は皇祖皇宗と御一体であり、永久に臣民・国土の生成発展の本源であり、限りなく尊く畏《かしこ》きお方であることを示すのである。

帝国憲法第一条に「大日本帝国は万世一系の天皇これを統治す」とあり、また第三条に「天皇は神聖にして侵すべからず」とあるのは、天皇のこの御本質を明らかにしたものである。従って天皇は、外国の君主とは異なり、国家統治の必要上立てられた主権者でもなく、智力・徳望をもとに臣民より選び定められた君主でもない』

最後の部分で、諸外国の君主と天皇の違いを強調していますが、これにより、天皇の位置づけを客観的に評価する道筋が断たれたことになります。

◆天皇と日本国民との「あるべき関係」の明示

また、天皇と国民との関係については、以下のような形で説明しています。

『わが国は、天照大神のご子孫であらせられる天皇を中心として成り立っており、われらの祖先およびわれらは、その生命と活動の源を常に天皇に仰ぎ奉るのである。それゆえに天皇に奉仕し、天皇の大御心を奉体することは、われらの歴史的生命を今に生かすゆえんであり、ここに国民すべての道徳の根源がある。

忠は、天皇を中心として奉り、天皇に絶対随順する道である。絶対随順は、我を捨て私を去り、ひたすら天皇に奉仕することである。この忠の道を行ずることがわれら国民の唯一の生きる道であり、あらゆる力の源泉である。そうであれば、天皇の御ために身命を捧げることは、いわゆる自己犠牲ではなくして、小我を捨てて大いなる御《み》稜威《いつ》〈天皇の威光〉に生き、国民としての真生命を発揚するゆえんである。〈中略〉天皇と臣民との関係を、単に支配服従・権利義務のごとき相対的関係と解する思想は、個人主義的な考え方である。個人は、その発生の根本たる国家・歴史に連なる存在であって、本来それと一体をなしている。この一体より個人のみを抽象し、この抽象せられた個人を基本として、逆に国家を考え、また道徳を立てても、それはしょせん本源を失った抽象論に終わるのほかはない』

この記述は、当時の日本社会で「天皇と国民の関係がいかにあるべきか」と考えられていたかを、かなり明確に説明しています。

一人一人の国民が、個人として独立した形で存在するのではなく、日本という国全体がひとつの「有機体」であり、天皇はその有機体の最も重要な核心部分で、国民はそれを取り巻く細胞のひとつひとつである、という構図です。

そして、天皇も「個人」として認識されておらず、歴史の始まりから「万世一系」という形式で今に至るまで連なるという、その「連なりの現在形」として理解されています。

当時の文部省が提示した天皇と国民の「あるべき関係」は、社会科学の領域ではなく、むしろ自然科学の見地に立っているようにも見えます。国民が臣民として天皇のために生きるという構図を、自然の中の生物の営みであるかのように描き出しています。

◆「個人」と「個人主義」を全否定した「国体」思想

　このようにして定義された「天皇と国民の関係」を踏まえた上で、太平洋戦争中の日本の戦争指導を振り返れば、なぜあれほどまでに「人命の価値」を軽視あるいは完全に無視したような作戦や戦術を実行し得たのか、という疑問が氷解するように思えます。「天皇のために国民が命を捧げることは、いわゆる自己犠牲ではなく、（たとえ肉体は死んでも）国民として真生命を発揚するゆえんだ」との価値判断に従うなら、戦争の指導部は特攻という体当たり戦術を考案し、前線の兵士に命令することに、何の疑問も躊躇《ちゅうちょ》もうしろめたさも感じることはなかったでしょう。

　本心では多少の罪悪感を覚えたとしても、当時の社会で認められた唯一の「価値判断」がこれであれば、その通りにするしかありません。

　また、この「天皇と国民の関係」でも、その前に引用した「国体明徴の必要性についての説明」でも述べられているように、当時の「国体」を中心とする国家神道の思想では、一貫して「個人」や「個人主義」を全否定する考え方が貫かれています。

　国民を「個人」と見なして、それぞれの個人に独立した価値があると考えてしまうと、天皇や「国体」を守るために国民が犠牲となることを惜しまず命を捧げる、という全体の関係性が崩壊してしまうからです。

◆光と闇の両面を内包した「和の精神」

文部省の編纂した『国体の本義』には、もう一つ重要な項目があります。それは、現在でも日本文化の美徳とされる「和の精神」です。

『わが肇国の事実および歴史の発展のあとをたどる時、常にそこに見出されるものは、和の精神である。〈中略〉

和の精神は、万物融合の上に成り立つ。人々があくまで自己を主とし、私を主張する場合には、矛盾対立のみがあって和は生じない。個人主義においては、この矛盾対立を調整緩和するための協同・妥協・犠牲等はあり得ても、結局真の和は存在しない。すなわち個人主義の社会は、万人の万人に対する闘争であり、歴史はすべて階級闘争の歴史ともなろう。

かかる社会における社会形態・政治組織、およびその理論的表現たる社会学説・政治学説・国家学説等は、和をもって根本の道とするわが国のそれとは本質的に相違する。わが国の思想・学問が西洋諸国のそれと根本的に異なるゆえんは、実にここに存在する』

日本という国を一つの「有機体」として捉え、一人一人の国民が「個人」ではなく「全体の中の分」として、なすべき行いを調和的に行うことが「和」であると、文部省は『国体の本義』の中で教えています。

そして、この本で「和の精神」を説明する際、聖徳太子の「十七条憲法」にある有名な「和をもって貴しとなす」との言葉を引用し、国民の立場による意見の対立や利害の相違も、最終的には「和」に行き着くものだと説いています。

これは、一見すると穏やかで平和的な教えのようでいて、実は非常におそろしい側面を持った価値判断でもあります。

この考え方を受け入れるなら、国民は「国体」の名の下に行われるあらゆる政治的決定に対して、まったく異を唱えることも、疑問も抱くこともできなくなるからです。

疑問や異論を口に出したり紙に書いて発表する者は、「和を乱す不逞《ふてい》分子」として糾弾の対象となり、最悪の場合には社会から排除されます。

つまり、ここで言う「和」とは、国民が大きな「有機体」の中の「一部（分）」として何も文句を言わずに従順に従うことでしか成立し得ない、形式的には「自発的」とされながらも実質的には「強制」によって創り出される「和」に過ぎず、個人主義であるか否かという以前に「人間の尊厳」を尊重しない概念だと言えます。

表面的・形式的には理想的な協調とされる「和の精神」は、別の面から見れば「絶対的服従の強要」や「疑問や異論の封殺」というマイナス面をも内包しているのです。

◆「国民に認識させたい政治的構図」の教育書

この文部省の『国体の本義』は、当時の日本における「国体」についての、日本政府の公式の認識がいかなるものであったかを、我々に教えています。

しかし、現代に生きる我々が注意しなくてはならないのは、文部省がこの本で描き出しているような形式での「天皇と国民の関係」や「和の精神」は、この昭和初期より前の日本には、歴史上ほとんど存在していなかったという事実です。

日本史に詳しい方はよくご承知のとおり、天皇を取り巻く歴史は、権謀術数と裏切りと栄枯盛衰の繰り返しであり、どう見ても「和の精神」とはかけ離れたものでした。皇族内での殺し合いによる皇位争奪もたびたび発生し、天皇の権威を利用することを目論む豪族や公家、武家などの権力闘争に皇族が関わった例も数多くありました。

日本全国に住む人々にも、自分が「天皇を中心とする、日本という大きな有機体を構成する一部」という認識は皆無で、天皇がどんな存在なのかという情報を伝える媒体もありませんでした。織田信長や豊臣秀吉、徳川家康が天下を奪い合った戦国時代（十六世紀から十七世紀）に生きた日本の農民とその家族にとって、重要なのは地元の殿様であって、天皇への忠義が「殿様への忠義」より上位に来ることはありませんでした。

現在の歴史研究では、初代とされる神武《じんむ》天皇（即位は紀元前六六〇年で、天皇の暦である皇紀はここからスタートする）から第九代の開化《かいか》天皇までの九人は、実在が確認されていない神話上の存在と見なされており（第二代の綏靖《すいぜい》天皇から第九代の開化天皇までは、裏付けとなる史料を欠いているため「欠史八代」と呼ばれる）、実在した最初の天皇は、紀元前九七年に即位した第一〇代の崇神《すじん》天皇であると言われています。

「国体明徴」の時代には「万世一系」が歴史的事実であるとされた「皇統」ですが、昭和天皇までの計一二四代の天皇の中には、前記した「欠史八代」以外にも、実在性が疑問視されている天皇が何人もいました。権力闘争の中で生じた空白を埋めるために、何代かの天皇が創作されたのではないかとの説もあり、また第九六代の後醍醐《ごだいご》天皇の時代に、いわゆる「南朝（吉野）」と「北朝（京）」の二系統の朝廷が出現し、一時的に二人の天皇が日本に存在した時代が六〇年近くも続きました。

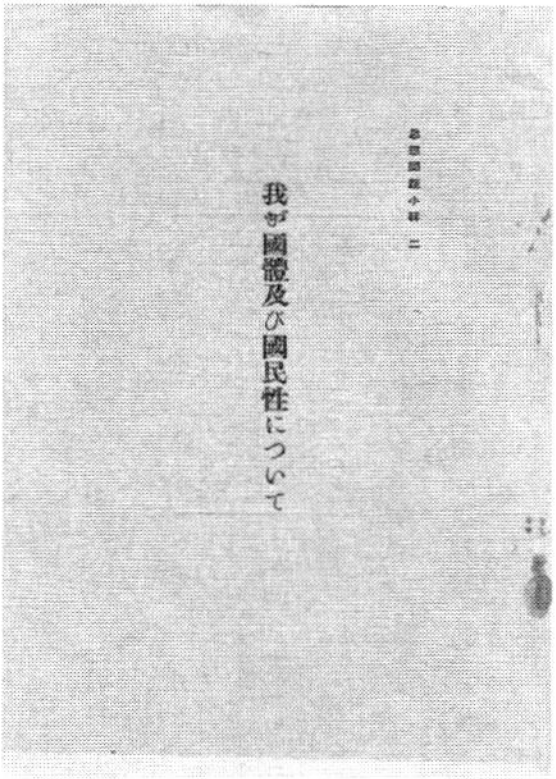

『我が国体及び国民性について』
西晋一郎　文部省　1933年

しかし、文部省はあくまで、日本書紀や古事記に書かれている内容は「歴史の範疇に含まれる」との立場を採りました。『国体の本義』から四年前の一九三三年三月、文部省は西晋一郎《にししんいちろう》『我が国体及び国民性について』という教育関係者向けの小冊子を刊行しましたが、その中で「建国神話」の取り扱いについて、こう述べています。

『わが民族太古の伝説は、これを伝説と名付けようが、神話と名付けようが、ただの昔話ではなく、わが歴史を流れている精神力である。その限りにおいて、わが神代の物語は、わが民族の行く手を指し教えて来た国民の規範であり、古典である』

『さて、この国の成形の伝説として伝わる史実は何であるかといえば、国土民人の成生と共にそれを統一すべく定められた主〈天皇〉が生まれ出たということ、しかして国土と民人とそれの主とは同じ神から出たもの、すなわち同胞一体のものとされているること、これがその根本的なるものである』

つまり、文部省の『国体の本義』は、事実としての「国体」を明徴するという形式をとりつつ、実際には「国民にこう認識させたい」と望む政治的構図を、過去の歴史や文化を引き合いに出しながら説明する、国民の思想統一を意図した政治教育書だったのです。

[6] 昭和初期に「国体明徴運動」が生まれた背景

◆天皇の持つ「神格」に着目した明治新政府

先に少し触れた通り、日本では一九三五年に「天皇機関説事件」が発生する以前から、一部の国学者（日本の古典文化や歴史、とりわけ社会史と哲学史の研究者）と国粋主義者の間で「国体明徴」の意義や必要性を唱える政治運動が起こっていました。

後に「国体」思想の柱となる、「絶対的に崇高な天皇とそれに従う民衆」という構図の国家体制を理想とする考え方は、各時代の学者の間では、天照大神を皇祖として崇め奉る「神道」の信仰を基盤とする形で中世から少しずつ形成されており、江戸時代末期には政治や社会思想における重要な学問の一つとして認められる存在となっていました。

この神道に基づく国家体制を指す呼称としての「国体」という言葉が、日本で使われ始めたのは、十八世紀後半のことで、当時国学の研究が盛んであった水戸藩で体系化された「後期水戸学」の核心を成すキーワードとして、この語句が用いられていました。

その後、戊辰戦争によって幕府が倒され、日本は封建国家から近代国家への変質を遂げますが、明治新政府は長州と薩摩の両藩出身者がその指導部をほぼ独占しているために、日本全体の統治者としての正統性が弱いことを自覚せざるを得なくなります。

このため、明治新政府は、幕府や将軍に代わる新たな「民衆の心を捉える全国レベルの指導者」として、天皇の持つ「神格」に着目します。

岩倉具視や伊藤博文などの明治新政府の指導者は、明治天皇とその祖先を神格化して国のトップに担ぎ上げ、天皇の絶対的威光とその精神的背景である皇室神道の教義を、自らの政治的正統性を補強する支柱として使う方策をとりました。

このようにして、「万世一系の天皇が日本を統治する」という「国体」の構図が、日本政府によって公式に国策として採用され、大日本帝国憲法下での「国家神道体制」が徐々に形成されていったのです。

しかし、大正時代に入ると、第一次世界大戦後の不況や関東大震災、そしてヨーロッパから流入する新たな政治思想によって、明治政府が創り出した「国家神道体制」への疑問や不安、迷いなどが社会に広まることになります。

前記したように、軍人や国粋主義の政治家、彼らを支持する市民の間で「天皇機関説」に反発する思想が高まった背景には、こうした社会情勢の混沌と閉塞感、進むべき進路が明瞭さを欠いているのではないかという問題意識などが存在していました。

◆『国体明徴と日本教育の使命』に見る当時の社会的背景

「天皇機関説事件」の翌年、一九三六年十月に出版された池岡直孝・明治大学教授の著書『国体明徴と日本教育の使命』（啓文社出版）は、「国体を明徴すべし」という運動が日本で高まった社会的背景について、詳しく説明しています。

池岡直孝は、国体明徴運動が高まった直接的な理由として「第一次世界大戦後の共産主義思想の日本国内への流入」があったという、重要なポイントを指摘しています。

『現下における国体明徴の要請は、いかなる事情の下に起こってきたかというに、これを一言にしていえば、西洋思想の輸入により反国体的の思想が流布するに至りたるため、これを克服せんとして起こったものであると言えるのである。

吾人の観るところでは、欧州大戦〈第一次世界大戦〉終末頃より、反国体的なるマルクス共産主義なるものが輸入され出したことに、現下国体明徴の要請の近い原因がある。昭和三四年頃には共産党の大検挙があり、中には若き多数の学徒が共産党事件に連座し、甚だしきは教育者にして連座するものさえ出すに至った。そこで、その頃から国体観念を明徴にすべしとの要請が起こり、文部省ではそのために、国民精神文化研究所なるものを設置した。現に同研究所の事業部では、中等教員の長期講習をやったり、転向学生の再教育をやったりしておる。正に国体明徴実践の一具体例である。

その後満洲事変以来、国際連盟の脱退となり、我が国の対外情勢に大なる変化を生じ、国民の日本的自覚を喚起するに至り、ここに日本精神なる言葉が流行するに至っ

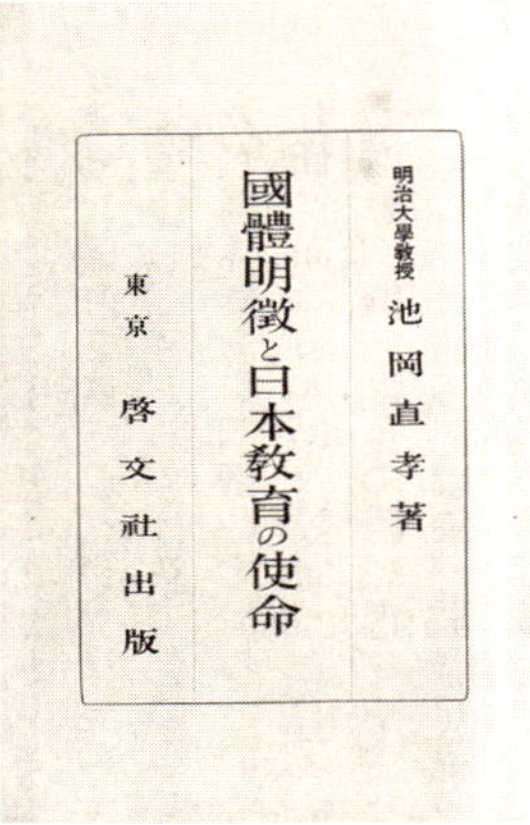

『国体明徴と日本教育の使命』
池岡直孝　啓文社出版　1936年

たのである。しかして日本精神なる言葉の内容には、国体観念が首位を占めているのである』

池岡直孝が書いている「反国体的の思想」とは、具体的には「共産主義」の思想を指します。第一次世界大戦末期の一九一七年に起きた「ロシア十月革命」と、それに続く「シベリア出兵」（ロシア革命に対する日本やアメリカなどの干渉戦争、一九一八年～一九二二年）によって、日本人はヨーロッパでの共産主義運動の高まりと、その理想主義的な政治思想を知ることになりました。

工場などで苛酷な低賃金労働を強いられる日本の労働者たちの中にも、ロシア革命の成功に好意的な感情を持つ者が少なからず存在し、革命を指導したレーニンとトロツキーを英雄視する風潮が生まれていました。農民や労働者などの「人民」こそが、本来の政治の主役であり、国境線で隔てられた「国ごとの違い」など重要な問題ではないのだ、というのが、共産主義の基本的な理念でした。

しかし、こうした思想は、当時の日本が国策としていた「国体」思想とは真っ向から反するものでした。「人民」が主役の国家を理想と見なすなら、天皇や皇室の存在価値は軽くなるばかりか、そうした特権的地位にいる君主は「人民」の力を結集して打倒すべきだというのが、共産主義の価値観だからです。

また、この説明の最後の部分で触れられている満洲事変（一九三一年）と国際連盟脱退（一九三三年）は、共に当時の日本人にとっては「国民としての自信」を大きく揺るがした出来事でした。

明治以来、西洋を手本として近代化と文明の進歩を成し遂げた日本が、第一次世界大戦への参戦で名実共に「一等国」として西欧の大国に認められたと思ったのも束の間、一転して国際社会で「後ろ指を指される立場」となってしまったからです。

つまり、池岡直孝が指摘しているように、当時の日本で「国体明徴運動」という、従来の「国体」思想をさらに先鋭化させる動きが発生した背景には、共産主義の流入や日本の国際的孤立という、外的要因が大きく作用しており、それに対する「精神的な防衛策」という意味合いがありました。

言い換えれば、当時の日本人が主体的に「国体明徴運動」を始めたというよりは、外的要因への「受け身の対応」として、そのような運動が国民に「必要とされた」のです。

◆観念的思考と合理的説明の狭間で苦戦した当時の知識人

建国神話のような「信仰」を根源とする「国体」思想を、合理的に説明することは困難ですが、池岡直孝の記述を読むと、当時の知識人が両者を論理的に整合させる作業に、どれほど苦心していたかがわかります。

『元来、我が国体は三千年の歴史を通して実在する客観的事実であって、更に将来に向って実現せらるべき国家理想である。されば、国体は単なる思弁的な観念の産物ではない。いわゆる何々主義と称せらるるイデオロギーとは本質的に異なる。〈中略〉学問的に国体を究明することは、かかる意味においての国体の存在理由を明らかにして、その価値を立証することに他ならぬ。されば、国体はこれを学的対象として究明せらるべきものである。決して、究明が不可能なるべき性質のものではない。しかして研究の結果、必ずやここに普遍妥当なる理論が得られねばならぬ』

池岡直孝は、同じ本の別の箇所では「日本特有の国体に関する国民の観念は、決して理屈をもって説き明かすべき知識ではない」と書いていますが、その一〇ページ後では「国体はこれを学問的対象として究明されるべきものである。決して、究明が不可能な性質のものではない」と書いています。

どうも、雲を摑むような捕らえどころのない論理が展開されます。しかし、最初の前提である「わが国体は三千年の歴史を通して実在する」という認識からして、建国神話という主観的な物語を「事実」と見なすところからスタートしているので、近代国家の体制と結びつけて論じる際、全体としてさまざまな齟齬が生じるのは必然だと言えます。

そもそも、美濃部達吉が「天皇機関説」という理論を提唱したのも、建国神話のような「信仰」を根源とする「国体」思想と、ヨーロッパで発達した合理的思考に基づく立憲主義の近代国家という体裁を、論理的に整合させるために考案された「苦肉の策」でした。それを、見かけ上の判断から「西欧崇拝時代の弊害」や「不敬」であるとして切り捨ててしまった、当時の「国体明徴運動」の理論家は、「天皇機関説」が辛うじて連結していた両者の整合性を、それと気付かぬまま、壊してしまっていたのです。

このような状態で、「国体」を「学問的対象として究明」しようとしても、立脚する足場が「神話」という軟弱な地盤しかないので、輪郭の定まらない漠然とした観念論にしかならないのは当然の帰結であると言えます。

◆いつまでも定まらない「国体の定義」

ところが、これほど断定的に「国体とは三千年の歴史に裏打ちされた事実である」などと書いているにもかかわらず、この本の第四章「国体の意義」という部分では、「国体」という言葉の定義が実は定まっておらず、依然として多様な解釈に基づく使い方がされているという、ある意味でショッキングな事実が明かされます。

『国体明徴という熟語そのものが、既に国体が何たるやの認識を明らかにする必要のあることを意味しているのであって、実は国民一般に国体が何たるやの認識が不十分なることを証明しているのである。先に言える国体の観念的明徴の必要理由は、ここに存するのである。世人多くは、国体を自明的の語として使用しているけれども、「国体とは何であるか」と反問せらるる時、的確明瞭に答えることは出来ないであろう。国体の明徴には、先ず国体とは何ぞやに関して、明確なる観念を提示することが根本的に必要である』

国体明徴という熟語そのものが、既に国体が何であるかの認識を明らかにする必要性の存在を意味している、という指摘は、なるほどと思う説明ですが、実はこの「国体が何であるかという定義」は、先にも述べた通り、一九四五年八月に日本が敗戦を迎えて当時の国家体制が崩壊するまで、完全になされることはありませんでした。

本章でこの後に紹介する当時の文献が示すように、「国体」という概念は当時の事実上の「国策」であったにもかかわらず、厳密な輪郭を持たず、その時その時の都合に応じて柔軟に拡大解釈が可能な、ある意味では「便利な」思想的道具でもありました。

しかし、池岡直孝は「国民は、国体が何であるかの認識が不十分で、国体とは何ぞやと聞かれても、明確な答えを持たない」との現状認識に基づき、自らの考えるところの「国体」の認識を、簡潔な文章で説明しようと試みています。

彼は、西洋的な意味での「国体」は、明治に輸入された西洋法学上の学術語の訳語であり、英語の「フォーム・オブ・ステート（Form of state）」またはドイツ語の「シュタールフォルム（Staatsform）」に当たるとした上で、「国家の主権がどこにあるかを示す」国家分類の言葉であると述べています。

そして、主権が君主一人なら「君主国体」、数人にあるなら「貴族国体」、国民全体にあるなら「民主国体」と分類した上で、以下のように説明を続けます。

『この分類でゆけば、日本を初め、イギリス、イタリー、ベルギー、オランダ、シャム〈タイ〉等の諸国はことごとく同一の君主国体であって、我が国体は万邦無比なりと言うことは、西洋法学の国体観念からは言えないのである。何となれば、西洋法学上の国体は、世界の諸国を単なる主権所在の態様と言う形式の上から分類するのであって、国家の本質内容には関するところがないのである。しかるに我が特有の国体なる語は、日本国家の根本的特質を意味するので、日本国家の実質を表わす語であるから、概念として根本的に相違するのである。日本特有の国体なる語に相当する外国語は無い。そこで教育勅語が英訳されたときに、はなはだ困った。もし法学的の考で「我が国体」を訳すとThe form of Our stateとなるが、これでは日本特有の国体の意味は少しも表われない。そこで苦心の結果、The fundamental character of Our Empireというように訳されたのである。これなれば、大体西洋人にも我が国体の意味が分るであろうと思う』

The fundamental character（ファンダメンタル・キャラクター）とは「基本的な性質あるいは特徴」という意味で、この訳語は「国体」を、日本の特異性を表すキーワードとして説明するものです。

しかし、当時の日本で「国体」という問題に取り組むさまざまな学者や理論家たちは、この「わが帝国の基本的な性質あるいは特徴」という大まかな枠組みは共有していたものの、具体的な説明になると、論者によってまちまちというのが実状でした。

例えば、後に有名な政治スローガンとなる「八紘一宇《はっこういちう》」という言葉を造語（詳しくは後述）したことでも知られる宗教家（日蓮宗）の田中智学《たなかちがく》は、『日本国体の研究』という著書の中で「国体とは国の精神ということである。体は心である」と述べましたが、国語学者の山田孝雄《やまだよしお》が『大日本国体概論』で書いたのは「国体は国家の体なり。人に体あるがごとし」というものでした。

つまり、田中智学は国体を「心（目に見えないもの）」と捉えたのに対し、山田孝雄は「体（目に見える、具体的なもの）」と説明しています。

池岡直孝は、こうした多様な国体認識について、「第一種：国家の組織形態（客観的方面）」、「第二種：国家の本質理想（精神的方面）」、「第三種：第一種と第二種の組み合わせ」、「第四種：それ以外」に分類し、それぞれの「力説点」を、次ページの図のように整

池岡直孝『国体明徴と日本教育の使命』による

国体の諸定義の力説点

【第一種の定義】 国家の組織形態（客観的方面）

国柄、国風、国の立て方、国家の体、国家組織の体制、
国家組織の体裁、国家組織の状態、国家組織の形態、
国家の体系、国家として存立する状態、
国家の基本的構成形態、有機的団体生活の状態

【第二種の定義】 国家の本質理想（精神的方面）

国の精神、内面の力、国家の本体、国家の理想、
国家の価値、主権存立に関する特殊の主義、
国の体面、国の品性

【第三種の定義】 第一種と第二種の組み合わせ

根本的性質および形態、国家の精神・法則・主義、
社会性の究竟（物事を突き詰める）本体、
国家の価値生活、組織活動の状態、国家の根本原則、
国家の風、国家の情調

【第四種の定義】 それ以外

国体は実在にて心をもって語る他なし、
宇宙心理の人生社会に顕現する態様、
人生社会の生成発展の原理

出典: 池岡直孝『国体明徴と日本教育の使命』（啓文社出版） pp.61-62.

理しました。

このように、当時の「国体」という言葉は非常に定義の幅が広く、さまざまな形に意味の解釈を広げて適用することが可能な言葉でした。最終的な意味の認識は数多く存在しましたが、いずれの解釈においても欠かせない重要なキーワードがいくつかありました。

それは、「万世一系（天皇の家系は建国あるいは天地開闢《かいびゃく》以来途切れずに一本の系統として続いている、という考え）」、「日本精神（古来より存在する日本独特の精神）」、「万邦無比（世界に較べる相手がない、世界に類を見ない唯一かつ至高の存在だという考え）」、「天壌無窮《てんじょうむきゅう》の皇運（天皇と皇統の繁栄は天や地と同じように永遠に続く）」などであり、こうしたキーワードで言い表される概念を根拠に「日本は世界に類を見ない特別に優れた国で、それゆえに崇高で神聖な国である」との考え方が共有されていました。

◆個人を構成単位と見なす「西洋流の個人主義思想」の否定

このほか、池岡直孝は、公民科の教育について以下のように説明していますが、ここでもやはり「西洋流の個人主義の否定」と「日本の特殊性の強調」が目立ちます。

『従来公民科における社会生活の取り扱いは、ややもすると西洋の個人主義的な社会観に堕する感があった。すなわちまず個人があり、それが共同の生活を営むところに社会があり、社会の発達形式が国家であるというように説き、個人は社会国家の絶対単位であり、社会生活の理想は共存共栄であるというように説く。されば共存共栄というも、正義とか公平とか平等というような、西洋の個人主義の考え方に基づく感がある。

しかるに、わが日本においては、個人が集まって社会を作るというようなものでなく、皇室を中心とする血族の愛の一体生活そのものが社会であって、しかもかかる血族社会そのものが国家なのである。〈中略〉

日本の社会の本質は、西洋のそれと大いに異なるものがある。しかるに、絶対単位としての個人の結合が社会であり、その共存共栄が社会生活の理想なりというように、西洋流の個人主義思想を次代の国民に与えるということは、日本精神を破壊するものである』

個人を社会の構成単位と見なし、個人の共存共栄を理想として尊重する思考は、全ての日本人が私心や私欲を捨てて、「万邦無比」の「国体」のために全てを捧げるのが当然の務めだという、当時の「国体」思想とはまったく相容れないものでした。

当時の「国体」思想は、明治時代の教育勅語をベースに「国民は絶対的に天皇に献身・奉仕し、必要とあらばいつでも犠牲となる覚悟を常に持っておく」ことを当然としていたからです。こうした思想において、天皇から切り離した形で「個人の生活の尊重」や「個人の幸福」という概念を認めることは不可能でした。

実際、戦前・戦中の「国家神道」体制の精神的支柱であった「国体」の思想が最も危険と見なし、絶対に価値を認めようとしなかったのが、国民の一人一人がそれぞれ独立した思考と価値を持つ「個人」であると見なす「個人主義」の概念でした。

それゆえ、当時の「国体」に関する書物は例外なく、個人を社会の構成単位と見なし、個人の共存共栄を理想として尊重する思考を「西洋流の個人主義思想」と決めつけ、本来は日本と関係ない話なのだから、無視しても構わないのだという結論に達します。

つまり、明治や大正期の日本人が西洋から学んだ社会学や哲学のうち、日本の「国体」に整合するものだけは残し、整合しないものは「日本の社会の本質は、西洋のそれとは大いに異なる」がゆえに、排斥しなくてはならないと説きます。

「個人主義の否定」とは、一人一人の人間の権利を認めないという意味においては「人権の否定」であるとも言えますが、本章でここまで述べてきたような理由により、当時の「国体」思想では「人権」の価値も、実質的に認められていませんでした。

一九三六年に刊行されたこの本の内容は、翌年に文部省から刊行される前掲の『国体の本義』とほぼ一致しており、これが決して池岡直孝個人の特殊な現実認識ではなく、一九三〇年代中頃の日本では「主流」の思想であったことを示すものと思われます。

しかし、「国体」思想と整合しない「個人主義（および実質的には人権も）」を全否定する思考が「正しい思想」として日本国内で広く流布されたことで、一九三七年七月に始まる日中戦争や一九四一年十二月に勃発する太平洋戦争において、日本軍人と日本国民の両方が、想像を絶するほどの犠牲と献身を実質的に強要されることになります。

[7] 国体思想の高まりがもたらした弊害

◆国体明徴の弊害としての「相対的思考の欠落」

以上のように、昭和初期に日本全国で盛んに行われた「国体明徴運動」は、ある面では幕末の日本に吹き荒れた過激思想、すなわち「尊皇攘夷」の形を変えた復活であるという見方もできます。その核心部分を占めている思想は、乱暴に単純化すれば「天皇崇拝」と「西洋思想の排撃」の二つだからです。

実際、先に挙げた「水戸学」の内容は、尊皇攘夷の思想を熱烈に支持した「志士」たちの精神的な基盤でもありました。

幕末の「尊皇攘夷」が、欧米列強が持つ軍事力との力関係という厳しい現実の前に敗北を余儀なくされたのと同様、昭和の「国体明徴」もまた、やがて欧米列強との力関係という厳しい現実の前に、悲惨な敗北へと転落することになります。しかし、この時点ではまだ、そうした危険な陥穽についてはは正しく認識されていませんでした。

一般的に、特定の対象の価値を認めて褒め称える行為は、麗しい行いであるとされ、それがどんなマイナス面を持つかについては、あまり認識されることがありません。

昭和初期の「国体明徴運動」の高まりに伴い、日本国内では、天皇や天皇の祖先を神格化する建国神話、天皇を実質的な頂点とする国家体制、日本国民の天皇に対する忠義、そして日本国民が本来持つとされる「日本精神」を、創意工夫を凝らした言葉で称揚・賛美する書物が、大量に出版されました。

当時の人々は、これらの本の著者が高らかに歌いあげる美辞麗句に酔いしれ、神の子孫である天皇を頂く日本、三千年の歴史を持つ天皇統治下の日本は、そうした特徴を持たない諸外国とは比べものにならないほど優れた国なのだ、という優越感を当たり前のように心に抱くようになっていきます。

しかし、日本は「世界で他に類を見ない神聖な国」であり、日本人は世界の中で絶対的に突出した特別に優れた存在なのだという認識に思考を委ねることは、自国と他国を相対的な関係として正しく把握する能力を失うことを意味します。

この章の冒頭で述べたように、同じ「大日本帝国」の時代でも、日清戦争と日露戦争の戦間期だった頃の日本では、「日本という国は唯一絶対の特別な国ではなく、世界の中の一国にすぎない」「それゆえ、世界的な見地で物事を考え、行動する国を目指すべきだ」という考え方を述べることが社会で許され、唯我独尊的な思い上がりの思考は、少なくとも日本政府や軍の上層部には蔓延していませんでした。

実際、日露戦争の講和に対する日本政府と軍の上層部の態度は、自国と他国を相対的な関係として正しく把握する能力を、彼らが十分に備えていたことを示しています。

◆対等な交渉で戦争を終わらせた明治時代の日本

一九〇五年三月の奉天会戦と、同年五月の日本海海戦で、日本の陸軍と海軍はそれぞれロシア軍への大勝利を収めましたが、現地で指揮した大山巌《おおやまいわお》元帥や児玉源太郎《こだまげんたろう》大将は、日本軍の戦争遂行能力が既に限界に達していることを正しく理解していました。

それゆえ、戦史に残る勝利に酔うことなく、講和によって戦争を終結するという新たな段階に向けて動き出します。そして全権として講和会議の会場である米国ポーツマスに派遣された小村寿太郎《こむらじゅたろう》外相は、敵国ロシアの代表と対等の立場で和平交渉を行いました。

講和会議で最終的な合意に達した条件は、部分的にロシアに譲歩したもので、日清戦争の時にはあった「賠償金」を、日本はロシアから得ることができませんでした。

この時、日本国民は自国の陸海軍がどれほどの危機的状況に直面していたかを知らず、新聞が勇ましく書き立てる「旅順陥落」「奉天占領」「バルチック艦隊の撃滅」などの報道を見て、日本軍が圧倒的な戦略的優位を確保していると思い込んでいました。

講和会議が始まってからも、「賠償金は三〇億円」「いや五〇億円だ」「ロシア沿海州などの領土も奪い取れ」と無責任に期待を高める論説が新聞に掲載され、日本国民の心の中には戦勝気分が際限なく膨らんでいました。

そのため、小村全権がロシアに妥協して賠償金無しで講和条約に調印した事実が国内で報じられると、戦前の「富国強兵」政策や戦時中の増税、物価の高騰など負担の大きい生活に我慢してきた人々は、これを政府の弱腰だと勘違いして激怒し、各地で抗議集会を開き、一部では大規模な暴動（日比谷焼打事件など）へと発展しました。

メディア（新聞）が戦争中に煽った「戦意高揚」という火が大きくなりすぎて、容易には消すことができないほどの勢いで、燃え広がってしまったのです。

当時の日本政府はそれでも、国民の反発を承知で、ロシアへの部分的譲歩を受け入れ、戦争を終わらせる決断を下しました。この事実は、当時の日本がまだ、外国との間で「交渉と譲歩による問題解決」を行う能力を備えていたことを物語るものでした。

しかし、文部省が『国体の本義』市販本を出版してから二か月後、日本国内における国体明徴運動の高まりが加速していた中で「盧溝橋事件」が発生し、そのまま宣戦布告なしに日中戦争に発展すると、日本政府と日本軍の首脳部は、この大規模な軍事紛争を交渉で解決する能力をまったく示すことができませんでした。

日本政府と蔣介石《しょうかいせき》の中国国民政府の双方と繋がりを持つドイツ政府は、駐華大使のオスカー・トラウトマンに和平交渉の仲介を指示し、彼は一九三七年十一月から翌一九三八年一月まで、後に「トラウトマン工作」と呼ばれる日中の和平交渉を取り持ちました。しかし、この和平工作は結局、実を結ばないまま頓挫してしまうことになります。

交渉が破談に終わった大きな理由の一つは、日本側が中国側への譲歩を拒絶し、賠償金の要求などの和平条件を釣り上げたことでした。

◆対等に交渉を行う能力を喪失した昭和初期の日本

日本は「世界で他に類を見ない神聖な国」であり、日本人は世界の中で絶対的に突出した「特別に優れた存在」なのだという認識が、政府や軍の首脳部であまりに大きくなりすぎると、他国の代表者との「対等な交渉」に支障をきたすようになります。

なぜなら、「特別に優れた存在である日本」の代表者である自分が、「それほど優れた存在ではない相手国」の代表者に譲歩したり、相手の言い分に耳を傾けたりすることは、日本の優位性を否定する、つまり「国の名誉に傷をつけることになる」からです。

こうした要素が理由の全てというわけではありませんが、日本国内で「国体明徴運動」が高まった一九三〇年代後半から、「ポツダム宣言」の受諾を発表する一九四五年八月までの約一〇年間、日本政府が相手に譲歩するような条件で戦争や紛争を終わらせようとしたことは、ほとんどありませんでした。

日本軍がソ連軍（およびモンゴル軍）との間で国境紛争を繰り広げた、一九三八年七月～八月の張鼓峰《ちょうこほう》事件や一九三九年五月～九月のノモンハン事件は、日本側が例外的に交渉で紛争を解決した事例でしたが、後者は戦場で日本軍が壊滅的な大敗を喫した後に交渉が行われ、その悲惨な敗北の実相は国民には一切知らされませんでした。

日本政府や日本軍の上層部が、この一〇年間に行ったのは、ひたすら「自国の言い分」

を相手に要求することだけで、相手側の言葉に真摯に耳を傾けたり、必要なら相手側に譲歩するという発想は、無いも同然でした。

交渉には、自分と相手の相対的な関係を的確に認識する能力と、自国の利益を考慮したうえで、必要なら相手の事情にも配慮して「最善」でなく「次善」で妥協する判断力が必要になりますが、そうした要素は評価の対象から外されていました。

しかし、当時の日本では、こうした重大な陥穽は自覚されず、むしろ「日本がいかに素晴らしい国なのか」や「日本人がどれほど優れた民族なのか」を自画自賛するような言説が、ますます社会に氾濫しました。そして、外国との関係が悪くなればなるほど、逆に日本という殻に閉じこもり、内向きの思想に逃避するという悪循環に陥りました。

日中戦争の勃発から二年後、そして真珠湾攻撃による日米開戦から二年前の一九三九年二月、文部省の教学局は、河野省三《こうのせいぞう》『我が国体と神道（国体の本義　解説叢書）』という冊子を出版しました。これは、先に紹介した文部省『国体の本義』の内容を解説敷衍《ふえん》する目的で編纂された「副読本」で、冒頭には次のような言葉が記されていました。

『国体とは国がらである。国がらとは、この国の特有なる本質の表現した姿である。わが日本国家の国体〈くにがら〉は、皇室の本質すなわちわが国家組織の根本たる天壌無窮の皇運の表現したものである。〈中略〉

この皇国の本質を発揚すべく支持し奉っているものは、日本国民の信念であり努力である。この国民的信念を貫き、この国民的努力に励む心がすなわち日本魂であり、日本精神である』

◆「世界の仲間はずれになっても日本は正しい」との居直り

著者の河野省三は、当時の国学院大学学長で文学博士でしたが、日清戦争から当時（国体明徴運動の起こり）に至る日本国内の心理的状況について、次のように総括します。

『わが国民的自覚は、日清戦役に際しては、対外的に強く日本魂として起こり、次いで日露戦争に際しては、強国ロシアに対して武士道として認識されたが、その後、戦勝後の国情に即して国民道徳として覚醒した。

それが大正の半ば、すなわち〈第一次〉世界大戦に伴う経済界の不況と、デモクラシーの流入に伴う思想界の動揺とによる国民生活の不安と、大正十二年〈一九二三年〉九月の関東大震災とに直面して、ここに国民精神としての自覚が起こり、更にその剛健なる国民精神振作の急務は、過激な共産主義運動に直面して、大正の末には「建国の精神に還れ」という自覚となるに至った。

かくて聖寿お若くましますます英明なる今上陛下を奉戴した国民は、自ら明治維新を回想して、ますます肇国精神の復活を要望し、経済国難、思想国難、政治国難のうちに、ひたすら、正しく明るい国家社会の実現を熱望した。

　しかしながら、暗いような、抑え付けられたような内外の国情に対し、国民の不安と緊張と焦燥とは、また強く国民の反省と努力とを要求している時、昭和六年〈一九三一年〉秋の満洲事変が勃発した。わが国民の意気は、沖天《ちゅうてん》の勢いをもってこれに集注し、意外なる挙国一致の力となって現れ、ここに海の彼方に満洲国の輝かしい建国を見るに至った。

　そんな時、国際連盟の強大な圧迫が加わるに及んで、わが日本国民は十三対一、次いで四十二対一の声のうちに、世界における孤立日本の姿を見いだしたのである。明治維新後、世界の仲間入りをした日本は、今や歩武《ほぶ》〈足取り〉堂々、躍進を続けた結果として、ここに世界の仲間はずれとして日本を見出すに至ったのである』

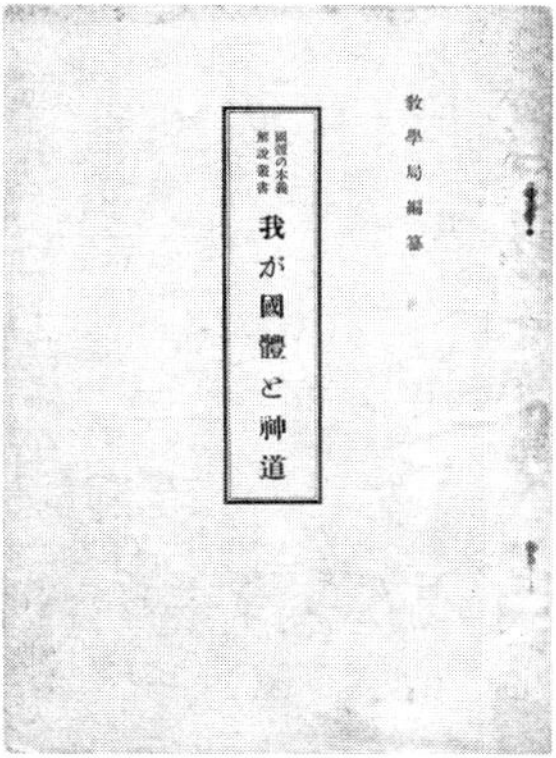

『我が国体と神道（国体の本義解説叢書）』　河野省三　文部省教学局　1939年

　ここで河野が述べている「十三対一、次いで四十二対一」というのは、満洲事変とそれに続く満洲国建国に関する国際連盟での採決の結果です。前者は一九三一年十月二十四日の「日本軍への満洲撤兵勧告案」

（賛成十三、反対一【日本】）、後者は一九三三年二月二十四日の「満洲国を独立国として承認しない勧告案」（賛成四十二、反対一【日本】、棄権一【シャム（現タイ）】）というものでした。

河野省三は、せっかく世界の一等国の仲間入りをした日本が、満洲事変と満洲国建国によって「世界の仲間はずれ」になったと書いていますが、そこには悲壮感や反省の言葉はありません。逆に、自分たちは正しいのだという意気揚々とした高揚感があります。

『しかも満洲事変によって、欣然《きんぜん》として負けじ魂を発揮した日本国民は国防的にも、政治的にも、また思想的にも最も力強くわれらの国民精神を振起し、把握せざるを得なくなった。かくて自らここに日本精神としての自覚を惹起するに至ったのである。

このような事情で、満洲事変に伴って喚起されたわが国民精神は、必然的に日本精神の名において自覚されたのである。そして日本精神は広くこれを見れば、わが国史を一貫する伝統の精神であるが、今日われらの胸中に躍動しつつある「日本精神」は、まさに最近の国情に反応して起こった現代意識としての自覚である』

◆国際的な孤立という「逆境」を「チャンス」と捉える

河野省三は、国際的な孤立という「逆境」をあたかも「日本がさらに飛躍するチャンスが到来した」かのように捉え、ポジティブな方向へと思考を膨らませます。

『満洲事変に際して起こった日本精神の自覚は、最初にはもっぱらその軍事的・国防的に優れた力としての認識であった。負けじ魂としての大和魂を発揮したのである。

それが国際連盟より脱退後、海外各地における日本製品の進出、海外貿易の躍進という予想外の事実によって、われらは日本精神の中にさらに経済的・産業的にも優れた力が存在していることを知った。すなわち日本精神の自覚は軍事的・国防的な力に加えて、産業的・経済的な力をも見出したのである。〈中略〉

ここにおいて、日本精神の科学的な力としての自覚は、遂にこれまでの学問、特に無批判ないし盲信的に採り入れた欧米の学問に対する再検討の必要、学問建て直しの必要を痛感させるに至ったのである。そして、万邦無比の国体の明徴と最も密接の関係を有するわが憲法に関する、従来のいわゆる憲法学に対する再吟味の要求が痛烈に起こり、ここに自然に、公正なる学説・学風の樹立が促進されることとなったのである。

これすなわち日本精神の自覚が漸次高調して、日本精神に立脚した公正雄大な学風の樹立を必要とするに至った、大きな自然的な力の影響であって、国体の明徴ということが、特に今日において重要な問題となった思想的・国民的原因なのである』

国学院大学学長という地位にあった河野省三博士も、従来の憲法学と、欧米的な視点での憲法の捉え方、つまり「立憲主義」の否定という考えを、国民に説いています。

そして、国家神道体制における「神道の本質とその特質」を、こう説明します。

『八紘一宇、すなわち世界をもって家となし、万国ことごとくわが皇室の大御稜威を仰ぎ奉るように、天皇は常に敬神愛民の統治をなしたまい、国民は深く敬神尊皇の誠を呈するところに、日本民族の信念と活動とがあり、日本歴史の発展と向上とがある』

◆「八紘一宇」とアジア諸地域への軍事侵攻

神道の本質についての河野省三の説明の中で、「八紘一宇」という言葉が出てきましたが、この四字熟語は、一九四一年十二月に日本軍が開始した、東南アジアの米英蘭各国の植民地に対する軍事侵攻と、それらの植民地の日本の支配権への編入を、道義的に正当化するための「スローガン」として、戦中の日本では大々的に用いられました。

先に触れた通り、この四字熟語の発案者とされる人物は、戦前の「国体」研究における主要人物の一人、田中智学でした。『日本書紀』巻第三・神武天皇の条で、神武天皇が述べたとされる詔《みことのり》（天皇の命令）の中にある「掩八紘而為宇」を縮約したもので、その意味は「世界（八紘＝八つの方位全ての領域）を一つの屋根の下で同じ家となす（一宇）」という、博愛と共存共栄を謳《うた》った内容であるとされています。

けれども、当時の日本人の思想において、世界をその下におさめる「屋根」というものがもしあるとするなら、それは「万世一系の天皇」以外には存在し得ませんでした。

この章で数々の文献から関連の文章を紹介してきたように、当時の日本の思想界や教育界、そして政府と軍を支配した価値判断においては、西洋思想や西洋哲学の価値が明治や大正時代よりも低く見られており、そのような普遍的価値に基づく「屋根」の下に、天皇や日本国民が入るなどという構図は、まったくあり得ません。

したがって、当時の「国体」思想の文脈において「世界を一つの屋根の下で同じ家となす」という言葉を語るなら、それは「世界がすべて天皇の御稜威の下に入って同じ家となる」以外には解釈のしようがありませんでした。

一九四一年十二月に日本軍が、東南アジアの米英蘭各国の植民地に対する軍事侵攻を開始した理由は、その直前にアメリカやイギリス、オランダによる経済封鎖で石油などの資源輸入の道を断たれたために、それを実力で奪い取りに行くことでした。言い換えれば、日本の戦争目的の中に、「八紘一宇」の概念は直接的には存在していませんでした。

昭和天皇が一九四一年十二月八日に下した「開戦の詔勅」に記されているように、日本がこの戦争を始めた理由についての公式な説明は「わが国を屈服させようとする米英の経済的・軍事的圧力に対抗する、自存自衛のための決起」というものでした。

しかし、資源を奪取するために、いきなり他国の植民地へと軍事侵攻を行うためには、戦争指導部と軍人、そして全ての国民が罪悪感を感じなくて済むような「大義名分」が必要となります。そこで、当時の日本の戦争指導部は、この「八紘一宇」の概念を下敷きにして、「大東亜の（米英支配からの）解放」という二次的な大義名分を掲げ、それによってアジア諸地域への軍事侵攻を道義的に正当化する方策をとりました。

この「大東亜」という言葉も、二十世紀初頭から日本国内で一部の言論人によって使われていたキーワードでした。中国やベトナムなどアジアの民族主義者と交流を持っていた国粋主義の政治家や軍人、言論人は、彼らの独立運動や革命運動、民衆の権利獲得運動を応援する文脈で、この言葉を好んで使いました。

◆アジア植民地に神社を建立した日本軍

明治期に近代国家としてのスタートを切った日本も、米英両国と同様、太平洋戦争が勃発した時点で、いくつかの植民地を既に自国の支配下に置いていました。

日清戦争後の一八九五年に併合した台湾、日露戦争後の一九一〇年に併合した韓国（朝鮮）、そして第一次世界大戦後の一九二二年に「委任統治領」という形式で支配下に組み入れた南洋群島（南洋諸島）などがそれです。

大日本帝国憲法下の日本は、神道の価値判断を重要な精神的要素とする「国家神道」の政策遂行を行う一環として、これらの植民地にも内務省の管轄下で神社を建立し、駐留日本兵や日本人の統治者・入植者だけでなく、現地の住民にも参拝を義務づけ、日本文化への同化政策を推進していました。

「台湾神社」の創建は、併合から六年後の一九〇一年（一九四四年に台湾神宮と改称）で、朝鮮神社は併合から九年後の一九一九年に建立されました（一九二五年に朝鮮神宮と改称）。南洋群島では、統治開始から一八年後の一九四〇年に、パラオのコロール島に「南洋神社」が建てられました。

こうした手法は、一九四一年十二月にアジア諸地域への軍事侵攻を開始した後も、占領地で踏襲されました。一九四二年二月に英領シンガポールを占領した日本は、この島の名称を一方的に「昭南島」と改称した上、終戦までまったく独立を考慮せずに日本の統治下に置き続けましたが、占領から一年後の一九四三年二月には、イギリス軍とオーストラリア軍の捕虜にも手伝わせてジャングルの中に造営した「昭南神社」が完成し、鎮座祭が行われました。

『写真週報』一九四二年八月二十六日号（第二三五号）情報局
1942年

日本政府の情報局が発行していた週刊のグラフ誌『写真週報』一九四二年八月二十

六日号（第二三五号）には、この「昭南神社」の建設現場を写真入りで報じた「俘虜《ふりょ》も御奉仕　昭南神社の御造営」という記事が掲載されています。

『シンガポールが昭南島に生まれ変わってから、はや半年たった。イギリスが約百年間、アジア侵略の拠点として鋭意その経営に当たってきたシンガポールも、新しく大東亜共栄圏建設の重要基地として目覚ましい復興発展ぶりを示し、わずか半年の間に完全なアジア色を取り戻しつつある。

その一つ、昭南神社のご造営——昭南神社はかつて在留邦人の守護神として四年前に建立されたものであるが、このたびシンガポールのアジア復帰を期として大々的に造営されることになったものである。昭南市北部約二万坪の神域は、現地軍の奉仕作業に俘虜の労役を合わせて着々整備を急ぎ、南方の聖地として見事な荘厳さを備えつつある。

ここに示すものは、ご造営に当たる英濠兵俘虜の作業である』

◆植民地支配を正当化するレトリックとしての「八紘一宇」

この号の表紙（着色カラー）は、神社の構造物に赤ペンキを塗るオーストラリア兵を撮影した写真で、記事中には工事作業中の現場写真が六点掲載されています。

記事の文章を読むと、当時の日本政府が「アジア諸地域への軍事侵攻（侵略）」を「アジア解放戦争」に言い換える際のレトリック（本来は修辞学という意味ですが、ここでは実質を隠すための形式的な言い換えの意）の実例をいくつか見つけることができます。

例えば、最初の「シンガポールが昭南島に生まれ変わってから、はや半年たった」という言葉ですが、昭南島への改称（二月十四日の大本営政府連絡会議の決定）は、現地住民の意向や要望など一切聞かずに、日本政府が一方的に決定したものです。

「シンガポールを占領」という形式だと、いずれ独立させなくてはならなくなりますが、「昭南島に生まれ変わった」という形式にすれば、独立させずにずっと日本の統治下に置いても「植民地を日本がイギリスから奪った」という実質を隠すことができます。

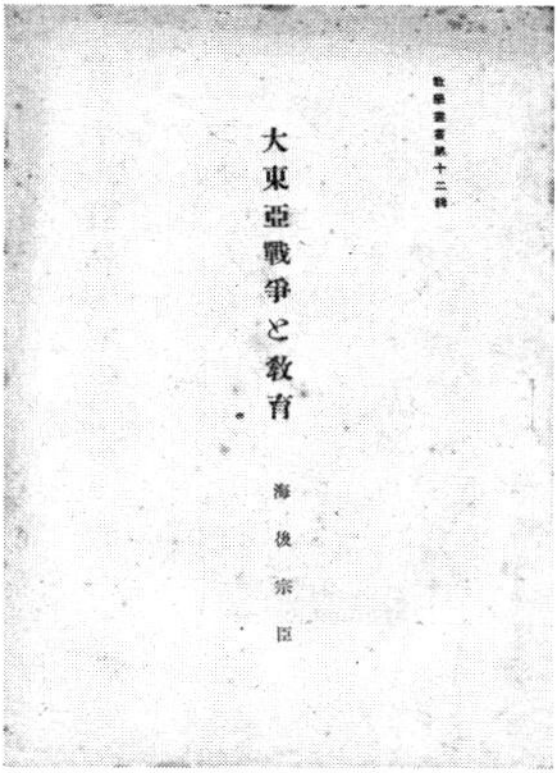

『大東亜戦争と教育』　海後宗臣
文部省教学局　1942年

また、「シンガポールのアジア復帰」や「完全なアジア色を取り戻しつつある」という表現は、アジアの植民地と日本を同じ「アジア」という枠組みに入れることで、あたかも「日本が先導するアジア勢力圏に入ることで、本来あるべき状態に戻った」かのような形式を創り出し、「日本による新たな植民地支配」という実質を隠すことができます。

日本軍のシンガポール占領翌月の一九四二

年三月、文部省教学局は海後宗臣《かいごときおみ》『大東亜戦争と教育』という冊子を刊行しましたが、その冒頭の言葉は次のようなものでした。

『大東亜の諸地域においては、大御稜威の下に皇軍将士の華々しい進撃が展開され、世界戦史にその比類を見出し得ない大戦果を挙げてきている。このような広大な諸地域にわたった進撃は、大東亜の全地域に新しい秩序を置き、米英永年の支配より解放された東亜人に、はつらつたる建設生活を展開させようとするためのものである。

〈中略〉

全大東亜人をしてまず大御稜威を仰がしめ、その下に諸民族の新しい建設生活を力強く展開させることこそ、実に大東亜戦争の帰結であると言わねばならない』

この本は、フィリピンやシンガポールなどの米英植民地で、日本軍の進駐以前になされてきた教育を「植民地教育」と切り捨てた上で、日本語教育を柱とする新たな教育を行う人材育成の指導要領のような目的を帯びた内容の読本です。

日本をアジア植民地の味方と位置づける「大東亜」という概念を用いることで「侵略」の実質を「解放」という形式に変換した上で、「全大東亜人をしてまず大御稜威を仰がしめ」とあるように、アジア各地の人々が日本の天皇を崇拝する構図を作り出すことを、当たり前のこととして考えています。

こうして、日本はアジア植民地においても「国家神道」の政治体制を導入し、日本語での同化教育を進め、神社の参拝を現地住民にも習慣化させる方針をとりました。これは、第三者的に見れば明らかな「文化的侵略」ですが、当時の多くの日本人はこれこそ神武天皇の崇高な「八紘一宇」の教えの具現化であるとの「善意」で理解し、「アジア人は解放者である日本に感謝しているはずだ」と思い込んでいました。

本来は「国体」思想の道徳面での教えの一つであったに過ぎない「八紘一宇」という言葉は、いつしか日本のアジア諸地域への勢力圏拡大と実質的な植民地支配を正当化するレトリックとして、さまざまな文脈で多用されることになっていったのです。

[8] 太平洋戦争期の日本軍人と「国体」「国家神道」との関係

◆日本軍人の教育でも重視された「国体」思想

第1章で詳しく述べた通り、太平洋戦争における日本軍人は、自己犠牲と表裏一体の人命軽視・無視や、精神主義への過剰な傾倒、軍事的合理性の軽視など、明治期の日清・日露戦争や大正期の第一次世界大戦における日本軍とはまったく異質な問題を、思考や価値判断の領域に抱えていました。

では、そうした問題点と、当時の日本で隆盛していた「国体」思想や、それを基盤とする「国家神道」の政治体制の間には、どんな繋がりがあったのでしょうか。

日中戦争の開始から一年後、太平洋戦争の勃発の三年前の一九三八年九月、日本陸軍の軍人教育を司る教育総監部は『万邦に冠絶せる我が国体』という軍隊教育の教本を発行しました。この本は「精神教育資料」として作成されたいくつかの教本を、全三七八ページの合本にまとめたもので、日本軍の組織内部での「国体教育」がいかなるものであったかを知ることができる、興味深い史料です。

冒頭では、日本軍が他国軍よりも優れている（と当時の日本陸軍が理解していた）点について、次のように書いています。

『わが国軍の価値が、諸外国軍よりも卓越している原因は多々あるが、精神的素養の優秀さはその理にかなったものであり、忠誠心が強固であることは、実にこの精神的素質の優秀さの真髄である。〈中略〉

そもそもわが国における忠節は、万邦無比の国体より、自然に湧き出す情操であり、きわめて合理的な国民的信念である。従って、わが国における忠節の本質を明らかにするためには、まずその源泉たるわが国体を明らかにせねばならない』

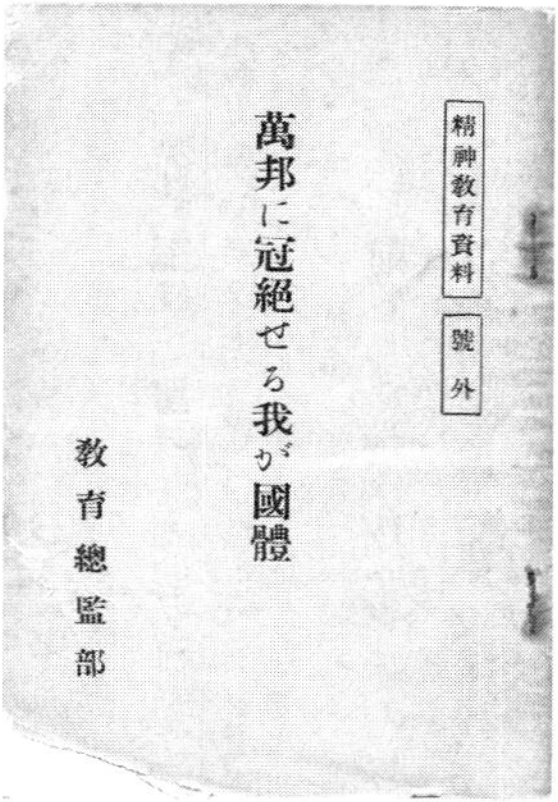

『万邦に冠絶せる我が国体』
陸軍教育総監部　1938年

この教本に書かれている「国体」の定義や内容、その価値の高さについての説明は、本書で既に紹介した文献のそれとほぼ同じなので、ここでは繰り返しませんが、軍隊教育の実務書という目的からか、当時の日本国内で声を潜めて語られていたと思われる「批判」や「疑問」への反論の仕方が、率直な言葉で教示されています。

『学者の中には、わが国体〈論〉の国粋等の強調を理由に、これを偏狭なる愛国心の鼓舞だと見なして、けなす者がいないわけではない。しかし、〈中略〉我が国体の国粋の強調は、無益な本能的排他主義の鼓舞とは全然別物である。むしろそれは人類共存共栄の目的に基づくものであって、偏狭なる愛国心の鼓舞では断じてない』

この後、前記した「八紘一宇」の教えを実例として挙げ、神武天皇の教示には「世界を善導する大精神が明らかにある」ので「偏狭な愛国心」ではない、と断言します。

◆日本軍人から「生き延びる」という選択肢を奪った思想

太平洋戦争における日本軍人の、最大の特徴とも言える「自己犠牲を厭わない精神」について、この本は日本人と欧米人の思考の構造的な違いを例に挙げて説明します。

『欧米人は遠心的で、個人個人、おのおのが自由であることを望むのに対し、日本人は求心的で、中心へ中心へと集結しようとする。ゆえに彼〈欧米人〉は枝から枝へと分析し、我〈日本人〉は中心の中心を求めて総合統一する。〈中略〉

この求心性が、社会的にあらわれた時、孝となり、大孝は忠となり、これを時間的に見れば祖先崇敬となる。こうして、小さいところでは強固なる家族の団結となり、大きいところでは宗家である皇室を中心とし、皇室に統合される総合家族制度である国家、一君万民の国体をなすに至った。

このような忠孝の徳、一君万民の国体の成立は、主としてわが国民性の原本的特質である求心性に負うところが大きいのである。

忠孝の精神は、元来国民の求心的な性向から自然に発するものであるから、治国平天下のための手段でもなければ、また中心に対して何ら報酬を求めるということもない。〈中略〉

この全体を統合する中心のためには、身を捨てても嬉しいということは、やがて日本人が忘我的、破我的であると言われ、犠牲的精神に富むと称される原因であろう。中心のために身を捨てる、それはつまり全体のために身を捨てることになる』

この本が「軍隊教育用の教本」だという事実を踏まえた上で、右の説明内容を読めば、天皇陛下のため、天皇を頂くお国のため、との「形式」で下される命令に対し、たとえそれが生還の望みが皆無に近いようなものであったとしても、日本軍人が「生き延びる」という選択肢を事実上選べなかったことの思想的背景が少し見えてきます。

「身を捨てても嬉しい」「中心のために身を捨てる」「全体のために身を捨てる」こうした自己犠牲を当然視する論理が、やがて特攻や玉砕という結果を生み出したのです。

◆「国体」思想への傾倒と引き換えに失われた「合理的思考」

先に紹介した文部省の『国体の本義』にも、「天皇と臣民〈国民〉との関係は、もとより権力服従の人為的関係ではなく、また封建道徳における主従の関係のごときものでもない。それは分を全うして本源〈根源〉を顕すのである」という文章が出てきました。

欧米人と日本人の考え方の違いを「遠心的と求心的」と捉え、日本人は「求心的」であるがゆえに、中心点である「天皇」のためなら犠牲を厭わないのだ、という教育総監部の説明は、当時の「国体」思想における天皇と国民の関係や、軍人が示した犠牲的精神の持つ意味を、よりイメージしやすい形で示しているようにも思えます。

要するに、権力構造において下位の者が上位の者のために犠牲になる、という構図であれば、理不尽さや不公平さへの疑問が生じますが、人が自分の生きる世界の「中心」のために犠牲になる、という構図では、そうした理不尽さや不公平さは見えにくくなります。

また、「皇室に統合される総合家族制度である国家、一君万民の国体」とあるように、国家体制を「家族」になぞらえて、国民が「家族のため」という素朴な感情の延長で「国家体制のため」に自発的に献身・奉仕することを理想としている点も重要です。

文部省の『国体の本義』にも、「一大家族国家として億兆一心〈全国民が心を一つにして〉聖旨〈天皇の考え〉を奉体〈心に留める〉して、よく忠孝の美徳を発揮する。これこそが、わが国体の精華とするところである」と書かれていたように、当時の「国体」思想においては、国家体制を「一大家族」と見なす認識が主流でした。

しかし、軍隊は医学や科学と同様、徹底した合理的思考が求められる世界で、その軍隊教育の中核を、このような「信仰」あるいは事実上の「宗教」とも言うべき観念論で埋め尽くしていた事実は、太平洋戦争で日本軍が繰り返した、数々の「非合理的な行動」を生み出した背景をも、雄弁に物語っていると言えます。

自軍と敵軍の相対的な能力評価や、個々の部隊が持つ戦闘能力の物理的な裏付け（火力と防御力、補給物資の質と量）、考案される作戦や戦術の妥当性や有効性の検討などは、ドライな「合理的思考」でのみ判断できるものです。しかし、当時の日本軍は「国体」思想に傾倒するあまり、戦争遂行に不可欠な「合理的思考」を著しく軽視していました。

端的に言えば、当時の日本軍の指導部は、目前の現実を的確に認識する合理的な思考力も、現実に即した最善の決断を下す合理的な判断力も、自ら捨てていたのです。

◆苦肉の策として生み出された「米軍戦力の過小評価」

当時の日本軍の指導部が、目前の現実を的確に認識する合理的な思考力を欠いていたことを示す歴史的事実の一つが、一九四一年十二月の対米英開戦という決断でした。

この重要な決断に先立ち、日本では政府の要請（一九四〇年九月三十日付の勅令第六四八号）に基づき、「総力戦研究所」と呼ばれる組織が首相直轄機関として創設されていました。この組織は、研究の一環として、日米戦争が勃発した場合にどのような問題が国の各分野で発生し、最終的に勝敗はどうなるかを、緻密なデータ分析に基づいてシミュレート（仮想実験）しました。

総力戦研究所には、陸軍と海軍の大佐をはじめ、外務省、内務省、大蔵省、農林省、商工省などの官庁の課長や局長が所属して研究員となり、機密情報を含む膨大なデータを用いて実践的かつ多面的な「シミュレーション」が行われました。

そこで導き出された結論は、「最初の数年間は日本が優勢を確保できるとしても、短期決戦で終結させられる見込みは薄く、長期戦となれば日本の国力が急速に疲弊し、最終的には敗北するので、対米戦は行うべきでない」というもので、このすぐ後に発生する日米戦争の様相を、驚くほど正確に予見したものでした。

当時の近衛《このえ》文麿《ふみまろ》首相や東條英機陸相は、真珠湾攻撃から三か月前の一九四一年八月二十七日と二十八日に首相官邸で開かれた報告会で、研究結果を知らされました。しかし東條はその席上、「日露戦争で日本が勝てるとは誰も思わなかった。戦争では、予想外のことが勝敗を左右する。諸君の研究は、そうした不確定要素を考慮していない」との理由で、結論への同意を拒んだ上、「この結果は口外してはならない」と釘を刺しました。

その後、日米交渉の破談によって、日本は東條新首相の下でアメリカとの戦争を開始することになりますが、東條らは圧倒的な国力差のある大国に「合理的に考えれば勝ち目のない」無謀な戦争に挑むに当たり、合理性を無視したアプローチをとりました。

具体的に述べると、最終的に「日本が勝つ」という望ましい結論をまず立て、そこから逆算する形で、アメリカの戦争遂行能力を著しく低く見積もるという、結論ありきの思考でした。自分の主観や願望を現実認識に投影した「非合理的な思考」を行うことで、目の前に厳然と存在する国力差という現実から目を背けたのです。

真珠湾攻撃の前日、つまり一九四一年十二月七日が発行日とされた、東洋文化協会発行のグラフ誌『画報躍進之日本』（第六巻第十二号）には、「電撃組閣完了　東條新内閣成立す」という、東條政権の発足（十月十八日）を報じる記事と共に、アメリカの「戦争遂行能力を低く見積もった」分析記事が掲載されていました。

「宣伝倒れの米陸軍　歴たる軍紀の弛緩」と題された記事がそれで、一見強力に見えるアメリカ陸軍が、いかに「駄目な軍隊」であるかを読者に強く訴えています。

『アメリカ陸軍の拡充計画は、鳴り物入りの宣伝にもかかわらず、軍事専門家筋へ各方面から入った情報を総合すると、未だきわめて劣弱な事実は覆うべくもない。すなわち欧州有力軍事通筋の間で最近定説となっているところによれば、アメリカ陸軍最大の欠陥は、将校が無能なことと、装備・戦術の旧式幼稚な点にありとされ、〈中略〉その戦術は現在なお先進各国陸軍にはるかに遅れている。〈中略〉

軍紀の弛緩および士気の不振もはなはだしく、演習中の死傷者がきわめて多いことは、演習が実践的に行われているためではなく、訓練不足と兵士の態度が不真面目なことに起因しており、〈中略〉陸軍監獄は至るところ抗命罪による投獄者で満員といわれ、〈中略〉陸海軍当局はこうした事実が巷間に漏れることを恐れ「軍事機密」の名において言論機関に対し箝口令《かんこうれい》を発し、事実上の検閲を行っている。〈中略〉

アメリカの現有兵器は、幼稚を極め、戦車のごときは前大戦当時の旧式なものが多く、高射砲なども同様で、アメリカ政府は軍事生産力の増大を宣伝しているが、現在のところ遅々として進まぬことは常に議会はじめ各方面の国内問題となっている。

対英、対ソ、対蔣〈中国〉援助は、かけ声のみで到底手が回らぬ実状で、その実質はすこぶる貧弱といわれる』

◆戦力評価「一対一〇」を「五分五分」と解釈した東條首相

グラフ誌『画報躍進之日本』は、諸外国の最新情報を豊富な写真入りで紹介するほか、現役の陸海軍幹部や官僚による論説記事も、数多く掲載していました。

この号には平出英夫《ひらいでひでお》海軍大佐の寄稿（小見出しは「今ぞ帝国興廃の関頭　我海軍は健在なり」「独ソ戦と日米間の危機　わが準備は全く成れり」「太平洋危機は米国の責任」）や、岡本清福《おかもときよとみ》陸軍少将の寄稿（「対米譲歩に限度あり　帝国まさに雄飛の機」「国民の覚悟、鉄の如し　太平洋危機は米の責任」）、長谷川清《はせがわきよし》海軍大将（台湾総督）の寄稿（「南進基地台湾　臨戦下待機の姿勢」）などが収録されています。

同号の発行翌日に始まる太平洋戦争で、日本軍は自軍の九七式中戦車よりも性能面で優れたアメリカ陸軍のＭ４シャーマン中戦車に苦しめられ、広い太平洋の全域でアメリカ陸軍の将兵と死闘を繰り広げることになります。正面から撃ち合った場合、シャーマンは距離一〇〇〇メートルで九七式中戦車を撃破できましたが、九七式中戦車の搭載砲は距離四〇〇メートルまで接近しないと、シャーマンの前面装甲を貫通できませんでした。

このシャーマン戦車の量産をアメリカが開始したのは、一九四一年十月、つまりこの号が出る前でした。日米開戦の直前に『画報躍進之日本』に掲載された、アメリカ軍の将兵や兵器の能力を侮り嘲る記事は、そうであってくれなければ「日本がアメリカに勝てる見込みが無いから」という、切実な「願望の投影」に他なりませんでした。

『画報躍進之日本』一九四一年十二月七日号（第六巻第十二号）
東洋文化協会　1941年

保阪正康『あの戦争は何だったのか』（新潮新書、二〇〇五年）には、太平洋戦争勃発直前の時期、東條首相兼陸相と陸軍上層部が日米間の総合的な戦力比の認識をどのように「日本に都合のいいように解釈を歪めたか」について、次のような記述があります。

『太平洋戦争開戦直前の日米の戦力比

は、陸軍省戦備課が内々に試算すると、その総合力は何と一対一〇〈日本が一、アメリカが一〇〉であったという。〈中略〉
軍事課では、戦争開始以降の日本の潜在的な国力、また太平洋にすぐに動員できる地の利も考慮すれば、「一対四」が妥当な数字だと判断し、改めて東條に報告がなされた。東條はその数字を、「物理的な戦力比が一対四なら、日本は人の精神力で勝っているはずだから、五分五分で戦える」」、そう結論づけてしまった』

この「一対一〇」を強引に「一対一」へと歪めてしまう思考は、合理的に考えれば滅茶苦茶な論理展開ですが、合理的思考を捨てた多くの日本軍人や日本国民は、この種の思考を「おかしい」と認識する能力を喪失していました。

反論する者は「ならばお前は、日本人の精神力が低いと言うのか」との筋違いの罵声を浴びせられ、組織や社会の中で孤立させられることになりました。

また、合理的思考や客観的思考を排斥したことで、現実認識を自分に都合良く操作することへの抵抗や疑問が薄れ、自国に有利な方向へと意味を変えられるなら、現実認識を改編・修正することが逆に推奨されるという、異常な心理状態が形成されていました。

その結果、合理的思考や客観的思考に基づいて「アメリカと戦争すべきか否か」を考えるのではなく、自分の主観や願望を現実認識に投影した「非合理的思考」に頼ることで、勝てるはずのない「アメリカとの戦争」を開始するという、恐ろしい結論にたどり着くことになります。当時の日本の戦争指導部は、戦争が始まっても、こうした自分たちの主観や願望を現実認識と混ぜ合わせる思考法を続けました。

　その後、一九四二年六月のミッドウェー海戦で、日本海軍が主力空母四隻を失うという大敗を喫し、同年八月から翌一九四三年二月までのガダルカナル島の戦いに敗れた日本陸軍が同島から撤退すると、太平洋戦争の戦局は次第に、アメリカ軍とその同盟国軍（オーストラリア軍、イギリス軍、中国国民党軍）の優位へと傾いていきます。

◆太平洋戦争開戦直前、国民に戦乱の覚悟を強いた『臣民の道』

　一九四一年十二月に太平洋戦争が勃発すると、日本の国民は以前にも増して「国体」を守る戦いへの奉仕を迫られることになりましたが、その開戦から五か月前の七月に、文部省は歴史的にきわめて重要な一冊の本を出版していました。

　タイトルは『臣民の道』で、内容は基本的には先に紹介した「国体」関連の本と同様、天皇は神の子孫であるとの建国神話を「歴史」として詳しく記述した後、「万世一系」で「天壌無窮」の天皇と皇室への献身と奉仕こそが日本国民のとるべき「唯一の道」であるとの思想を、改めて国民に植え付けようとするものでした。

　文部省教学局は、この本の「序言」で次のように書いています。

『顧みれば明治維新以来、わが国は広く知識を世界に求め、よく国運進展の根基に培ってきたのであるが、欧米文化の流入に伴い、個人主義・自由主義・功利主義・唯物主義等の影響を受け、ややもすればわが古来の国風に背き、父祖伝来の美風を損なうという弊害を免れ得なかった。

満洲事変が発生し、さらに支那事変〈日中戦争〉が起こるに及んで、国民精神は次第に昂揚してきたが、なお未だ国民生活の全般にわたって、国体の本義、皇国臣民としての自覚が徹底しているとは言いがたいものがある。

ともすれば、国体の尊厳を知りながら、それが単なる観念に止まり、生活の実際に具現されていないことは深く憂うべきである』

日本とアメリカの関係は、この一年前の一九四〇年六月頃から、坂道を転がり落ちるように悪化していました。アメリカ政府は、日本と（日中戦争で）戦っている中国の蔣介石を支援するため、六月三日に軍事転用可能な工作機械の対日輸出を規制しましたが、日本はこの経済制裁を無視して、九月二十三日に北部仏印（フランス領インドシナ）への進駐を開始しました。

これ以降、日米関係は悪化の一途をたどり、一九四一年二月十二日から本格的に始まった野村吉三郎《のむらきちさぶろう》駐米大使とハル国務長官による日米交渉も、事態を好転させることはできませんでした。そして、七月二十八日の日本軍による南部仏印への進駐（野村大使がウェルズ国務次官にこの計画を伝達したのは七月二十四日）、七月二十五日の在米日本資産の即時凍結、八月一日のアメリカからの対日石油輸出の全面禁止を経て、十二月の真珠湾攻撃へと、日米両国は戦争への道を邁進《まいしん》することになります。

文部省が『臣民の道』を刊行した時、日本政府は将来的な「アメリカとの全面戦争」も視野に入れざるを得ないと考えていましたが、国民の心理状態はまだ「アメリカとの全面戦争」に適応できる状態にはなっていませんでした。

それゆえ、日本政府は国民の危機感を煽って「戦時意識」を植え付け、精神的な引き締めを図るという目的も、この本に込めていました。

◆「個人」や「人道」より「皇国」が上位にあるとの教え

日米の緊張が高まりつつあった時期に刊行された『臣民の道』は、他の「国体」関連書物にも増して、個人主義や自由主義などの価値観を「欧米的」だとして否定し、日本人はそのような思想に染まってはならない、と繰り返し戒めていました。

例えば、第三章の「臣民の道の実践」では、全面戦争の足音が近づきつつある中で、日本国民が心掛けるべき態度と行動を、以下のように説いています。

『皇国臣民は、国体の本義に徹することが第一の要件である。人は孤立した個人でもなければ、普遍的な世界人でもなく、まさしく具体的な歴史人であり、国民である。従って、われらの中では、人倫すなわち人の実践すべき道は、抽象的な人道や観念的な規範ではなく、具体的な歴史の上に展開される皇国の道である。

人であることは、日本人であることであり、日本人であることは、皇国の道にのっとり臣民の道を行くことである。われらは、国体に基づく確固たる信念に生きることに於いて皇国臣民たり得る』

現代の価値判断基準でこの文を読むと、個人という概念を否定するだけでなく、人道という概念までも否定していることに驚かされます。そして、学問や研究という分野でも、常に「臣民」という立場を意識するよう命じています。


『識見を長養する道は、ただ無反省に広く知識を吸収集積することにあるのではない。皇国臣民としてそれぞれの立場において広く観、深く考え、真に皇運を扶翼し奉る具体的知識・学問を修得するところにある。

皇国の道と一体たり得ない学問は、真の学問たり得ないものであって、まさに我等の生活と遊離した、単なる抽象的理論にすぎない』

この章で紹介した多くの本に「臣民」という言葉が出てきましたが、これは、君主国で

「君主に支配される側」「君主に仕える側」としての、下々の民衆を指す言葉です。

文部省の『臣民の道』は、国民が天皇に「仕える側」であることを国民に強く再認識させた上で、生活の全てを国家体制に捧げることを、国民に要求します。

『私生活は国家に関係なく、自己の自由に属する部面であると見なし、私欲をほしいままにするようなことは、許されないのである。一椀の食、一着の衣といえども、単なる自己のみのものではなく、また遊ぶ暇、眠る間といえども、国を離れた私はなく、すべて国との繋がりにある。

かくて我等は、私生活の間にも天皇に帰一し、国家に奉仕するという理念を忘れてはならない』

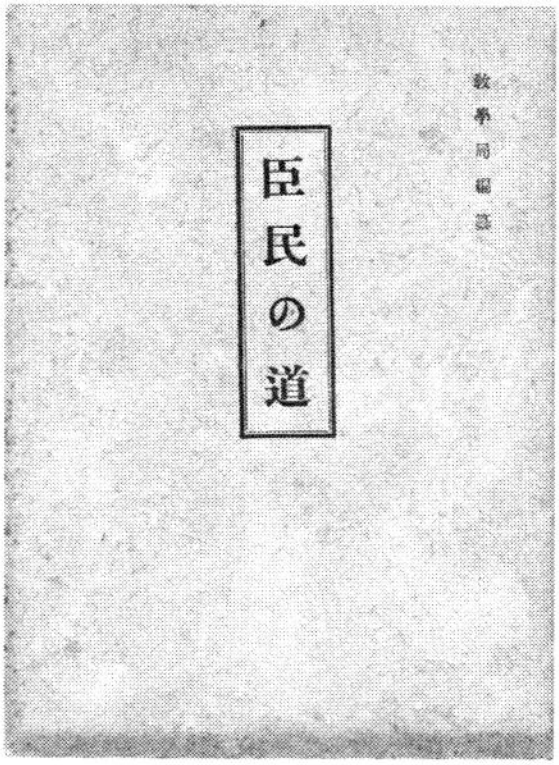

『臣民の道』
文部省教学局　1941年

これらの文章を読めば、太平洋戦争中の日本国民が、なぜあれほど「国への自己犠牲を美徳とする思考」に支配されたのか、そしてなぜ政府や軍からの直接の「命令」がなくても、隣組や町内会、国防婦人会などの人間が率先して、戦争遂行に非協力的・消極的な国民を批判・罵倒して精神的に追い詰めたかという理由が、よくわかるように思います。

◆冷静な現状認識と観念論の相剋

中央公論社の総合雑誌『中央公論』一九四三年（昭和十八年）十月号は、表紙に「九月二十三日　印刷製本、十月一日　発行」とある通り、太平洋戦争のほぼ中間点、日本の戦争指導部が九月三十日の御前会議で「絶対国防圏の防衛」へと戦争の戦略方針を転換した頃に発売された、大衆向けの出版物です。

この時、太平洋戦争の戦況は、事実上対米戦の勝機を失った日本軍が、南太平洋（当時の日本軍の用語に従えば「南東太平洋」）での一進一退の消耗戦を展開した後、もはやこれ以上の勢力圏の拡大は無理だと悟り、「現状を維持しつつ勢力圏を拡大」という従来の戦略方針を捨てて、守りに転じたところでした。

つまり、真珠湾攻撃や東南アジアでの大勝利に沸いた余韻が日本国内で消え去り、当初想定していたような形では戦争が収束しそうにないことが、国民の目にも明らかとなり、将来への不安や戸惑い、自信の揺らぎなどの感情が広がり始めていました。『中央公論』一九四三年十月号を読むと、そうした当時の様子が行間から伝わってくるようです。

例えば、巻頭記事として掲載されている穂積七郎《ほづみしちろう》の「実践の道」。

穂積七郎は、当時の日本で発言力を持っていた経済学者の一人ですが、彼は第二次大戦の戦況が、いかに日本とドイツの枢軸国にとって不利な情勢にあるか、物量に優る連合国がどれほどの優位を確保しているかを、具体的な事例と共に述べた上で、次のように「戦争の行方を左右する重要なポイント」を指摘します。

『かくの如き、今日の戦いの様相と段階において、具体的・決定的な意味を持つものは、飛行機と、船とを中心とする輸送力の問題である。しかも質量ともにたち優りたる飛行機と船である。

わが忠勇なる将兵兄弟は、敵の巨大なる物資と生産力を背景とする圧倒的な飛行機と鉄に向かって、血肉をもって闘い挑んでいるのである。皇軍なればこそである。しかしながら、「竹槍」時代はすでに過ぎ去っていることを何といっても明らかに自覚しなければならぬ』

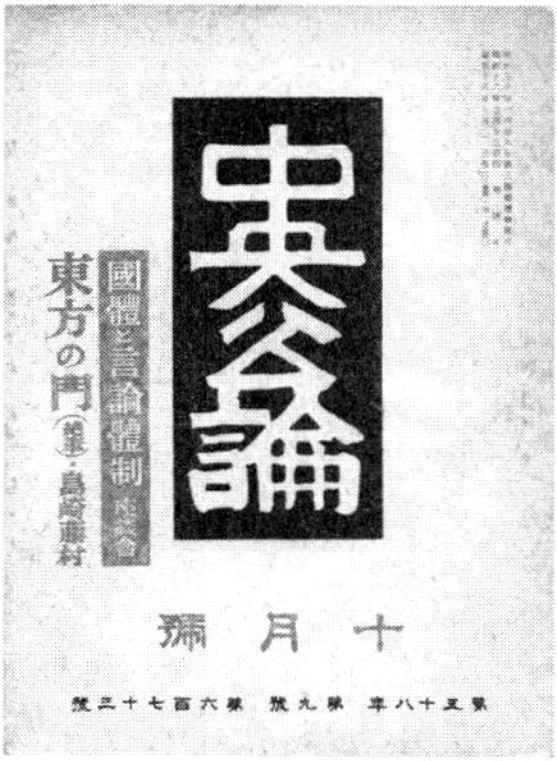

『中央公論』　一九四三年十月号
中央公論社　1943年

これらを読むと、穂積七郎という人はおおむね状況を冷静に理解し、問題の要点を把握しているかのように見えます。飛行機と船(鉄)に「竹槍」で対抗できるかのような、具体的な裏付けを伴わない「観念論」では、事態の改善など望めないという現状認識は、国全体が「非合理的思考」に陥っていた当時の日本では異例とも言える、きわめて論理的で合理的な思考だと言えます。

日本が今の戦争で負け始めているのは、飛行機と船（鉄）の質と量の両面で、敵であるアメリカに劣っているからだ。こうした敵の軍事力に「竹槍」では対抗できないことを、国民ははっきりと自覚しなくてはならない。彼の状況認識はかなり的確です。

ところが、目の前にある難題、彼の言うところの「国難」にどうやって対処すべきかという説明に入ると、そうした認識もすぐに怪しくなります。

『具体の中にこそ、深遠なる理想がある。高邁《こうまい》なる思想、強度の精神力は具体の形をとるのである。大東亜戦争は、米英の自由主義、個人主義、唯物主義のいわゆる帝国主義思想に対する、わが八紘一宇の国体思想の宣布の戦いである』

せっかく現状認識の部分では「観念論」の濫用を戒めていたのに、対処法の部分では、明らかな観念論である「高邁なる思想」や「強度の精神力」、「わが八紘一宇の国体思想の宣布」に救いを求めてしまっています。そして「具体」という言葉を、本来の意味ではなく「強度の精神力は具体の形をとる」というような主観的解釈で用いています。

当時の日本の言論状況を考えれば、これでも精一杯の「警鐘」だったのかもしれませんが、原稿の締めくくりは、やはり当時の「国体」思想のキーワードである「日本精神」などの「観念論」へと回帰し、しかも文章の中では自らの思想的な矛盾と格闘するかのように、観念論や神秘主義を否定・拒絶する言葉を繰り返します。

『高き尊き国体思想とは、具体的なる国家の要求に応え、国難を救い得るものでなくては無意味であろう。
日本精神、日本的人格とは、決して観念的神秘主義にとじこもり、繊細なる神経をもって静的に停滞することではあるまい。〈中略〉
今や、敵の戦意と作戦には苛烈なるものがあり、国難の様相には深刻なるものがある。重ねていうが、戦いの勝敗は国民の魂の力と、実践における機動力によって導かれかつ決せられる。
われら敢闘必勝の精神のみ。しかも具体的なる場において』

ここでも、前段では「観念的神秘主義」に閉じこもっていては国難を救い得ない、したがって「具体的なる国家の要求」に応える対処法が必要である、と書いていながら、後段では「戦いの勝敗は国民の魂の力」「われら敢闘必勝の精神のみ」と、何の具体性もない「観念的神秘主義」に逃げ込んでしまう。どう読んでも不自然な文章です。

この時期の日本では、政府の戦争遂行方針に一致しない言論を排斥するため、出版物の検閲は当たり前に行われていました。もしかしたら、この論理の矛盾は、穂積七郎が書いた原稿が、検閲で加筆・修正された結果なのかもしれません。

◆合理的・論理的・科学的思考の否定と判断停止

この穂積七郎の記事の二つ後には、国語学者で「国体」研究者でもある山田孝雄の「国体の体認」という寄稿が掲載されています。

山田孝雄は、学者や宗教家がそれぞれの専門分野の価値判断に基づいて「国体」を称揚する行為に、多少の疑いを差し挟んだ上で、国体は（外国由来の）学問や宗教などの「外部の基準」で評価してはならないのだと述べます。

『国体の正常なる見方は何であるかといえば、外でもない、理論によらず事実による、ということである。何となれば国体は理論によって生じて来たものではなく、事実として存在しているものだからである。〈中略〉

理論によって生じて来たものではないものを理論によって説明しなければならぬというのは逆である。事実は事実として認識するのが正しい道である。国体は事実なのであるから、事実として認識するのが唯一の正常なる国体の見方なのである。即ちわが国体が万邦無比の尊いすぐれたものであることは事実の上でいうことで、理論がすぐれているという意味ではない』

ある概念が「事実」であるか否かは、一般的に客観的分析や合理的思考、論理的思考によって導き出されるというのが、当時も今も国際的な認識です。しかし、山田孝雄は記事中で「国体は事実である、なぜならそれは事実だから」という同語反復（トートコジー）で説明しています。これが、戦争中の日本における「国体」認識の主流でした。

言葉が表す概念の核心に少しでも近づくために、合理的・論理的・科学的検証を行おうとする人間（先に述べた美濃部達吉がその代表例です）に対して「これは理論や構想ではなく、確たる尊い事実なのだ」と一方的に断定し、それ以上の論理的な思考の掘り下げをするなと述べるのは、実質的には「威圧」あるいは「恫喝」に他なりません。

こうした威圧や恫喝で反論を封じた上で、「言葉の定義や意味など考えず、天皇のために死ぬことが国民の務めなのだ」という、事実上の「思考停止」へと受け手を追い込むのが、戦争中の議論に多く見られたパターンでした。

当時の日本にも、おそらく「国体は事実である、なぜならそれは事実だから」という言葉に対して「本当にそうだろうか？」と疑問に思う人間は、少なからず存在したであろうと思われます。特に、昭和初期ほど思想が硬直化していなかった大正時代を知る日本人なら、そんな疑問は当然感じたはずです。

しかし、憲兵や特高警察（特別高等警察＝国体を脅かす政治思想などを取締の対象とする政治組織）が国民の思想統制を厳しく行っていた当時の日本では、心に生じた疑問を率直に表明するのは、きわめて勇気と覚悟のいる行為でした。特に「天皇や建国神話を援用した論説」に対して異論を唱えることは、天皇や建国神話自体に疑念を抱く行為と曲解される可能性があるので、異論や反論はおろか、賛同を躊躇することすら憚《はばか》られました。
そして、この記事の最後では日本の「国体」がいかに素晴らしいものであるかを、明らかに観念的な文言で長々と書き記した後、目前の「国難」に一人一人の日本国民がどんな考えと行動で対処すべきかを、突き放すかのような言葉で述べています。

『御神勅に拝する如く、神国日本は絶対不滅である。われわれの父子兄弟は前線で大君の御楯となり、身を粉にして戦っている。〈中略〉
国民は一体である。一億の民すべてが大君の辺にこそ死なめ、である。かくてこそ日本はいかなる大敵にも恐れぬ断乎たる不動の態勢を固めることが出来るのであり、大君のしろしめす神国日本は絶対に安泰であり、何者の力を以てしても、旭日の昇るが如き国運を遮ることは出来ぬのである』

戦争のただ中にあって、戦局が日本の敗北に向かって大きく傾き始めている時に、前線の勝敗を決定的に左右するはずの「合理主義的な思考」を全否定して、気宇壮大な観念論に逃避する彼の態度は、その後に待っている結末と、戦争全体で失われる死者の数を知る後世の人間の目には、なかなか理解するのが難しいものです。

近現代における戦争では、戦っている国がどれほど立派な歴史を持っているか、国民の覚悟がどれほど強いかよりも、経済力や科学力などの総合的な「国力」が勝敗を大きく左右する重要な意味を持ちます。

そんな戦争に、合理的判断や論理的思考を捨てて「観念論」で対抗するという発想は、後世から見れば「破れかぶれ」のようにも思えますが、しかし当時の日本人が受け入れた「国体」の理念においては、それは「非現実」的な対処ではなく、むしろ「西欧とは違う日本ならではの現実的な方策」と理解されていました。

◆政府がメディアに要求した「皇道思想戦の戦士という自覚」

山田孝雄の原稿の後には、「国体と言論体制」と題された座談会の収録記事が掲載されています。

対談の参加者は、大熊信行《おおくまのぶゆき》（経済学博士）、御手洗辰雄《みたらいたつお》（評論家）、穂積七郎（前出、翼賛壮年団幹事）、津久井龍雄《つくいたつお》（大日本言論報国会前常務理事）、竹下直之（文部省図書監修官）、小野清一郎《おのせいいちろう》（東京帝国大学教授・法学博士）、井上司朗《いのうえしろう》（情報局文芸課長）の七人で、「言論とは何ぞや」という定義から始まり、参加者それぞれの言論状況の認識から時局への対応まで、さまざまな話題が三二ページにわたって続きます。

この座談会において、実質的に政府の認識や要請を代弁する立場にあった情報局の井上司朗は、言論人の果たすべき社会的役割について、次のように述べています。

『新聞や雑誌の経営者でも編集者でも、皇道思想戦の戦士であるという自覚を、はっきりと持つことが基本ですね。〈中略〉編集者、執筆者の全てをひっくるめて、行くべき道ははっきりしていると思うのです。国体を体認し、皇国の理想を明確に把握し、皇国世界観に基づく新しい世界を建設するという使命感に立つこと以外に進むべき道はないと思います』

この井上司朗の言葉が示す通り、当時の日本では、社会的状況や政府の権力行使を客観的に捉え、国が誤った道を進み続けることを避けるために、必要ならば批判を行うという近代国家のジャーナリズムの価値が、実質的に認められていませんでした。

本来、ジャーナリズムが担う社会的な役割の一つは、政策の不具合を示す事実を報道という形で社会に提示し、政府が国民を導く政策の手法や方向性が「間違っている可能性」を示唆して警鐘を鳴らすことです。しかし当時の日本では、そうした情報は、国が進む道をかえって混乱させかねない「ノイズ」と見なされ、社会から排撃されていました。

前記した井上司朗の言葉は、新聞や雑誌の経営者や編集者が「ジャーナリズム」の観点から社会の動きを「客観視」するのではなく、社会の動きそのものに加わって協力するべきだという、政府の意向を代弁しています。しかし、これは船のマストに立って周囲の状況を観察する「見張り番」を下ろして、船を漕ぐオールを持たせるようなもので、それをすれば船の速度は多少上がるかもしれませんが、方向の正しさや周囲の状況変化をすばやく確認することができなくなってしまいます。

言い換えれば、当時の日本政府は「政策が間違った道を進んでいないかどうか常に確認すること」の重要性を考慮せず、「政府の打ち出す政策は常に正しい」との前提に立ち、ひたすら「現在とっている道で国が前進する速度をさらに上げること」だけに関心を注いでいたのです。もし現在の道が間違っているなら、アクセルをさらに踏み込めば、国を取り巻く状況はどんどん悪化する。そのような論理的な思考に基づく批判や指摘は、当時の日本ではまったく許されませんでした。

話題が「国体明徴」の問題に入ると、経済学者の大熊信行は「国体」の認識が社会で変化していった経過を、率直な意見として次のような言葉で説明しています。

『国体明徴の運動は、学問思想の面と政治の面と、双方に動いて来たわけですが、学問の面ではそれが哲学の領域に浸透してゆく段階に今は入っている。たとえば、西洋哲学の立場から、大東亜戦争を論ずる者があると、あれは哲学上の機関説であるというような批判を下す。批評の是非適否を別としても、何か直観に訴えるものがある』

大熊信行の言葉は、当時の日本において、政府の国策に合致しない考え方や捉え方があると、先の天皇機関説事件を踏まえて「何々の機関説」というレッテルを貼って断罪し、内容を全否定する風潮が存在したことを物語っています。

批評の是非や適否とは別に、受け手の直観に訴える力があるという指摘は、政治問題での「レッテル貼り」に共通する特徴で、論理ではなく受け手の直観に訴えるがゆえに、特定の方針や考えの価値を一方的に全否定する手法としては効果的です。

けれども、既に述べた通り美濃部達吉らの「天皇機関説」とは、建国神話などの主観的な物語と近代国家の現実的運営を整合させるための「智慧《ちえ》」であって、それを否定的な語句として用いる行為は、日本人の思考をさらに合理性や論理性から遠ざける効果をもたらすものでしかありませんでした。

◆戦況悪化と正面から向き合わなかった日本の言論界

これらの記事が掲載された雑誌『中央公論』一九四三年（昭和十八年）十月号の最後のページにある「後記」には、国民に改めて「国体への献身と奉仕」を要求する、次のような言葉が書かれていました。

『今や一億国民は、国体護持にすべてを捧げ尽くさねばならぬのである。

わが日本においては、国体を離れていかなる事実もなく、国体を離れていかなる個人の生活も存在し得ないことを、ここに改めて深思すべきである』

日本政府が、日本軍部隊の全滅を指す「言い換えの呼称」として初めて「玉砕」を用いたのは、この雑誌が発売される数か月前の、一九四三年五月のアリューシャン列島アッツ島での戦いでした。

そして一九四四年に入り、日本の敗色がますます濃厚になってくると、爆弾を搭載した航空機を敵艦に体当たりさせる「特攻」が戦争指導部で検討され始め、同年十月二十日には大西瀧治郎《おおにしたきじろう》海軍中将の指揮下で「神風《しんぷう》特別攻撃隊」が編成されました。

現在では一般に「かみかぜ」と呼ばれることも多い神風特攻隊は、日本海軍の航空部隊で編成された「体当たり攻撃」部隊の名称で、陸軍航空隊の「体当たり攻撃」部隊は、神風とは違う、部隊ごとの名称（振武隊《しんぶたい》、万朶隊《ばんだたい》など）で呼ばれていました。

神風特攻隊の初出撃は、編成翌日の十月二十一日で、十月二十五日には米海軍の護衛空母セント・ローが特攻機の攻撃で撃沈されました。しかし、特攻の本格化で連合軍艦船の損害は増大したものの、全体の戦況は依然として連合軍の優位であり、七月九日にはマリアナ諸島のサイパン島が米軍に占領されて、東條内閣が総辞職（七月十八日）に追い込まれるという事件が発生しました。

サイパンの陥落により、アメリカ軍爆撃機による本土爆撃のリスクがさらに高まりましたが、当時の日本の出版物に掲載される論調は、戦局の悪化と比例するかのように、以前にも増して観念論や情緒的な叫びのような傾向がエスカレートしていきました。

政府情報局が編集発行する『週報』の一九四四年十二月八日号は、当時の日本の危機的な状況を今に伝える、貴重な出版物の一つだと言えます。

表紙には「開戦三年　大東亜の相貌　大東亜戦争三周年特輯」と記され、巻頭ページでは真珠湾攻撃から三年間の戦争の推移を、次のような言葉で総括していました。

『緒戦による赫々たる戦果が挙がった当時、大東亜建設は盛んに論じられ、人集まればすぐにこれに関する抱負経綸《けいりん》〈国を治め整える方策〉を述べるのが常であった。けれども、敵が大東亜再侵略の野望を達成しようとして迫り来ると、大東亜建設論の流行はやや下火になり、低調となった。

これは、緒戦時代の建設論なるものが、大戦果の陶酔に影響されて、あまりに甘美な夢想を混ぜ過ぎていたためである。

しかしながら、大東亜の安定確保とその建設とは、我々に与えられた確固不動の目標である。〈中略〉皆が智慧と力を出して努力するならば、広大なる大東亜の地域とその豊富なる資源とは必ず物を言って、強固なる大東亜要塞の完成することは必定である。

緒戦時代の闊達《かったつ》なる気風と遠大なる理想をもって、我々は大いに大東亜の建設について考え、論じ努めたいものである。ただし、その態度は浪漫主義を超克した現実主義であらねばならない』

当時の日本国民は、太平洋戦争の戦局が日本から見ていかに絶望的な状況にあるかを示す情報を、ほとんど与えられていませんでした。政府刊行物に書かれたこの他人ごとのような文章を読むと、当時の日本政府の無責任さを改めて思い知らされます。

◆日本陸軍報道部から見たサイパン陥落後の戦況

この『週報』には、大本営陸軍報道部による「粛として顧みる」という記事が掲載されています。原稿の内容は、対米英蘭開戦から三年間にわたる戦争の経過とそれにいたった原因についての、日本陸軍上層部の視点から見た回顧ですが、いまだ敗北を認める気はなく、まだまだ戦争は続けるとの強い意気込みを、次のような言葉で国民に訴えています。

『ラバウル、サイパンが戦略的な重要地点であることは疑いないところであり、

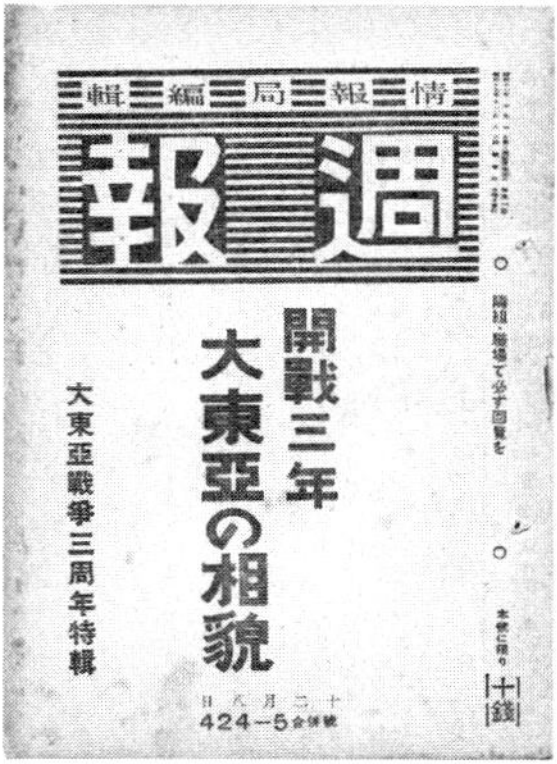

『週報』一九四四年十二月八日号
情報局　1944年

ラバウルの孤立化、サイパンの喪失が我々にとって大きな打撃であることは否定すべくもない。

しかしながら、これらの現象は、痛手は痛手ながら、それは決して我々の致命傷ではあり得なかった。サイパンを喪った今日、現にわが国は一層の憤激に燃えつつ、勇気凜々《りんりん》として戦っているではないか。〈中略〉

戦いには冷静な戦力判断を必要とする。〈中略〉戦いは自力最適の戦法によって敵を制すべきであって、詩人の夢のごとき感情のみをもって現実を論ずるのは、危険この上なしと申すべきである。〈中略〉

戦況いかに変転し、戦勢いかに移るとも、我々に神武必勝の確信と努力があれば、断じて征戦目的完遂の光栄ある日は疑いもなく近づき来るのである。〈中略〉

わが国は、申すまでもなく神の国である。皇祖皇宗の神霊上にまします。〈中略〉大御稜威の下、天壌無窮の国運を固く信じて、一億の臣が各々の持ち場、職場においてそれぞれ明朗敢闘、尽忠の誠をつくしたならば「神武必勝」最後の勝利は断じて我にありと確信して疑う余地はないのである』

現実主義であらねばならない、冷静なる戦力判断が必要である、といった、合理主義の思考から出る言葉が、木漏れ日のように時折文章の中に現れますが、全体の論旨はあくまで「国体」思想の延長線上にある観念論の範疇を超えるものではありません。

現代の視点で記事を読むと、両者の論理的な不整合や乖離《かいり》を書き手がまったく自覚していない、あるいはこう書かざるを得ない状況であったことに驚かされます。

◆日本海軍報道部による「特攻礼賛」の宣伝記事

大本営陸軍報道部の記事の次には、大本営海軍報道部による「一億の神風隊」と題された記事が掲載されています。「特攻」に関する重要な記述が含まれているので、少し長くなりますが、記事の一部を以下に引用します。

『南太平洋および中部太平洋の戦闘においては、わが航空機の量に、卓越せる闘志、技量をもってしても、敵の物量の膨大性には圧倒されざるを得なかった。〈中略〉
わが国が直面した、この窮境に対する起死回生の神業こそ、神風特攻隊の奮戦である。神風特攻隊の猛攻を受け、比島〈フィリピン〉に向かう敵海上部隊の損失は甚だしく、太平洋の戦争は今や転換期に立とうとしている。〈中略〉
そもそも神風特攻隊が比島沖において、必死必中の攻撃に飛び立ったのは、敵の物量攻撃を粉砕する唯一の道が、魂の攻撃によるほかないことを自覚したためであったに違いない。もし、そうであるとするならば、その責任はまさしく一億の国民にあると断ぜざるを得ないのである。

一億の国民にして、もし戦争努力に遺憾なかったならば、神風特攻隊の偉業の前に涙して反省する必要はなかったはずである。しかも今や、神風特攻隊の奮戦によって、太平洋の戦勢は転換の兆しを見せている。〈中略〉

特別攻撃隊の体当たりこそは、決して瞬間的感激の所産ではなく、爆雷と共に敵艦に命中することのみ、ただひたすらに念じつつ、数か月の長きにわたってただ黙々孜々《しし》〈一心に励むこと〉として訓練に訓練を重ね、研究に研究を加え、汗と血にまみれながら「必死必殺」決行の日のみを首を長くして待望したのである。

もとより死ぬなどということは、肉親にも一言も漏らさず、最愛の妻にもその気配すら見せなかった。しかし特別攻撃隊の勇士たちも決して木や石の化身ではない。彼らもまた人情の子であり、夢多き青春の男子である。そして、わずか数か月前までは母親の膝下に恩愛を満喫した少年であり、日の丸の襷《たすき》を肩に学園に乱舞した学徒である。

それなのに、彼らは既に皇国軍人の亀鑑〈模範〉、いや軍神の現身《うつしみ》〈この世に現れた肉体〉とさえなったのである。そしていよいよ体当たり決行の時にも、なんら平常と異なるところなく、静かに語り、朗らかに興じつつ愛機に投じ、紅顔に微笑みをさえ浮かべて、莞爾《かんじ》〈にっこり笑うこと〉として還らざる大空へと勇躍驀進《ばくしん》するのである。

特別攻撃隊勇士の最期を、世人はあるいは「悲壮」と言い、あるいは「壮絶」と呼

戦前・戦中の出来事と「国体明徴」

	日本に関する出来事	国体関連の主な声明・文献
1931	満洲事変（9月）	『我国体観念の発達』
1932	満洲国建国（3月）	
1933	国際連盟脱退（3月）	『我が国体及び国民性について』
1934		
1935	天皇機関説事件（2~10月）	『国体に関する政府の声明書』
1936	2.26事件（2月）	『国体明徴と日本教育の使命』
1937	日中戦争勃発（7月）	『国体の本義』（5月）
1938		『万邦に冠絶せる我が国体』
1939	ノモンハン事件（5~9月）	『我が国体と神道』
1940	日独伊三国同盟（9月）	
1941	太平洋戦争勃発（12月）	『臣民の道』（7月）
1942	ミッドウェー海戦（6月）	『大東亜戦争と教育』
1943	アッツ島玉砕（5月）	『国体思想発達史』
1944	サイパン陥落（7月）	
1945	沖縄戦（4月～6月） ポツダム宣言受諾、玉音放送（8月）	

び、そしてまた、この存在ゆえに日本は「必ず勝つ」と高言する。しかし、彼ら神風隊の勇士たちには、「悲壮」だの「壮絶」だのという心境は毛頭あり得ないのではなかろうか。

彼らは、皇紀二千六百年〈神武天皇の即位から数える暦で、西暦一九四〇年がちょうど皇紀二千六百年となる〉の伝統と、栄光に輝くこの国体と、この国土をいかにして護持すべきかに思いを至らせた時、自分の進むべき道はこれしかない、との確信に到達したのである。従って、彼らは胸の奥に微塵の誇張も焦慮もなく、明朗闊達、淡々と水が流れるような心境で、還らざる悠久の征途〈出征の道〉に笑って進発するのであろう。〈中略〉

特別攻撃隊の搭乗する飛行機は、その機体において、その爆装において、全く世界に誇る科学の粋を凝らしたものであり、従って特別攻撃隊こそは、その闘魂において、その科学において、世界歴史に比類なく冠絶する、真の日本的近代戦術の所産であり、もしも人類のなし得る最も美なるものが芸術であるとしたならば、この特別攻撃隊の姿こそは、まさに未だかつて人類のなし得なかった、至高至上の芸術の出現であるとも言い得るであろう。〈中略〉

敵の比島に対する圧倒的物量による大反攻の出鼻を叩きつぶしたものは、実にわが特別攻撃隊の一機一艦の体当たりであった。すなわち、敵が物量と機械力をたのんで我々に挑戦したのに対し、我々は科学力と精神力の極致の結合によって創造した日本

的戦法をもって、驕敵《きょうてき》を撃滅しようとするのである。〈中略〉

特別攻撃隊の勇士たちは、還らざる大空への進発に際しては、機体からわざわざ電波兵器を取り外して残し置き、それによって僅かでも銃後生産人の負担を軽減しようとさえしていると聞くと、我々は思わず声をあげて慟哭《どうこく》せずにはいられないではないか。特別攻撃隊勇士が、銃後に寄せるこの床《ゆか》しき思いやりに対し、我々もまた一億総体当たりをもって応えねばならない』

この記事が書かれたのは、神風特攻隊の出撃開始から二か月後のことでしたが、こうした組織的な「体当たり部隊の編成と出撃」が海軍上層部の命令で行われた事実は隠され、あたかも前線で戦う一人一人のパイロットが「完全に自発的に」発案して「自発的に」出撃したかのように、事実を歪曲しています。

そして、「もし、そうであるとするならば、その責任はまさしく一億の国民にあると断ぜざるを得ない」との言葉で、本来なら海軍上層部が負うべき「特攻の発案・命令者としての責任」を、当時の一般国民に転嫁しています。

また、特攻隊のパイロットたちが、悲壮感も迷いもなく、「明朗闊達、淡々と水が流れるような心境で、笑って」飛び立っていったかのような明るい「ストーリー」を創作し、実状を知らない国民を欺いた上、そのストーリーを、さらなる自己犠牲を国民に要求するための道具として利用しています。

指揮官である大西瀧治郎自身が「これは統帥の外道である」と語る（十月二十七日）、人命軽視の極致のような戦争遂行手段である特攻隊について、日本海軍の「公式見解」がこのようなものであったという事実は、読む者を改めて愕然《がくぜん》とさせるものです。

しかし、日本政府が太平洋戦争における敗北をようやく認め、連合国の無条件降伏勧告「ポツダム宣言」を受け入れると発表したのは、この冊子の発行時から数えて、さらに八か月も後のことでした。

◆「崇高さへの礼賛」が生みだした「人命無視」の思考

あるものの崇高さを必要以上に持ち上げて神聖化すれば、それを守るために「犠牲にしてよいもの」のレベルも高まります。

最初は、人間一人の命と釣り合うのかどうか、という判断だったのが、やがて何十人、何百人、何千人、何万人、何十万人、何百万人の命を犠牲にしても惜しくはない、という実質的な「人命無視」の思想へと、際限なく飛躍していきます。

人命軽視や人命無視の考えは、一般的には人間の「悪い心」や「冷酷非情な心」が生むものだと思われています。けれども、戦前・戦中の日本人が当然視した人命軽視と人命無視の思想は、むしろ「良い心」や「道徳的に正しくあろうとする心」の発露という形式で広まったため、誰もそれに疑問を抱いたり批判したりすることができませんでした。

もし、人命軽視や人命無視の考えが、人間の「悪い心」や「冷酷非情な心」によるものであるなら、「良心の呵責《かしゃく》」や「後ろめたさ」、「罰が当たるという恐怖」など、教育による内面的なブレーキで抑制できる可能性があります。しかし、それとは逆に「良い心」や「道徳的に正しくあろうとする心」が生み出す人命軽視や人命無視の考えには、それを止めるブレーキはありません。むしろ、それを生んだのと同じ教育によって、アクセルをさらに深く踏み込むかのように、事態が加速していくことになります。

天皇や天皇を頂点とする国家体制の「崇高さ」を褒め称えるあまり、それを守るためならば「一人一人の国民の命など何でもない」という考えに陥ってしまう。

価値判断の「上位」である天皇の価値を、立憲主義という制度上のリミッターを欠いた状態で天に向かって際限なく上昇させ、国民としての「正しい行い」に熱心に励んでいるつもりで、実は価値判断の下位とされる一般国民の命の価値を際限なく低下させ、それが失われても大した問題ではないと考える風潮を、社会全体が創り出してしまう。

後世から見ると、皮肉で悲劇的な構図ですが、そこには当事者が自覚していなかった、ある種の「負のスパイラル」が、厳然として存在していたように思います。

◆自発的に行われる「正しくあろうとする心」の暴走

恐ろしいのは、こうした「良い心」や「道徳的に正しくあろうとする心」の暴走は、政府や特定のリーダーが命令を下してそれをさせる場合よりも、一人一人の人間が、完全に自発的に、それをやり始める場合が多いという現実です。

最初のきっかけは、学校や組織内での「国体」教育であったとしても、途中からは各自が自分の判断でそれを行うようになり、それに従わない人間を見つけると、自分の判断でその相手を攻撃したり、圧力をかけたりするようになります。

天皇の崇高さを際限なく高め、天皇を中心とする国家体制に至高の価値を認めて、それに献身すれば、天皇以外の人間の命の重さは極限まで軽くなります。しかし、それと引き換えに、自分がこの世で「生きる意義」や「生きている間の存在価値」などの精神面は、天皇や天皇を頂点とする国家体制の価値の上昇に追随する形で、高みに昇っているかのように感じられます。宗教的な高揚感と同種の満足感が、そこには存在します。

そうした構図を成立させ、維持し続けるためには、社会を構成する全ての人間が、同じように振る舞うことが必要とされます。社会を構成する人間が「個人」として独立した行動を取り始めれば、天皇の賞揚と共に下々の人間の価値も高まるという構図は、成立し得なくなるからです。それゆえ、この構図を維持し徹底するための有形無形の「強制」や「同調圧力」が、社会のあちこちで生じていました。

特攻隊として出撃し、還らぬ人となったパイロットをはじめ、戦争の過程で死んだ軍人を「英霊」と呼んで神格化する行為にも、同様の危険性が潜んでいます。

戦前・戦中の靖国神社が行ったように、戦没軍人を神格化して誉め称えれば誉め称えるほど、後に残された人間は、それを手本にしなくてはならないような空気が生まれ、「軍人が死ぬこと」それ自体に至高の価値があるかのような錯覚も生まれます。

第1章で述べたように、西園寺公望は一八九六年三月、「苦しい逆境に耐えて頑張るような、悲壮感のある姿を国民の模範とする風潮が、昨今の社会に広がりつつあるが、そんなことをしていては、やがて国の隆盛に反する事態を招くだろう」と書き記しました。

それから約四〇年後の日本は、ほぼ完全に西園寺が危惧した通りの社会となり、国の破滅へと向かう道をまっしぐらに直進していきました。

戦没軍人を生み出した戦争の目的や意義に疑問を差し挟むことは、その軍人が命を落としたこととの「価値」を貶《おとし》めることになる、というような解釈も成立します。そのため、誰もその戦争の目的や意義を否定したり批判することができなくなります。

戦前から戦中の日本で起こったのは、つまりはこういうことでした。

◆昭和初期の日本に蔓延した「大日本病」という病

以上のように、戦前から戦中に至る時期の日本人の価値判断基準の変化を観察すると、日本があの戦争において、後世から「非人道的」で「独善的」と評される道を暴走した理由は、日本人がもともと残虐であったからでも、もともと邪悪な国民であったからでもないことがわかります。

むしろ、当時の日本人は、自分たちが世界で最も優れた国民だと思い込み、正しいことをしているつもりで、自らの行動を「非人道的」とも「独善的」とも思わずに、良き国民の務めとして行いました。

当時の日本人は、「正しい国民」「善良な国民」「良い国民」であろうと努力し、集団の中でそれを競うような空気の中で、たとえ疑問を心に抱いたとしても決して顔や言葉には出さず、周囲の価値判断に同調して振る舞っていました。

そして、当時の日本人は、「建国神話に基づく日本の歴史」が事実であると信じて誇りに思い、自分が日本人であることに優越感を覚えていました。しかし結局、彼らが「国の為になると確信して行った献身と努力」は、逆に母国である日本を、歴史上類を見ないほどに破壊し、荒廃させる結果をもたらすことになりました。

このような状況を見て、思い浮かぶのは「病気（熱病）」という言葉です。

熱病に浮かされた人間は、正常な判断力を失い、冷静で理性的な状況ならば絶対にしないようなことをできるようになります。

この「病気」を何と名付けるべきなのか。私は「大日本病《だいにっぽんびょう》」という呼称が適当ではないかと思います。

頭の部分に付く「大」とは「大日本帝国」の「大」だけでなく、日本は万邦無比（世界に類を見ない）の絶対的に崇高で偉大な国なのだ、という、冷静に考えれば夜郎自大とし
か評しようのない思考を表す文字でもあります。自国の存在価値の大きさが、実質的に宇

宙まで届くかというほどのスケールで、際限なく肥大していく思考は、「大日本病」の最も深刻な症例だと言えます。

また、著しい人命軽視や暴力性、攻撃性、不寛容など、戦前・戦中の日本人の、その前後の歴史から隔絶したかのような、異常とも言える思想と行動についても、当時の日本人が「大日本病」に罹《かか》っていたからだ、と考えれば、同じ大日本帝国憲法の下でも、政府と軍人と国民が昭和初期に比べて謙虚な思考と態度で暮らしていた、明治や大正期の日本人との違いを説明できます。

もし仮に、昭和初期の日本人が、それと気付かないまま「大日本病」に罹り、その症状ゆえに国民全体が自分の国を滅亡寸前の状態へと導いたのであれば、その「病根」あるいは「病巣」は、完全に根治・根絶されたのか、将来において病が「再発」することはないのか、という問題についても、きちんと考える必要が出てきます。

その診断と再発防止の処置が正しく行われていなければ、日本人は再び、同じ「病」に罹り、前回と同じような方向へと集団で暴走する可能性があるからです。

次の章では、日本政府が一九四五年八月に第二次大戦の敗戦を受け入れた後、新たな憲法と共に民主主義国家となった日本社会で、国体や国家神道など「大日本病」と深く関係のあった概念がどのように処理されたのかについて、見ていくことにします。

第3章
戦後日本が怠った「OSの再インストール」

[9] 敗戦の時、日本に何が起こったのか

◆太平洋戦争がもたらした人的損害が意味するもの

一九四五年九月二日、東京湾に浮かぶアメリカ海軍の戦艦ミズーリ艦上で、大日本帝国政府の連合国に対する無条件降伏受諾の調印式が行われ、一九四一年十二月に始まった太平洋戦争（一九三七年以来の日中戦争を含む）は実質的な終戦を迎えました。

日本では一般に、天皇が降伏受諾の意思を全国民に伝えたラジオ放送（いわゆる玉音放送、内容は生放送ではなく前日に録音されたもの）のあった八月十五日が「終戦記念日」とされています。しかし実際には、この日は「天皇の命令で日本軍が（一部を除いて）銃を置き戦闘を停止した日」であり、満洲や南樺太、千島列島などでは翌日以降も、日本軍とソ連軍（およびその同盟国であるモンゴル軍）との戦闘が続いていました。

日中戦争と太平洋戦争では、政府の公式記録によれば、三一〇万人以上の日本人が命を落としましたが、地球の約八分の一を戦場としたこの巨大な戦争において、それをはるかに上回る数の「日本人以外の人間」の命も、共に失われました。

戸籍制度のない国では、戦争による死亡者数の正確な把握は実質的に不可能ですが、日

本政府や各国の公式統計などに基づく試算によると、中国では一〇〇〇万人以上、インドネシア（蘭印＝オランダ領東インド）で四〇〇万人、ベトナム（仏印＝フランス領インドシナ）で二〇〇万人、フィリピン（アメリカ領）で一一一万人、ビルマ（イギリス領、現ミャンマー）で一五万人、マラヤとシンガポール（共にイギリス領）で一〇万人、そして日本の植民地であった朝鮮と台湾では、それぞれ二〇万人と三万人が、日中戦争と太平洋戦争中に死亡したとされています。

これらに、日本と交戦した連合国軍人の戦死・行方不明者を加えると、全部で一九〇〇万人以上の「日本以外の人々」が、日本が始めた戦争で亡くなったことになります。

こうした犠牲の大きさは、戦後の日本人が正しく認識しなくてはならない重大な問題ですが、それに加えて、この戦争における日本の敗北が、日本史や世界史の中でどんな「意味」を持つのか、という点についても、理解しておく必要があります。

実証的な歴史研究に基づく最初の天皇の即位から約一六〇〇年、建国神話に従うなら約二六〇〇年の長い歴史において、一九四五年に起きた日本の敗北は、次に挙げる二つのことが「日本の歴史上初めて」発生した事件でもありました。

まず第一に、国の「主権」を完全に失い、それを外国の政府に握られたこと。

そして第二に、天皇と皇室の特別な地位を、敗戦後も存続するか否かという判断も、外国の政府に握られたこと。

第２章で詳しく紹介した通り、戦前・戦中の日本において「国家神道」体制の精神的な柱であった「国体」思想では、「天壌無窮《てんじょうむきゅう》の皇運」や「尽忠報国」が価値判断の最上位に置かれていました。しかし、その「国体」思想に基づいた思想統一運動、つまり「国体明《めい》徴《ちょう》運動」が一九三五年前後に湧き起こってから、たった一〇年後には「国の主権喪失」と「天皇や皇室の存続の危機」という最悪の事態に至ったことになります。

つまり、「天壌無窮の皇運」を守れとの言葉に自ら酔って間違った方向に暴走したことで、逆に「皇運」を破綻の危機に導いてしまった。

これが、当時の日本人が一丸となってもたらした、悲惨な「末路」でした。

戦前・戦中と戦後の日本について考える時、まずこの重要な事実を踏まえておく必要があります。

◆自己愛を満たすための国体思想

一九四五年夏の日本は、ただ単に「戦争に負けた」だけでなく、美麗な言葉に酔って暴れているうち、それまで先人が大事に継承してきたものを粉々に割って壊してしまいました。それは、戦前・戦中の日本人が信じた「愛国の理念」とは、正反対の結果でした。

戦前・戦中の日本では、盛んに「愛国的に見える言葉」が叫ばれていたため、当時の日本の「国家神道」体制が「愛国心の強い社会」だったように思いがちです。

しかし、歴史の現実は、決してそうではなかったことを我々に教えています。むしろ、

「形式的な愛国主義」に酔って合理的・論理的な思考を捨てた結果、当時の「国家神道」体制は、日本という国を破滅同然の焦土にしてしまう結果をもたらしました。

つまり、日の丸の旗を振ったり、天皇を神格化する言葉を口にしたり、日頃から「愛国的に見える言葉」を口にしたりする人間が、必ずしも「本当に国のためを思う人間」ではなかったのです。

むしろ、戦前・戦中の出版物に見られる「国体明徴」の高揚した文章を読むと、それらの筆者は「国体」や「天皇」を称揚することで、自分自身の価値をも高めようとしていたような印象を受けます。彼らは「国体」に献身する態度を取ることで、実は「天皇という偉大な存在に繋がる自分」を、より強く愛そうとしていたのかもしれません。

国ではなく自分を愛するという発想は、「愛国」ではなく「自己愛」ですが、第１章で述べたように、太平洋戦争中の日本陸軍と日本海軍は、戦争に勝つために協力することを拒絶して、相手組織との面子《メンツ》の張り合い、つまり一種の「自己愛」を優先して、貴重な資源と時間を浪費するという態度をとり続けました。

本物の「愛国」であれば、組織の面子など捨ててでも、戦争に勝つことを最優先にして文字通りの「挙国一致体制」を築いたはずです。けれども、それは結局なされませんでした。戦争中の日本陸軍と日本海軍の対立や摩擦は、当時の日本の戦争指導部が決して「挙国一致」でも「一丸」でもなかった事実を後世に教えています。

また、本物の「愛国」であれば、戦争における敗北が確実になった時点で、いかに「国のダメージを小さく抑えて戦争の幕引きをするか」を考慮して、戦争継続から講和への方針転換を行うはずです。しかし、当時の日本の戦争指導部は、組織の面子を守るという自己愛を優先して、終戦を無定見に引き延ばし、国が被るダメージを増大させました。

軍の指導部にいた人間も、最初のうちは純粋に「国のため」を思って、「国体」思想を自らの思考や行動に採り入れていたのかもしれません。しかし、この「国体」思想は、使い方次第では自分の名誉や面子、威信、自尊心を形式的に高めるための便利な道具にもなるため、やがて各人が意識的あるいは無意識的に、誰にも批判できない「国体」思想を、己の自己愛を守るための強靱な「鎧」として利用するようになりました。

その結果、戦争に負け始めても「負けている」という現実を直視できなくなり、自己愛を傷つける敗北の事実を隠すために、より一層「国体」思想の観念論や精神論に逃げ込んで、現実を認識する能力も、現実に的確に対処する能力も失う形となりました。

つまり、戦前・戦中の日本人は「日本精神」「万邦無比の国体」「天壌無窮の皇運」「八《はっ》紘一宇《こういちう》」など、自国や自国中心の現実認識を際限なく賛美あるいは絶対視することが「正しい愛国の道」であると錯覚し、合理的思考や論理的思考の持つ普遍的な価値を「日本とは違う西欧の価値観」という理屈で自ら捨て去ったことで、逆に自国を実質的に滅亡の瀬戸際へと導いてしまったことになります。

先の戦争の反省、と言う時、それが正しかったか、誤りであったかという道義的な側面ばかりが論点になりますが、それとは別に「当時の日本人が主観的に考えていたことと、現実に起こったことの間には大きな落差が存在した」という厳しい現実も、後世に生きる我々は反省の対象にしなくてはならないように思います。

なぜなら、間違った判断そのものよりも、間違った判断を「それが正しい判断だと錯覚した理由」の方が、再発防止という点ではより重要になるからです。

◆「天皇は連合国最高司令官に従属する」

それでは、戦前・戦中の日本人があれほど絶対的な価値を持つと認め、全国民の命に代えても守ろうとした「国体」は、敗戦によってどうなったのでしょうか。

日本占領及び管理重要文書集
第1巻 基本篇
外務省特別資料部編
DOCUMENTS
CONCERNING
THE ALLIED OCCUPATION AND CONTROL
OF JAPAN
VOLUME I　BASIC DOCUMENTS
COMPILED BY
DIVISION OF SPECIAL RECORDS, FOREIGN OFFICE,
JAPANESE GOVERNMENT
昭和24年1月
JANUARY 1949

『日本占領及び管理重要文書集（第1巻　基本篇）』
外務省特別資料部　1949年

敗戦から三年半後の一九四九年一月、日本の外務省特別資料部から刊行された『日本占領及び管理重要文書集（第1巻　基本篇）』という文書史料集には、ポツダム宣言の受諾をめぐるやりとりの公文書が、英文と日本語訳の両方で収録されています。

一九四五年八月九日に、ソ連軍の対日参戦と長崎への（八月六日の広島に続いて二発目の）原爆投下という二つの出来事が発生した時、昭和天皇と日本政府は「これ以上戦争を続けたら、本当に日本は滅びる」と認識し、翌八月十日に「(日本に無条件降伏を要求する)ポツダム宣言は、天皇の国家統治の大権を変更するとの要求を包含していない、との了解の下に受諾する」という文書を、ポツダム宣言に調印した連合国政府(当初はアメリカ、イギリス、中国の三国で、ソ連は対日参戦後に参加)に送りました。

つまり、戦前・戦中の日本では、第2章で見てきたように「国体」の解釈をさまざまな形に膨らませた言説が、百花繚乱《ひゃっかりょうらん》のごとく栄えていましたが、一九四五年八月頃の日本の戦争指導部においては「天皇の国家統治の大権」さえ守れれば、それで「国体護持」と見なすというところまで、解釈の範囲が縮小されていました(ただし、この解釈を受け入れない軍人も少なからずいました)。

これに対し、アメリカ政府は翌八月十一日、次のような返答を日本政府に伝えました。

「〈日本が〉降伏する時より、天皇および日本国政府の国家統治の権限は、降伏条項の実施のため、その必要と認められる措置を執る連合国最高司令官の制限の下に置かれるものとする」(外務省訳)

右の返答文に「連合国最高司令官の制限の下に置かれる」という言葉がありますが、英語の原文では「be subject to the Supreme Commander of the Allied Powers」で、忠実に訳すと「連合国最高司令官に従属する」という意味になります。日本の外務省は、日本側の強硬派(戦争継続派)の面子を保つために、苦肉の策として「制限の下に置かれる」というマイルドな表現を考え出し、これを公式な日本語訳としました。

しかし、阿南惟幾《あなみこれちか》陸軍大臣や梅津美治郎《うめづよしじろう》陸軍参謀総長、豊田副武《とよだそえむ》海軍軍令部総長らは、この小手先の対処に騙されず、天皇が敵の司令官に従属するなど決してあってはならないことだとして猛反対し、国策をめぐる議論が数日にわたり紛糾します。

八月十四日午前に開かれた御前会議（天皇が臨席し、元老や主要閣僚、陸海軍の首脳などが参加して行う日本政府の最高会議）の席で、戦争終結を望む天皇の意向が再度確認されてポツダム宣言の受諾が正式に決定され、日本政府は正式に同宣言の受諾を連合国側に伝えて、これ以上「天皇の大権保持」には固執しない方針をとりました。

これは言うまでもなく、戦前・戦中の日本の「国体」の考え方からすれば、重大な解釈の方針転換に他なりませんでした。

なぜなら、戦前・戦中の「国体」思想では、多くの文献からの引用で説明した通り、天皇および皇室はあらゆる権威に拘束も制限もされず、「天皇機関説」事件の後は憲法すら実質的に超越して絶対的な力を持つ、文字通り「現人神《あらひとがみ》」あるいは「世界を覆う（一番上の）屋根」のような存在と位置づけられていたからです。

◆国民とは異なっていた天皇の「国体認識」

終戦翌年の一九四六年三月と四月に、昭和天皇が側近五人に語った回想をまとめた『昭和天皇独白録』（文春文庫、一九九五年）によれば、天皇が「戦争で勝利する見込みを失った」のは、一九四三年九月の東部ニューギニア戦（先に触れた、一一万人の日本軍人が餓死した戦場）での日本軍の敗北を聞いた時でした。

天皇は「一度どこかで敵を叩いて速かに講和の機会を得たいと思ったが、独乙〈ドイツ〉との単独不講和の確約〈相手国の承認なしに連合国側と講和しない、という約束〉があるので国際信義上、独乙より先には和を議し度くない。それで早く独乙が敗れてくれゝばいゝと思った程」だったと、戦中に抱いた気持ちを回顧しています。

そして、一九四五年六月にようやく、天皇の意向に従って本格的な和平の打診が連合国側に対してなされ、八月初めに前記したような形での「ポツダム宣言受諾」という結論に達しましたが、天皇は同宣言の受諾を決心した理由について、こう述べています。

『当時私の決心は第一に、このまゝでは日本民族は亡びてしまう、私は赤子《せきし》〈当時の思想では日本国民は天皇の赤子と見なされていた〉を保護することが出来ない。

第二には国体護持の事で木戸〈幸一内大臣〉も同意見であったが、敵が伊勢湾附近に上陸すれば、伊勢熱田両神宮は直ちに敵の制圧下に入り、神器〈天皇の正統性の証とされる、建国神話に由来する鏡・剣・勾玉《まがたま》の三種の宝物で、鏡は伊勢神宮、剣は熱田神宮、勾玉は皇居に置かれている〉の移動の余裕はなく、その確保の見込が立たない、これでは国体護持は難しい、故にこの際、私の一身は犠牲にしても講和をせねばならぬと思った』

この独白録が作られた経緯については、天皇が「戦犯」として訴追されないことを望むＧＨＱの意向も反映していたのではないか、とする説もありますが、いずれにせよ右に引用した記述は、敗戦を目前にした時、天皇が考えていた「国体」が何であるのかという問題について、重要なポイントを示しています。

天皇の考えでは、国民が「一億総玉砕」や「一億総特攻」などせずに生き延びること、そして「三種の神器」が敵に奪われないこと、この二つの条件が満たされるなら、たとえ「天皇および日本国政府の国家統治の権限が、連合国最高司令官に従属する」ことになったとしても、日本の「国体」は護持されることになります。

つまり、天皇の考える「国体」と、天皇以外の当時の日本人、特に戦争指導者が理解していた「国体」には、大きな認識の違いが存在していたのです。天皇は、ポツダム宣言の受諾に際し、自分以外の日本人が「国体」思想の根幹として絶対的な価値を認めていたような「天皇の超越的な地位と権限」には執着しませんでした。

天皇は、先に述べた通り、立憲主義の枠内で天皇のポジションを位置づけるという美濃部達吉の「天皇機関説」にも理解を示し、前記の終戦翌年の談話（『昭和天皇独白録』に収録）では「天皇機関説」や「現人神」について、次のような言葉を語っていました。

『斎藤内閣当時、天皇機関説が世間の問題となった。私は国家を人体に譬《たと》え、天皇は脳髄であり、機関と云う代りに「器官」と云う文字を用うれば、我が国体との関係は少しも差支ないではないかと本庄〈繁〉武官長に話して真崎〈甚三郎教育総監〉に伝えさした事がある。真崎はそれで判ったと云ったそうである。

また現神〈現人神〉の問題であるが、本庄だったか、宇佐美だったか、私を神だと云うから、私は普通の人間と人体の構造が同じだから神ではない。そういう事を云われては迷惑だと云った事がある』

◆占領軍による「軍国主義」と「超国家主義」の排撃

戦艦ミズーリ艦上での降伏調印式から二十日後の一九四五年九月二十二日、アメリカ政府は「降伏後における米国の初期の対日方針」と題した文書を作成し、日本の占領統治を統括する連合国最高司令官ダグラス・マッカーサー元帥とアメリカの関係各省庁に配布しました。

その内容は、日本占領の初期段階における全般的な指針をまとめたもので、目的の一つとして「日本の国民は、個人の自由に対する欲求ならびに基本的人権、特に信教、集会、言論および出版の自由の尊重を増大するよう奨励される」ことを挙げています。

ここで記された「個人の自由（individual liberties）」や「基本的人権（fundamental human-rights)」、「信教、集会、言論および出版の自由 (freedom of religion, assembly, speech, and the press)」の尊重という方針は、以後の占領政策の文書にも繰り返し登場し、やがて戦後日本の価値判断の中核を占めるに至ることになります。

また、この文書では戦後の日本の再軍備を禁止し、戦中の「軍国主義 (militarism)」や「超国家主義 (ultra-nationalism)」の指導者は公職追放とした上で、これらの思想や理念は教育制度から完全に除去しなくてはならないと指示しています。

『理論上および実践上の軍国主義および超国家主義〈準軍事訓練を含む〉は、教育制度より除去されなくてはならない。職業的な元陸海軍将校および下士官ならびに他の一切の軍国主義および超国家主義の推進者は、監督的および教育的地位から排除されなくてはならない』

さらに、アメリカ政府は将来において、宗教を隠れ蓑にして「軍国主義」や「超国家主義」の政治理念が復活する可能性についても懸念し、次のように釘を刺しています。

『宗教的信仰の自由は、占領と共にすぐに宣言されなくてはならない。それと同時に、日本人に対しての超国家主義的・軍国主義的な組織および運動が、宗教という外套 (cloak) の陰に隠れて行われることは許してはならない』

調印式からさらに二か月後の十一月一日に作成された「日本占領および管理のための連合国最高司令官に対する降伏後における初期の基本的指令」においても、「あらゆる形態の軍国主義および超国家主義を排除すること」が重要な目的の一つに挙げられています。これらの文書は、アメリカ政府が「軍国主義」や「超国家主義」を、日本における民主的社会の生成を阻害する要素として警戒していた事実を物語っています。

◆マッカーサーは当時の日本をどう見ていたか

こうした指令を受けた連合国最高司令官マッカーサーは、当時の日本国内の政治的状況や自分のとるべき占領政策について、どんな風に認識していたのでしょうか。

陸軍を退役した後の一九六四年、マッカーサーは「自分の関わった歴史的な出来事を、自分の主観で振り返る」と冒頭で書き記した『マッカーサー回想記』を出版しました（現行の版は『マッカーサー大戦回顧録』津島一夫訳、中公文庫）。あらゆる人物の回想録と同様、彼の書く文章にもさまざまな主観的解釈や自己正当化、美化などが含まれていることに留意しつつ、マッカーサーが終戦直後の日本をどう見ていたのかについて、彼の記した言葉を少し引用してみます。

『日本占領に当ってわれわれは、一九四五年夏の終戦時には想像もしなかったほど大きい問題にぶつかった。日本は二十世紀文明の国とはいうものの、実態は西欧諸国がすでに四世紀も前に脱ぎすてた封建社会に近いものであった。日本人の生活のある面は、それよりもっと古風なものだった。

神人融合の政治形態は西欧社会では三千年の進歩の間にすっかり信用されなくなったものだが、日本ではまだそれが存在していた。天皇は神とみなされ、一般の日本国民はまともに天皇を見つめることすらはばかっていた。この神人一体の天皇は絶対君主であって、その言は動かすべからざるものとされた』

この記述を読むと、文化的に遅れた日本人を見下すような傲慢な印象を受けます。しかしその一方で、同書には「労働の尊厳を認める勤勉さで、国内に資源が乏しいにもかかわらず偉大な産業国家となった」など、日本人に敬意を抱いているような記述もあります。

マッカーサーの言葉は、当時の欧米諸国が日本の政治体制をどのように見ていたのかを控え目に示しているとも言えます。明治時代の日本は、西欧を手本にして西洋文明を積極的に採り入れ、西洋哲学や国際法を熱心に学びました。日清戦争と日露戦争では、政治家も軍人も国際法に基づく行動をとることで、欧米の「先進国」からも一目置かれる「近代国家」へと大きく躍進したはずでした。

ところが、それからわずか三〇年ほどで、日本は再び、アメリカの軍人から「西欧諸国がすでに四世紀も前に脱ぎ捨てた封建社会に近い」と言われてしまう国へと逆戻りしていました。ここで注意すべきは、マッカーサーは日露戦争が終結した直後の一九〇五年十月に、同じく軍人であった父アーサー・マッカーサー（後述）の副官（陸軍中尉）として来日し、明治期の日本と日本軍についての予備知識を持っていたという事実です。

明治時代の日本では、明治天皇の地位は絶対的ではあったものの、際限のない神格化はなされておらず、政治家も軍人も国民も、合理的思考と天皇への崇敬を両立させていました。そんな時代の日本を知るマッカーサーの目には、太平洋戦争期の日本は、精神的には「明治時代より前に退行していた」ように映っていたのかもしれません。

マッカーサーは、戦後の日本に民主的な政治体制を打ち立てるに当たり、先に挙げた指令書で指示されている「軍国主義と超国家主義の排除」に加えて、天皇の神格化されたイメージを完全に打ち消した上で、国の精神的指導者としての天皇を占領軍の「味方」に取り込むことが必要であるとの結論に達しました。そして、それを実現するために二つの重要な政策を実行します。

いわゆる「天皇の人間宣言」と、「神道指令」と呼ばれる国家神道の排撃政策です。

◆父の統治手法を真似たマッカーサーの「天皇政策」

マッカーサーが初めて天皇と面会したのは、先に触れた「降伏後における米国の初期の対日方針」の文書が発行されて五日後の、一九四五年九月二十七日のことでした。

当時マッカーサーが住居としていた、アメリカ大使館内の大使公邸で行われたこの面会で、マッカーサーは自分と天皇が友好的に並んでいる「ツーショット写真」を軍のカメラマンに撮影させ、二日後の九月二十九日にそれを新聞で大々的に発表させました。

マッカーサーの思惑通り、この写真の日本国民に対する政治宣伝の効果は絶大でした。「現人神」である天皇が、占領軍の最高司令官と対等に接していることを知った日本国民は、戦争中には「出てこいニミッツ・マッカーサー、出て来りゃ地獄へ逆落とし」と囃《はや》し立てたマッカーサーを新たな統治者として受け入れ、アメリカ側が最も危惧した日本軍残党による駐留米兵への武力闘争という懸念は完全に払拭されました。

マッカーサーに銃を向けることは、天皇への反逆をも意味するからです。

アメリカが対日戦に勝利した後、占領統治を円滑に進める目的で、天皇に対する国民の敬意を最大限に利用するという方策は、真珠湾攻撃から半年後の一九四二年六月には早くも、米陸軍省の軍事情報部（ＭＩＳ）心理戦課長オスカー・ソルバート大佐らによって提言されており、同年八月にはマッカーサー自身もこの「天皇の政治利用」に関するＭＩＳの文書に意見を寄せ、その有効性に同意を示していました。

マッカーサーの側近（軍事秘書官）である、ＧＨＱのボナー・フェラーズ准将も、天皇を味方につけることが占領政策の成否を左右する鍵であると、マッカーサーに進言していました。

そして、マッカーサーの脳裏にはもう一つ、同じ軍人であった父アーサーがフィリピンでの米比戦争（当時スペイン領だったフィリピンを米国の植民地として獲得した戦い）でとった「紛争収拾の方策」が、重要な「手本」として刻み込まれていました。

マッカーサーは回想録の中で、日本の占領政策立案に「父の手法」を参考にしたことについて、少しだけ触れています。

『私は輝かしい経歴をもつ私の父から教わった教訓、父がフィリピン軍事総督だった時の経験から生れた教訓を、思い起そうとつとめた。〈中略〉最高司令官に任命された瞬間から、私はその後天皇と日本政府の機構を通じて実施しながら進めてゆくための政策を作りあげていた』

アメリカ陸軍第2師団長を務めたアーサー・マッカーサーは、一九〇一年三月にフィリピン独立派ゲリラのカリスマ的指導者エミリオ・アギナルドを捕らえたとの報告を受けると、彼を処刑せず、逆に丁寧に遇して米軍と良好な関係を築いているという「状況」を作り出し、それを宣伝する方策をとりました。その結果、アギナルドを尊敬する各地のゲリラは次々と戦意を喪失して米軍に投降し、米比戦争は急速に沈静化していきました。

マッカーサーは、この父の手法を踏襲し、天皇個人への責任追及や天皇と皇室の廃止を行う代わりに、日本国民から絶大な尊敬を受けている天皇が、米占領当局と良好な関係を築いているという「状況」を作り出すことにしたのです。

◆「現人神」から「人間」となった昭和天皇

天皇制を廃止せず、精神的指導者としての天皇の処刑もせず、日本統治政策を円滑に進めるために活用するというマッカーサーの意向は、結果として天皇の「戦争責任」を追及しようとする他の連合国（ソ連、イギリス、中国、オーストラリアなど）から、昭和天皇を庇護することになりました。

そして、昭和天皇もマッカーサーの占領統治政策を大筋で受け入れ、戦前・戦中の「国体明徴運動」で日本国民の心に深く刻み込まれた「国体」思想と、それに基づく「国家神道体制」を完全に廃棄し、新たな民主主義国家として再スタートするという国の大事業で重要な役割を担うことになります。

そんなマッカーサーと昭和天皇の「共同作業」として行われた、重大な政治的転換の一つが、敗戦翌年の一九四六年一月一日に官報という形で国民に告知された詔書でした。

この詔書には、特に題名が付されておらず、一般的には「新日本建設に関する詔書」または「人間宣言」などの通称で呼ばれていますが、内容は「日本がこれからどのようにして民主主義国家としての復興を進めていくべきか」を、昭和天皇の意向として述べたものでした。

昭和天皇は、冒頭でまず「五箇条のご誓文」を挙げています。これは明治初期の一八六八年に明治新政府が近代国家の体裁づくりの一環として、明治天皇の神への誓いという形式で立憲主義や民主主義の政治理念を五項目に列挙したもので、重要事項を開かれた会議で議論して決める、旧来の封建的な慣習を捨てて普遍的な真理を求める、知識を世界に求める、など、戦後日本の民主化にもそのまま適用できる考え方を紹介していました。

後の一九七七年八月に行った記者会見で、昭和天皇は、この一九四六年元日の詔書で国民に一番伝えたかったのは「日本にも明治時代から、民主主義の価値を認める考え方が存在していた事実」であり、後に述べる「人間宣言」などは二の次であったと説明していま す。詔書の草案自体は、当時の幣原喜重郎《しではらきじゅうろう》首相が作成したものでしたが、「五箇条のご誓文」からの引用は、昭和天皇の強い要望で追記されたと言われています。

昭和天皇は「当然の行いとして、この〈御誓文の〉ご趣旨に則り、旧来の陋習《ろうしゅう》〈悪い習慣〉を去り、民意を暢達《ちょうたつ》〈のびのび育てる〉し、官民挙げて平和主義に徹し、教養豊かに文化を築き、もって民生の向上をはかり、新日本を建設すべし」との言葉により、戦後の日本が「民主的で平和主義の豊かな国」を目指すことを国民に求めています。

そして、自らと国民との「新たな関係」について、昭和天皇は次のような言葉で再定義し、自分を「現人神」と考えるのをやめるよう、国民に伝えました。

『朕《ちん》となんじら国民との間の紐帯は、終始相互の信頼と敬愛とによって結ばれ、単なる神話と伝説とによって生じたものではない。天皇を現御神〈あきつみかみ＝現人神と同意〉と見なし、日本国民は他の民族に優越する民族であるから、世界を支配すべき運命を有している、という架空なる観念に基づくものでもない。〈中略〉

一年の計は年頭にあり。朕は朕の信頼する国民が、朕と心を一つにして、自ら奮い、自ら励まし、この大業〈国の再建〉を成就することをこいねがう』

第2章で紹介した多くの文献を踏まえた上で、この天皇の詔書を読むと、これは天皇の「人間宣言」である以上に、戦前・戦中の日本人を酔わせた「国体」思想を完全否定する内容であることがわかります。

戦前・戦中の日本では「当然の前提」とされた、日本人優越思想とその背景を「単なる神話と伝説」や「架空なる観念」という厳しい言葉を用いて批判し、陋習としての「国体」思想からの訣別を、国民に向けて宣言しています。

[10] 連合軍総司令部（GHQ）による「神道禁止令」

◆GHQは「国家神道」体制をどう見ていたか

天皇の「神格化の否定（人間化）」と並び、マッカーサーが重要な政策と見なしていた「神道の禁止」については、前者ほどにはスムーズに進みませんでした。

いわゆる「人間宣言」の詔書から半月前の一九四五年十二月十五日、GHQは日本政府に対し「神道指令（The Shinto Directive）」と呼ばれる覚書を送りました。

主題として「国家神道、神社神道に対する政府の保証、支援、保全、監督ならびに弘布《こうふ》の廃止に関する件」と記されたこの文書は、戦前・戦中の国家神道体制について「神道の教理や信仰を歪曲して日本国民を欺き、侵略戦争へ誘導するために軍国主義と超国家主義の宣伝に利用した」と断定した上で、そのような神道系施設や団体に対する国からの資金的・人材的サポートを停止することを、日本政府に命じるものでした。

『本指令の目的は、宗教を国家から分離させることにある。また、宗教を政治的な目的に誤用することを阻止し、同じ機会と保護を受ける権利を有する、あらゆる宗教、信仰、信条を、同じ法的根拠の上に立たせるためにある。

本指令は、ただ神道に対してのみでなく、あらゆる宗教、信仰、宗派、信条ないし哲学の信奉者に対しても、政府と特殊な関係を持つことを禁じ、また軍国主義ないし超国家主義的なイデオロギーの宣伝、弘布〈教えを広めること〉を禁ずるものである。

本指令の各条項は、神道に関連する、あらゆる祭式、慣例、儀礼、礼式、信仰、教え、神話、伝説、哲学、神社、物的象徴に、同じ効力をもって適用される。

本指令の中で用いる「国家神道」という語句は、日本政府の法令によって宗派神道あるいは教派神道と区別される神道の一派、すなわち国家神道ないし神社神道として一般に知られている、非宗教的な国家的祭祀として類別される神道の一派を指すものである』

この文面を読むと、ＧＨＱは「国家神道」を、世俗的な信仰としての「神道」とは異質の政治的イデオロギー、あるいは「非宗教的（つまり政治的）な国家的祭祀」の一種と見なし、先に紹介した占領統治方針の一つである「信教の自由」とは完全に切り離して対処しようとしていたことがわかります。

端的に言えば、ＧＨＱから見た「国家神道」は、軍国主義や超国家主義に精神的な裏付けを与える「危険な政治思想」であり、政治との密接な関係性ゆえに「信教の自由」として保護する必要はないと理解していました。そして、信仰としての「神道」を「国家」から明確に切り離して「その軍国主義的あるいは超国家主義的要素を剝奪された後」には、もし信奉者が望むなら「一宗教として認められるであろう」と述べています。

また、「軍国主義的あるいは超国家主義的イデオロギー」という語句については、「以下に挙げる理由をもとに、日本の支配を他国民や他の民族に及ぼそうとする日本人の使命を擁護し、正当化する教え、信仰、理論を包含するものである」と定義しています。

(1) 日本の天皇は、その家系、血統あるいは特殊な起源を持つがゆえに、他国の元首よりも優れているとの教義（doctrine）。

(2) 日本の国民は、その家系、血統あるいは特殊な起源を持つがゆえに、他国民よりも優れているとの教義。

(3) 日本列島は、その神性や特殊な起源を持つがゆえに、他国よりも優れているとの教義。

(4) その他、日本国民を騙して侵略的戦争を始めさせたり、他国民との紛争を解決する手段としての武力の行使を美化するような、あらゆる教義

ＧＨＱはさらに、戦前・戦中の「国家神道」体制において重要な役割を果たした「八紘一宇（The Whole World under One Roof）」や「大東亜戦争（Greater East Asia War）」などの語句の使用を禁止し、さらに思想的教化の影響が大きかった『国体の本義（英語題名 *The*

Fundamental Principles of the National Structure)』や『臣民の道（英語題名 *The Way of the Subject*)』をはじめとする「国体」関係の書物を大量に没収して、これらを頒布禁止（禁書）にしました。

◆官民の神道勢力によるＧＨＱへのリアクション

こうしたＧＨＱの動きに、戦前・戦中の日本で絶大な政治的影響力を保持しながら「国家神道」体制を支えた神道勢力は、どう対応したのでしょうか。

神社本庁（後述）の機関紙『神社新報』（一九四六年七月創刊）が、一九七一年七月に創刊二五周年を記念して刊行した『神道指令と戦後の神道』（神社新報社）によれば、日本の神道組織の有力者たちは、ＧＨＱの「神道指令」が出される数か月も前から、占領軍が日本の「国家神道」を廃止する動きに出ることを予想し、なんとかして「（彼らから見た）ダメージ」を小さく抑える努力を開始していました。

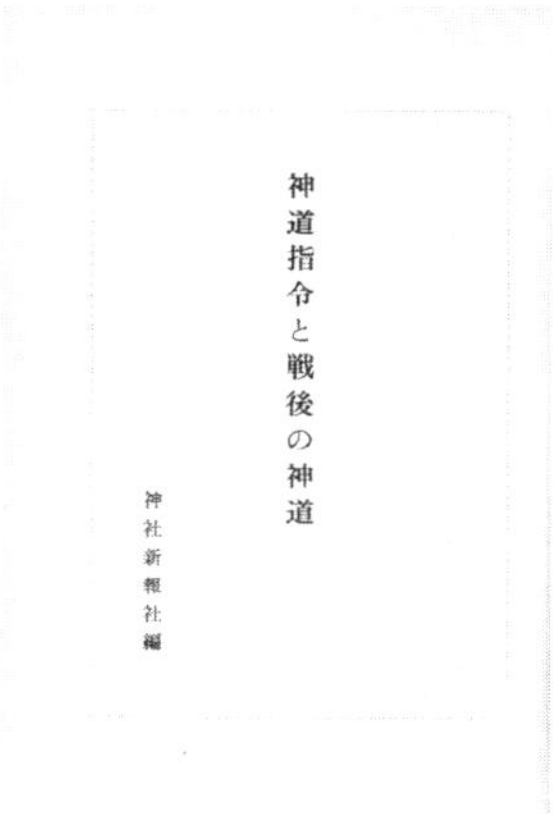

『神道指令と戦後の神道』
神社新報社　1971年

一九四五年十月五日、外務省の政務局は、

アメリカ政府が神話主義（建国神話など）や神社参拝の強制を問題視して、これを廃止させる動きがあるとの情報を入手し、日本政府に警告しました。

一方、神社の監督官庁である神祇院《じんぎいん》（内務省の外局）は、占領軍は必ず神社とそれを取り巻くしきたり等への干渉や廃止要求を突きつけてくるだろうと考え、十月九日に「誤解を解くため」として、以下のような内容の「ＧＨＱへの説明案」を作成しました。

「日本政府が、神道を『国教』と位置づけて特別な支持を与え、国民に強制しているように思われているかもしれませんが、日本の神道は『国教』ではありません。

神社は、行政面でも宗教としては取り扱われておらず、戦争に際して政府が『軍国主義を扇動するために』神社に支出する国費を増額したということもありません。

神社における公の祭祀は、農産の豊饒祈願が主で、また国民の康安を祈念するものであり、侵略的または軍国的内容はありません。戦時中、武運長久または必勝の祈願が行われたことはありますが、時局を反映する臨時の現象でしかありませんでした」

また、神祇院から国費補助を受けていた神道の二つの財団法人、大日本神祇会および皇典講究所と、伊勢神宮信仰の有力神道組織である神宮奉斎会の幹部らは、政府組織とは別のルートでＧＨＱと接触し、神社や神道の生き残りの道を模索していました。

彼らは、伊勢神宮など皇室と縁の深い神社は宮内庁の所管とする案、それ以外の神社は完全に民間の信仰という枠組みで管理し、大日本神祇会が中心となって「神社教」を設立する案など、いくつもの案をＧＨＱ側に打診しました。

しかし、ＧＨＱ側は、神宮の宮内庁移管自体には反対しなかったものの、「国家管理の皇室の廟という位置づけにするなら、一般国民の参拝を許せば政教分離の原則に反する」として、宮内庁に移管して一般国民の参拝を禁じるか、それとも一般国民が引き続き参拝できるよう移管を見送るかだと返答、神道団体側は頭を抱えることになりました。

神祇院とＧＨＱの神社制度の刷新に関する交渉は、十一月二十八日、十二月四日、そして十二月十五日の午前（神道指令が発出される直前）に行われましたが、結局伊勢神宮などの宮内庁移管は行われず、国費で行う予定だった一九四九年の「第五十九回神宮式年遷宮（伊勢神宮の内外両宮の正殿と社殿を造り替える事業）」は、制度と資金の両方の問題から、一時停止されることになりました（四年後の一九五三年に延期されて実行）。

◆ＧＨＱの干渉に強い恨みを抱いた神道勢力

一九四五年末にＧＨＱが発した「神道指令」について、神社新報社の『神道指令と戦後の神道』は、彼らの立場から見て当然のことながら、激しい言葉で批判しています。

『この指令は、日本の神社制度の変革を命じただけでなく、制度とともに日本人の神道的国民意識そのものを決定的に変質させ、革命することを目的とするものであった。

〈中略〉

神道指令は、世界史上比類なき大戦と、その戦勝の威力によって強制されたものであって、その重圧の力は大きかった。この指令のために、洗脳された日本人の存在は、無視しがたい。とくにそれは、占領中に変革された大学、マスコミ等の文化機関や、国家権力の中枢をにぎる政治家、文化人、官僚等の間にいちじるしい』

「GHQに洗脳された日本人」という言葉は、戦後の神道勢力と、戦前・戦中の「国家神道」の価値観を戦後もなお継承する政治家および市民に共通する、GHQと神道指令への強烈な「恨み」を象徴するキーワードです。

戦前・戦中の日本においては、天皇の祭祀と密接な関係を持つ神道勢力は、事実上国と一体化して「国家神道」の体制を精神面で支える重要な役割を担っていました。「国体明徴」運動の高まりによって、天皇の威光が際限なく高まるほど、神道勢力の社会的地位と影響力も高まり、特に日本国民の意識における靖国神社の地位は、明治や大正期とは比べものにならないほど上昇しました。

そうした彼らにとって、戦前・戦中の「国家神道」体制の核心とも言える「神道」に、占領軍である外国人の手が突っ込まれ、実質的な政治的制度としての「国家神道」体制が解体されるという事態は、軍人にとっての軍事的な敗戦とは違った意味での「屈辱的な精神的敗戦」に他なりませんでした。

特に、戦前・戦中の「国体明徴」運動が全面的に否定した、個人主義などの「西洋的価値観」への屈服は、神道勢力にとって受け入れがたいもので、それに同調する政治家や文化人、官僚、大学なども、彼らの目から見れば「日本精神を捨てた裏切り者」でした。

先の引用文で「洗脳」という言葉を使っている事実が示すように、神道勢力は敗戦後もなお、戦前・戦中と同様の思想や価値判断の存続こそが「本来あるべき日本の姿」であると理解し、その邪魔をするＧＨＱを「敵」と見なし続けていました。

こうしたＧＨＱに対する神道勢力の憎悪は、「神道指令」に続いて次々と打ち出された「国家神道否定」の占領統治政策によって、さらに高まりました。

一九四五年十二月三十一日、ＧＨＱは「軍国主義的および超国家主義的な観念を教科書に織り込んで、それを生徒の頭脳に植え込もうとしている」との理由で、国定教科書と文部省認定教科書を用いた修身、日本歴史、地理の教科を停止するよう命じると共に、これらの学科に用いる新たな教科書改定案を提出するよう、日本政府に命令します。

残された教科書も、「国家神道」に繋がる箇所はスミで黒く塗りつぶされ、教室や校庭など学校内にあった神道関連の書画、銅像、石碑、神棚などは全て撤去され、ＧＨＱが危険と見なした数万人の教師が追放されました。

◆「神祇院」の廃止と「神社本庁」の創設

年が明けた一九四六年二月二日、宗教法人令の改正が行われ、神祇院という組織と神社支援関係の諸法令が廃止されました。皇室の宮中祭祀は「天皇の私的行為」という形式で存続を許されたものの、「皇室神道」は国の政治とは完全に切り離されました。

これにより、明治から戦前・戦中に至る時期の日本で「国家神道」体制を行政面で支えてきた神道関係の諸制度は、その幕を閉じることとなりました。しかし、「国家神道」の政治理念が、これによって完全に消滅したわけではありませんでした。

その翌日(二月三日)、先に述べた大日本神祇会、皇典講究所、神宮奉斎会の三団体が合同して、新たな宗教法人令に基づく宗教法人「神社本庁」を発足させました。

この組織の設立準備は、先に述べたGHQとの交渉と並行して、一九四五年十一月中旬から進められ、準備の初期段階では「神祇庁」という仮称が用いられていました。

そして一九四六年一月十八日の会議で、新団体の名称を「神社本庁」とすることが決定し、一月二十三日に開かれた「神社本庁創立総会」で、正式に設立が決定しました。

神社本庁は、伊勢神宮をその頂点とし、全国の神社のネットワークを統括する神社連盟の指導的組織として、文部省の所管する宗教法人に認定されました。各地の神社が、神社本庁の傘下に入るかどうかは、それぞれの神社の判断に任されましたが、ほとんどの神社(約七万八千社)は神社本庁の機構に加わる決定を下しました。

敗戦直後の日本では、GHQの占領政策との関連で、国民の「神社離れ」が急速に進んでおり、地方の中小の神社は、単独では存続すら危ぶまれる状況に直面していました。戦前・戦中には、ほとんどの神社の境内地は国有地でしたが、神社本庁は、GHQとの交渉により、それらの土地の各神社への「無償譲渡」や「安価での払い下げ」に尽力し、廃止の危機に瀕していた中小の神社を救う役割を果たしました。

一方、日本軍の戦争遂行と密接な関係を持っていた、靖国神社と各地の「護国神社」については、例外的に境内地の国からの譲渡はＧＨＱの占領が続く間は認められませんでした。一九五一年にサンフランシスコ講和条約が締結された後、ようやく靖国神社への国有地の譲渡が実現しましたが、靖国神社は神社本庁には加わらず、独立した宗教法人として存続することになりました。

◆戦後日本の指針となる「日本国憲法」の公布と施行

こうした空気の中、神社本庁の発足から九か月後の一九四六年十一月三日、明治以来の日本の憲法であった「大日本帝国憲法」に代わる、新たな憲法として「日本国憲法」が公布され、翌一九四七年五月三日に施行されました。

この日本国憲法は、当時まだ日本を統治していたＧＨＱ、つまりアメリカ政府の意向を色濃く反映したもので、戦後の日本がアメリカと「価値観を共有する国」になることを阻害するような条文は、一切含まれていませんでした。

第1章で触れた戦争放棄の「第九条」は、とりわけ広く知られた日本国憲法の条文ですが、将来の「国家神道」の再興を防止する意図にも関連する条文には、以下のようなものがあります。

第一条　天皇は、日本国の象徴であり日本国民統合の象徴であって、この地位は、主権の存する日本国民の総意に基づく。

第十一条　国民は、すべての基本的人権の享有を妨げられない。この憲法が国民に保障する基本的人権は、侵すことのできない永久の権利として、現在及び将来の国民に与えられる。

第十三条　すべて国民は、個人として尊重される。生命、自由及び幸福追求に対する国民の権利については、公共の福祉に反しない限り、立法その他の国政の上で、最大の尊重を必要とする。

第十九条　思想及び良心の自由は、これを侵してはならない。

第二十条　信教の自由は、何人に対してもこれを保障する。いかなる宗教団体も、国から特権を受け、又は政治上の権力を行使してはならない。

(2)　何人も、宗教上の行為、祝典、儀式又は行事に参加することを強制されない。
(3) 国及びその機関は、宗教教育その他いかなる宗教的活動もしてはならない。

第二十一条　集会、結社及び言論、出版その他一切の表現の自由は、これを保障する。
(2) 検閲は、これをしてはならない。通信の秘密は、これを侵してはならない。

第二十三条　学問の自由は、これを保障する。

第八十九条　公金その他の公の財産は、宗教上の組織若しくは団体の使用、便益若しくは維持のため、又は公の支配に属しない慈善、教育若しくは博愛の事業に対し、これを支出し、又はその利用に供してはならない

第一条は「天皇の超越的権限を否定し、国の主権が国民にあること」、第十一条と第十三条は「一人一人の国民は基本的人権を持つ個人として尊重され、天皇や天皇を頂点とする国家体制への献身や犠牲を強要されないこと」、第十九条は「戦前・戦中の『国体』思

想のような特定の政治思想を国民が押し付けられないこと」、第二十条は「一宗教となった神道の信仰や神道の行事への参加を国民が強制されず、国も神道に繋がる活動を行えないこと」、第二十一条と第二十三条は「戦前・戦中の『国体』思想や天皇の憲法上の地位についても、国民が批判的に研究して自由に意見を発表できること」、第八十九条は「政府は神道勢力への公金による支援を行えないこと」を、条文の意味に含める形となっていて、将来の「国家神道」の復活を阻むハードルにしていると読み解くことも可能です。

◆「日本国憲法」を「神道指令の恒久化」と捉えた神道界

マッカーサーは前記した回想録の中で、日本の「神道」についての認識を、次のように述べています。

『私は占領当初から全日本国民に信仰の自由を保障したが、日本にほんとうの宗教的な自由をうち立てるためには、まず古くて、うしろ向きで、国の管理と補助を受けている神道を徹底的に改革する必要があることがわかっていた。

天皇自身が神道の中心で、未開時代からの神話的な教義によって、神である先祖の歴代の天皇から独特の精神的な権力を受継いでいた。日本国民は、天皇は神であり、天皇に生命をささげることがすべての臣下の最高の生活目的だと教えられていた。日本を戦争に導いた軍部はこの信仰を利用し、占領当初もまだ国家が神道に補助を与えていた。

一九四五年十一月、私は神学上の攻撃を加えることは避けながら、神道に対する国家補助の停止を指令した』

これに対し、日本の神道界を代表する神社本庁（および神社新報社）は、前掲書『神道指令と戦後の神道』の中で、以下のような言葉で「占領軍の目論見」を批判しています。

『占領軍は、神道指令ののち、日本国憲法の制定を日本政府に強制したが、その第二十条および第八十九条に「信教自由・政教分離」を柱とする宗教規定を掲げさせた。その条文には神道の語は一語もないが、この規定によって神道指令の趣旨が完全に制度化され、国家神道の復活を抑止できる、と占領軍が考えていたことはまちがいない。

この認識は、日本の憲法学者一般も同様で、すでに美濃部達吉「新憲法概論」や法学協会「註解日本国憲法」等々によって、第二十条、第八十九条の宗教規定が神道指令を基礎に、その再確認として立法されたことが指摘されている』

つまり、日本国憲法の条文に込められた「政教分離」の原則は、GHQの占領統治が終了した後も、先の「神道指令」の効果を永続的に日本社会へ及ぼし、国家神道の復活を阻止しようとするアメリカ政府の政治的策謀であると、神社本庁は理解していました。それは「国家神道の復活を抑止できる、と占領軍が考えていたことはまちがいない」という文面からも明らかでしょう。

この『神道指令と戦後の神道』において、神社新報社は、建国神話をはじめとする神道の歴史認識と現実理解が、戦前・戦中に「国体」思想の根本であったこと、それが戦争遂行で最も重要な「合理的思考」を戦争指導部や軍人、国民に失わせて、多くの日本人と外国人の命を奪う結果になったという歴史的な事実やその反省には特に触れていません。

そこに書かれているのは、占領軍による「不当な神道弾圧」と「理不尽な神道指令」、そして「主権回復後も神道指令の趣旨を埋め込まれた日本国憲法に対する敵意と憎悪」であり、全体として「自分たちは被害者である」とのトーンで貫かれています。

また、『神道指令と戦後の神道』は、日本国憲法の成立過程についても「日本の美風伝統の保持とは正反対の、日本を弱体化させる占領軍の意図に基づくもの」「わずか一週間で作成されたマッカーサー草案」など、現在の憲法改正の議論でもよく見かける論法を用いて、厳しく批判していました。

［11］「民主主義」という新たなＯＳ

◆文部省が中高生向けに刊行した「民主主義の教科書」

日本国憲法の施行から一年五か月後の一九四八年十月、文部省は中学・高校生向けの教科書『民主主義』を刊行し、全国の学校に配布しました。

この教科書は、法学者の尾高朝雄《おだかともお》が中心となって編集された上下二巻の構成で、内容は戦後の日本国民が、戦前・戦中の「国体」に代わる国の基本的な枠組みとして、どのように「民主主義」を実践すべきかについて、平易な文章で説明したものです。

例えば、第1章「民主主義の本質」では、民主主義を単に「政治形態」として形式的に捉えるのではなく、まずは根本精神を理解することから始めるのが重要であるとして、以下のように説いています（以下、引用は一九五〇年一月の第三版より）。

『民主主義の根本精神は何であろうか、それは、つまり、人間の尊重ということにほかならない。

人間が人間として自分自身を尊重し、互いに他人を尊重しあうということは、政治

『民主主義』　文部省　1948年

上の問題や議員の候補者について賛成や反対の投票をするよりも、はるかに大切な民主主義の心構えである。

そういうと、人間が自分自身を尊重するのは当たり前だ、と答える者があるかもしれない。しかし、これまでの日本では、どれだけ多くの人々が自分自身を卑しめ、ただ権力に屈従して暮らすことに甘んじてきたことであろうか、正しいと信ずることをも主張しえず、「無理が通れば道理引っ込む」と言い、「長いものには巻かれろ」と言って、泣き寝入りを続けてきたことであろうか。

それは、自分自身を尊重しないというよりも、むしろ、自分自身を奴隷にしてはばからない態度である。人類を大きな不幸に陥れる専制主義や独裁主義は、こういう民衆の態度をよいことにして、その上にのさばり返るのである。だから、民主主義を体得するためにまず学ばなければならないのは、各人が自分自身の人格を尊重し、自らが正しいと考えるところの信念に忠実であるという精神なのである』

つまり、一人一人の国民が、思考や価値判断を自分の所属する「集団」に委ねず、個人として主張や判断、行動を行うことこそが「民主主義」であると説明しています。

◆「非民主的」政治思想への警戒と「言論の自由」の価値

文部省の『民主主義』は、戦前・戦中の「国家神道」体制を念頭に置く形で、民主主義を脅かす「非民主的」な政治思想の誘惑への警戒を、次のように生徒に教えています。

『文明が向上し、人知が発達してくるにつれて、専制主義や独裁主義のやり方もだんだんと上手になってくる。独裁者たちは、かれらの貪欲な、傲慢な動機を露骨に示さないで、それを道徳だの、国家の名誉だの、民族の繁栄だのというよそいきの着物で飾る方が、一層都合がよいし、効果も上げるということを発見した。〈中略〉

独裁政治を利用しようとする者は、今度はまたやり方を変えて、もっと上手になるだろう。今度は、誰もが反対できない民主主義という一番美しい名前を借りて、こうするのがみんなのためだと言って、人々を操ろうとするだろう。

弁舌でおだてたり、金力で誘惑したり、世の中をわざと混乱に陥れ、その混乱に乗じて上手に宣伝したり、手を変え、品を変えて、自分たちの野望をなんとかものにしようとする者が出てこないとは限らない』

そして、文部省は「日本国憲法」の第二十一条に記された「言論の自由」についても、それがどのような価値を持つものなのかを、わかりやすく解説しています。

『民主主義が重んずる自由の中でも、とりわけ重要な意味を持つものは、言論の自由である。事実に基づかない判断ほど危険なものはないということは、日本人が最近の不幸な戦争中いやというほど経験したところである。ゆえに、新聞は事実を書き、ラジオは事実を伝える責任がある。

国民は、これらの事実に基づいて、各自に良心的な判断を下し、その意見を自由に交換する。それによって、批判的に物事を見る目が養われ、政治上の識見を高める訓練が与えられる。正確な事実について活発に議論を戦わせ、多数決によって意見の帰一点を求め、経験を生かして判断の間違いを正していく。〈中略〉

これに反して、独裁主義は、独裁者にとって都合のよいことだけを宣伝するために、国民の目や耳から事実を覆い隠すことに努める。正確な事実を伝える報道は、統制され、差し押さえられる。そうして、独裁者の気に入るような意見以外は、あらゆる言論が封ぜられる』

◆全面的に見直された「個人」と「個人主義」の価値

第２章で紹介した書物に書かれていたように、戦前・戦中の「国体」思想においては、「個人」という認識は「西洋由来の思考」だとして全否定され、日本の国民は「個人」ではなく、天皇のために奉仕・献身し、必要なら喜んで犠牲になる「大きな集団の中の一部（分）」であることが正しいあり方だと見なされていました。

しかし文部省の『民主主義』は、これと正反対です。つまり独立した思考を持つ「個人」の価値を、欧米の民主主義諸国と同様、社会の上位に置く考え方を示しています。

『全体主義の特色は、個人よりも国家を重んずる点にある。世の中で一番尊いものは、強大な国家であり、個人は国家を強大ならしめるための手段であると見る。独裁者はそのために必要とあれば、個人を犠牲にしても構わないと考える。〈中略〉

つまり、全体主義は、国家が栄えるにつれて国民が栄えるという。〈中略〉

これに反して、民主主義は、国民が栄えるにつれて国家も栄えるという考え方の上に立つ。民主主義は、決して個人を無視したり、軽んじたりしない。それは、個人の価値と尊厳とに対する深い尊敬をその根本としている』

『独裁主義が民主主義に対して非難を加えるもう一つの点は、「個人主義」である。

民主主義は、全ての人間を個人として平等に尊重し、他人の自由を侵さない限りにおいての各人の自由を保障する。しかし、独裁主義者に言わせると、各個人がそれぞれその自由を主張し、勝手に自分たちの利益を求めることを許すと、社会全体の統一が乱れ、国家や民族の利益がないがしろにされる』

このように、敗戦直後の文部省は、戦前・戦中の「国体」思想に基づく価値判断の基準を真っ向から否定し、戦後の日本は「国家」ではなく「個人」を重視し尊重するという方針を、『民主主義』という教科書を通じて生徒たちに教育しました。

◆不完全な結果に終わった「民主主義によるOSの再インストール」

一九四七年五月に施行された「日本国憲法」と、一九四八年十月に文部省が刊行した教科書『民主主義』は、戦前・戦中の「国家神道」という「国のOS（オペレーティング・システム）」を削除し、戦後の「民主主義」という新しいOSを「再インストールする」ための有効な手段となるはずでした。

しかし、一九四〇年代後半に顕在化した国際情勢の大きな変化により、この更新作業は中途半端な形で中止させられてしまいます。その国際情勢の変動とは、米ソ二つの超大国の軍事・政治・経済面での対立を軸とする、いわゆる「東西冷戦」の始まりでした。

第二次世界大戦の終結と共に、ヨーロッパのファシズム勢力（ドイツ・イタリア）とアジアの大日本帝国が敗北して姿を消した後、世界はアメリカを中心とする「自由主義陣営

（西側）」と、ソ連を中心とする「共産主義陣営（東側）」の二極対立の時代へと移り変わっていました。

この冷戦の構図において、ヨーロッパでは敗戦国ドイツが文字通り東西二つの国に分裂し、アジアでは朝鮮半島が、ソ連の影響下にある「北朝鮮（朝鮮民主主義人民共和国）」とアメリカの影響下にある「韓国（大韓民国）」に分裂する形で、東西対立の最前線が形成されていました。

終戦から五年後の一九五〇年六月、日本がいまだ主権を回復できず連合国の占領統治下にある中で、北朝鮮軍の韓国への軍事侵攻と共に「朝鮮戦争」が勃発。アメリカは「国連軍」という形式で米軍主体の多国籍軍を韓国の救援に派遣すると共に、朝鮮半島に近い日本についても、早く占領を終わらせて独立を回復させた上で、アメリカの同盟国として「冷戦」の西側陣営に組み込む方針へと、統治政策の大転換を図りました。

つまり、戦後の日本社会に理想的な「民主主義体制」を時間をかけて構築することよりも、冷戦構造の一翼を担う同盟国の一群に日本を加えることが先だという、冷戦構造での西側の利益を優先する方向に、アメリカ政府の方針が大きく傾いていったのです。

そして、東西冷戦は、政治や経済面だけでなく軍事的な対立でもあり、アメリカ政府は「日本国憲法」の第九条で「陸海空軍その他の戦力は、これを保持しない」と定めた日本についても、米軍の補助的な役割を果たす小規模な戦力を持たせた方が望ましいとの考えを持つようになります。

その意向に沿う形で、一九五〇年八月（朝鮮戦争勃発の二か月後）にGHQの政令で創設が決まったのが、現在の自衛隊の前身組織である「警察予備隊」でした。当時、日本にはアメリカ陸軍の四個師団が駐留していましたが、これらの部隊が朝鮮半島の戦場へと送られた後、日本国内の治安維持を米軍に代わって行うことが、その主要な任務でした。

◆冷戦初期の利害一致が生んだ「親米右派」の台頭

このようなアメリカ政府の「対日政策の大転換」は、日本における「国家神道」体制の再興を阻止するという占領政策にも、大きな影響を及ぼしました。

具体的には、当初は戦前・戦中の「国家神道」体制下で戦争遂行に積極的な役割を果たした軍人などが標的だった公職追放の対象者が、冷戦の本格化と共に、「東側」の思想に同調する共産主義や社会主義の政治活動家へと切り替わり、GHQは神道勢力よりも日本共産党や労働組合などを敵視するようになっていきました。

これに伴い、日本国内では戦前・戦中の「国家神道」の思想を継承する「愛国者」の政治結社（いわゆる「右翼団体」）が、GHQの黙認下で次々と結成され、一九五一年には後に「反共右派」の有力組織へと拡大する「大日本愛国党」が設立されました。同組織の初代総裁は、赤尾敏《あかおびん》という、GHQの公職追放を解かれて間もない元国会議員でした。

GHQは、日本国内での「親共産主義勢力」の拡大を阻止するのと引き換えに、こうした「反共親米右派」の政治団体が、天皇の崇拝や建国神話などの「国家神道」を連想させる政治思想を声高に唱えることを容認しました。

数年前までは「憎き敵国」であったはずのアメリカを、「愛国者」を名乗る日本人が味方と見なし、アメリカ政府の対日政策を全面的に受け入れるという構図は、それだけを切り取って見ると理解が困難ですが、その発端は、東西冷戦の初期段階で生じた、アメリカ政府と日本国内の右派系政治勢力の利害の一致でした。

一九五一年九月八日、日本と連合国の戦争終結を正式に定める「対日平和条約（通称サンフランシスコ講和条約）」の調印式が、米国西海岸のサンフランシスコで執り行われ、講和会議の終了後には、サンフランシスコ郊外のプレシディオ陸軍基地内にある下士官集会室で、日米安全保障条約（安保条約）が調印されました。

日本を軍事的同盟国として冷戦構造に組み込む、この二番目の調印式こそ、アメリカ政府が望んだ重要な「成果」に他なりませんでした。

一九五二年二月二十八日には、東京で「日米行政協定」と呼ばれる合意文書（のちの日米地位協定）が両国政府代表によって取り交わされました。その内容は、先の安保条約で定められた「日本国内における米軍の駐留承認」を一歩進めたもので、日本政府による駐留米軍への基地提供や、駐留米軍人とその家族に対する刑事裁判の治外法権などを認めていました。

日本国内における外国軍の治外法権を認めるこの協定は、岩倉具視をはじめとする明治時代の日本の指導者が改正に尽力し、明治・大正期に解消した「欧米列強との不平等条約の復活」に他なりませんでした。しかし、日本の「反共親米右派」の愛国者組織は、これを「屈辱」とは考えず、逆にアメリカの側に立って批判勢力を攻撃しました。

二か月後の四月二十八日、サンフランシスコ講和条約が正式に発効し、日本は太平洋戦争の敗北によって保留されていた主権を名目的に回復します。しかし、その「主権回復」は、自動的に「アメリカ陣営」の一員として、アジア極東地域における東西冷戦に加わるとの条件で実現したものであり、後の再軍備（自衛隊の創設）も含め、独立国家としての本質的な意味での「主権」が完全に回復したわけではありませんでした。

かつて、米英の植民地だったフィリピンやビルマが、太平洋戦争中に侵攻・占領した日本の支配下で名目的な独立を認められた後も、日本政府の意向から外れた行動を許されなかったのと同様、戦後の日本もアメリカ政府の利益を大きく損なわない形でしか、外交などの政策を行えない状況に置かれました。

そして、天皇崇拝や靖国神社参拝などの「国家神道」の時代に盛んだった思想文化は、敵意の矛先を「現在のアメリカには向けない」との暗黙の了解の下に、日本国内で生き延びることをアメリカ政府も（かつてのGHQとは対照的に）黙認する形となりました。

戦前・戦中の価値判断を継承する「国家神道」の思想文化は、表向きには「民主主義」となった戦後の日本社会の深層で脈々と生き続けましたが、「日本国憲法」で定められた政教分離の原則（第二十条および第八十九条）によって、国政の中枢に及ぼす政治的影響は、大勢を左右しない限定的なものに留まっていました。

しかし、主権回復から六〇年後の二〇一二年十二月に行われた第四六回衆議院議員選挙で、自民党が大勝して政権交代がなされると、国政の中枢部の様相が大きく変容します。

安倍晋三首相をはじめ、閣僚のほとんどが「国家神道」に近い思想文化を重んじる政治団体の所属議員で占められ、靖国神社への積極的な参拝や、戦争中の日本の「負の歴史」の否認など、戦前・戦中の政治思想を手本とするような言説が、堂々と議員の口から語られるようになったのです。

次の第4章では、第二次安倍政権発足を機に、いよいよ国政の中枢へと影響力を及ぼすようになった二つの「国家神道」に近い思想文化を重んじる政治勢力（神道政治連盟と日本会議）に光を当て、安倍政権が次々と打ち出す重要政策と、これらの政治勢力の掲げる主張の一致について、具体例を挙げながら見ていくことにします。

第4章
安倍政権下で再発した「大日本病」

[12] 第二次安倍政権と宗教的政治団体のかかわり

◆即座に安倍政権の本質を見抜いたイギリスのメディア

サンフランシスコ講和条約の発効から、ちょうど六〇年目に当たる二〇一二年十二月二十六日、第二次安倍内閣が発足しました。

安倍晋三首相は、かつて二〇〇六年九月から約一年間、首相を務めた経験がありましたが、二〇〇七年九月に体調不良を理由に退陣し、同じ自民党の福田康夫議員に首相の座を明け渡していました。

第二次安倍内閣発足から十日後の二〇一三年一月五日、イギリスの高級週刊紙『エコノミスト』は、日本の新たな政権について「バック・トゥー・ザ・フューチャー（未来への回帰）」というタイトルの記事を公開しました。

有名な娯楽映画にちなんだタイトルですが、記事では安倍政権の新たな閣僚たちが、実は未来志向とは対極の方角を向いていることを、以下のように鋭く指摘していました。

『安倍内閣の閣僚一九人の顔ぶれは、彼が長期的にどんな方向性を目指しているのかを示している。一四人は、戦後に戦犯として処刑された戦争指導者を顕彰する、物議を醸す東京の神社に参拝する「みんなで靖国神社に参拝する国会議員の会〈the League for Going to Worship Together at Yasukuni〉」の会員である。

一三人は、日本の「伝統的価値観」への回帰を提唱し、戦争中の日本の犯罪的行為に対する「謝罪外交〈apology diplomacy〉」を拒絶する、国家主義者のシンクタンク「日本会議」を支持している。九人は、軍国主義時代の日本を美化した歴史を学校で教えるよう求める議員連盟〈日本の前途と歴史教育を考える議員の会〉に所属している。

彼らは、日本が戦争中に犯した残虐行為のほとんどを否認する。〈中略〉

この新政権を「保守的」と評したのでは、本当の性質を捉えることは難しくなる。これは、過激な国家主義者の政権である』

正確には、閣僚が支持（所属）しているのは「日本会議」ではなく、その組織の関連団体である「日本会議国会議員懇談会」であり、日本会議という組織も「シンクタンク」ではなく形式上は「政治的な任意団体」です。

発足から二〇一五年八月までの約二年半のうちに、日本の安倍政権は「慰安婦問題」の否認や靖国神社への参拝、そこに祀られる東條英機の戦争政策を否定しない態度などから、海外のメディアから「歴史修正主義者（historical revisionist）」と評されることがたびたびありました（二〇一三年十二月二十六日放送の英ＢＢＣニュースほか）。

そのため、菅義偉《すがよしひで》官房長官は、二〇一五年三月二十四日に行われた記者会見で、「総理が歴史修正主義者だという見方が米国の一部にある」との質問に対して「総理は歴史修正主義者ではない」と否定することを迫られました（同日付時事通信の報道）。

これらの事実を踏まえた上で、この『エコノミスト』紙の記事を読むと、第二次安倍政権の進む方向性を的確に予見した内容だと言えます。

日本の「伝統的価値観」への回帰という形式をとりつつ、実際には戦前・戦中の国家体制を肯定・顕彰し、当時の犯罪的行為を否認する態度は、安倍政権が持つ政治的な特徴の一つであり、それゆえに韓国や中国との関係も急速に悪化して、日韓や日中の首脳会談がほとんど行われない異常な事態となっています。

太平洋戦争期には日本の「敵国」であったイギリスの『エコノミスト』紙の記事に示されているのは、現在の日本の政権が外部からはどう見えているのか、という「客観的視点」からの情報であるのと同時に、日本の現政権が「戦前・戦中の日本と価値観を共有する傾向を持つ」事実についての読者への注意喚起でもあります。

しかし、第二次安倍内閣が発足した時、日本会議やその他の「国家主義的」な政治団体と政権の密接な関係をきちんと報道した日本の大手メディアは皆無でした。

日本のメディアは、新内閣が発足するたびに行われる「何々内閣」というネーミング競争をお祭り的に囃《はや》し立てましたが、より本質的な「日本会議」やその他の政治団体と首相および閣僚との深い関係については、まったく触れずに済ませていました。

◆日本会議の思想と戦前・戦中の「国体明徴」思想の共通点

英『エコノミスト』紙が言及した日本会議は、一九九七年五月三十日に設立された組織で、公式ホームページでは「私たちは、美しい日本の再建と誇りある国づくりのために、政策提言と国民運動を推進する民間団体です」と説明しています。

しかし、設立の経緯を見ると、この団体がありふれた市民団体ではないことがわかります。日本会議は「日本を守る会」と「日本を守る国民会議」という、二つの団体が合同する形で誕生しましたが、前者は一九七四年四月二日に、戦前・戦中の価値観に近い政治思想を共有する宗教団体や修養団体が合同で設立した政治運動組織で、後者は一九八一年十月二十七日に、戦後の国家体制を否定的に捉える反共の民族派（右派）組織「日本青年協議会」や保守系文化人などが創立した政治運動組織でした。

日本会議は、本体の設立とほぼ同時（一九九七年五月二十九日）に「日本会議国会議員懇談会」という議員連盟を立ち上げていますが、この事実が物語るように、きわめて政治性の高い「国民運動団体」です。一九九七年五月の設立大会では、次のような設立宣言が読み上げられました。

『我が国は、古より多様な価値の共存を認め、自然との共生のうちに、伝統を尊重しながら海外文明を摂取し同化させて鋭意国づくりに努めてきた。明治維新に始まるアジアで最初の近代国家の建設は、この国風の輝かしい精華であった。

また、有史以来未曽有の敗戦に際会するも、天皇を国民統合の中心と仰ぐ国柄はいささかも揺らぐことなく、焦土と虚脱感の中から立ち上がった国民の営々たる努力によって、経済大国といわれるまでに発展した。

しかしながら、その驚くべき経済的繁栄の陰で、かつて先人が培い伝えてきた伝統文化は軽んじられ、光輝ある歴史は忘れ去られまた汚辱され、国を守り社会公共に尽くす気概は失われ、ひたすら己の保身と愉楽だけを求める風潮が社会に蔓延し、今や国家の溶解へと向いつつある。〈中略〉

我々は、かかる時代に生きる日本人としての厳しい自覚に立って、国の発展と世界の共栄に貢献しうる活力ある国づくり、人づくりを推進するために本会を設立する。ここに二十有余年の活動の成果を継承し、有志同胞の情熱と力を結集して広汎な国民運動に邁進することを宣言する』

ここに書かれている内容は、第2章で紹介した「国体明徴《めいちょう》運動」に関連する多くの書物の内容と、多くの点で一致しているように見えます。

明治維新以来、日本は海外文明を摂取し同化させて繁栄したが、その陰で伝統文化が軽んじられ、国への献身の気概が無くなり、己の保身と愉楽だけを求める（個人主義的な）風潮が社会に蔓延している。このままでは、国が溶解してしまう――。

この現状認識は、日本会議の政治的な方向性が、戦前・戦中の「国体明徴運動」にきわめて近いものであることを示していると言えます。

◆日本会議が掲げる「六つの目標」

日本会議の公式ホームページには、同団体が目指す具体的な目標として、以下の六項目が挙げられています（二〇一八年三月五日現在）。

1　美しい伝統の国柄を明日の日本へ
2　新しい時代にふさわしい新憲法を
3　国の名誉と国民の命を守る政治を
4　日本の感性をはぐくむ教育の創造を
5　国の安全を高め世界への平和貢献を
6　共生共栄の心でむすぶ世界との友好を

最初の「美しい伝統の国柄を明日の日本へ」という表題の項目では、「皇室を敬愛する国民の心は、千古の昔から変わることはありません」「一二五代という悠久の歴史を重ねられる連綿とした皇室のご存在は、世界に類例をみないわが国の誇るべき宝というべきでしょう。私たち日本人は、皇室を中心に同じ民族としての一体感をいだき国づくりにいそしんできました」とあるように、天皇を中心とする社会を「日本の本来あるべき姿」と見なす、戦前・戦中の価値観への回帰をアピールしています。

文中の「世界に類例をみない」とは戦前・戦中の「万邦無比」とほぼ同じ意味で、「国柄」も戦前・戦中には「国体」の説明に使われた言葉でした。一二五代の皇室という説明も、建国神話を「事実」と見なす歴史解釈に基づいており、全体としては戦前の『国体の本義』などで示された天皇観や日本観を、現代に甦らせたものだと言えます。

そして、同じ項目では「私たちは、皇室を中心に、同じ歴史、文化、伝統を共有しているという歴史認識こそが、『同じ日本人だ』という同胞感を育み、社会の安定を導き、ひいては国の力を大きくする原動力になると信じています」と説明していますが、これは見方を変えれば、価値観や歴史認識を共有しない人間には「同じ日本人だという同胞感を抱かなくてもよい」という、排他的な考え方につながるようにも受け取れます。

戦後の日本は、戦前・戦中の「国体」思想を実質的に否定した民主主義の体制下で「高度経済成長」を成し遂げ、「目覚ましい文化的・経済的発展を遂げた」成功例であると、国際的には見なされているはずですが、そうした「事実」には特に触れていません。

二番目の「新しい時代にふさわしい新憲法を」という項目では、現行の日本国憲法について「自国の防衛を他国に委ねる独立心の喪失、権利と義務のアンバランス、家族制度の軽視や行きすぎた国家と宗教との分離解釈」などの理由で否定的見解を表明した上で、彼らの考えるところの「日本文化」に適合した新しい憲法を、日本人自身の手で作り直そうと訴えています。

ここで注目すべきは、「行きすぎた国家と宗教との分離解釈」を、新しい憲法では「是正すべきだ」と提唱していることです。日本会議の役員一覧には、多くの宗教団体、とりわけ神社本庁をはじめとする神道系団体の指導者が名を連ねていますが、こうした主張は第3章で述べた「GHQの神道指令に対する恨みの感情」にも通じるものがあります。

四番目の「日本の感性をはぐくむ教育の創造を」という項目では、戦後の日本で行われた教育について「行きすぎた権利偏重の教育、わが国の歴史を悪しざまに断罪する自虐的な歴史教育、ジェンダーフリー教育の横行は、次代をになう子供達のみずみずしい感性をマヒさせ、国への誇りや責任感を奪っています」と全否定しています。

それへの対処として提唱されるのは、彼らの考えるところの「日本文化」に適合した形での、新しい歴史教育や家族観の形成、公共への奉仕義務といった考え方ですが、いずれも第2章で紹介した文部省の『国体の本義』や『臣民の道』における価値観と、内容的に通じる面が少なくありません。

これ以外にも、「自国防衛の強化と自衛隊の海外派遣」や「国のため尊い命を捧げられた戦没者の追悼」など、その後の安倍政権の政策方針とぴったり一致する内容が、日本会議の「めざすもの」として列挙されています。

つまり、第二次安倍政権の打ち出す政策の多くは、国民向けの公式な説明がどのようなものであれ、結果としては日本会議の「めざすもの」を、一つずつ順番に実現していくような形で進められつつあります。

◆日本の政界に影響を及ぼす「日本会議」と「神道政治連盟」

二〇一四年九月三日、第二次安倍改造内閣の閣僚名簿が発表されると、米『ウォール・ストリート・ジャーナル』紙の日本版公式ツイッターは「今回発表された閣僚一九人（総理を含む）のうち一五人が『日本会議』のメンバーです」と報じました（実際は一六人で、所属先は「日本会議」ではなく「日本会議国会議員懇談会」）。

しかし、この時にも日本の大手メディアは、新任閣僚の横顔や「何々内閣」というネーミングは報じたものの、政権と日本会議の緊密な関係には一切触れませんでした。

安倍政権に大きな影響を及ぼしていると見られる政治団体は、日本会議のほかにも、いくつか存在しています。その中で、最も存在感が大きいのが「神道政治連盟」です。

神道政治連盟は、神社本庁が政治目的の実現に向けた傘下組織として、一九六九年十一月八日に設立した政治団体で、翌一九七〇年五月十一日には同団体に繋がる議員連盟「神道政治連盟国会議員懇談会」が創設されました。

安倍政権と日本会議・神道政治連盟（2015）

役職	氏名	所属する国会議員懇談会	
総理	安倍 晋三	日本会議	神道政治連盟
財務・副総理	麻生 太郎	日本会議	神道政治連盟
総務	高市 早苗	日本会議	神道政治連盟
法務	上川 陽子		神道政治連盟
外務	岸田 文雄	日本会議	神道政治連盟
文部科学	下村 博文	日本会議	神道政治連盟
厚生労働	塩崎 恭久	日本会議	神道政治連盟
農林水産	林 芳正		神道政治連盟
経済産業	宮沢 洋一		神道政治連盟
国土交通	太田 昭宏		
環境	望月 義夫	日本会議	神道政治連盟
防衛	中谷 元	日本会議	神道政治連盟
復興	竹下 亘	日本会議	神道政治連盟
国家公安	山谷 えり子	日本会議	神道政治連盟
地方創生	石破 茂	日本会議	神道政治連盟
沖縄北方	山口 俊一	日本会議	神道政治連盟
経済再生	甘利 明	日本会議	神道政治連盟
女性活躍	有村 治子	日本会議	神道政治連盟
東京五輪	遠藤 利明		神道政治連盟
官房長官	菅 義偉	日本会議	神道政治連盟
首相補佐官	木村 太郎	日本会議	神道政治連盟
同	礒崎 陽輔	日本会議	神道政治連盟
同	衛藤 晟一	日本会議	神道政治連盟
同	和泉 洋人		
同	長谷川 榮一		

※2015年8月5日現在のデータ。

参考：首相官邸ホームページ、神道政治連盟ホームページ、2015年5月4日付神奈川新聞、ウェブサイト「ちきゅう座」

二〇一五年八月五日時点の安倍政権の全閣僚（首相を含む）の七五パーセント（二〇人中一五人）は、日本会議国会議員懇談会の会員で、同時に九五パーセント（二〇人中一九人）が、神道政治連盟国会議員懇談会の会員でした。このどちらにも属していない、ただひとりの閣僚は、公明党（創価学会に繋がる政党）の太田《おおた》昭宏《あきひろ》国土交通大臣でした。そして、安倍晋三首相は、日本会議国会議員懇談会の特別顧問であるのと同時に、神道政治連盟国会議員懇談会の会長という役職をも兼任しています。

ちなみに、二〇〇〇年五月十五日に、森喜朗《もりよしろう》首相（当時）が「日本の国、まさに天皇を中心としている神の国であるぞということを国民の皆さんにしっかりと承知をして戴く」との発言をして後に大きな批判を浴びたのは、神道政治連盟国会議員懇談会の設立三十周年記念祝賀会での講演中の出来事でした。

森元首相は、日本会議国会議員懇談会設立時の初代発起人の一人でもあります。

神道政治連盟の公式ホームページによれば、二〇一五年七月時点で、衆議院二二一人、参議院八〇人の計三〇一人の国会議員が、同連盟の国会議員懇談会の会員でした。公式サイトには、「神道政治連盟の主な取り組み」として、以下の五項目が挙げられています。

『世界に誇る皇室と日本の文化伝統を大切にする社会づくりを目指します。
日本の歴史と国柄を踏まえた、誇りの持てる新憲法の制定を目指します。
日本のために尊い命を捧げられた、靖国の英霊に対する国家儀礼の確立を目指します。

日本の未来に希望の持てる、心豊かな子どもたちを育む教育の実現を目指します。

世界から尊敬される道義国家、世界に貢献できる国家の確立を目指します』

一見してわかる通り、神道政治連盟の目指す政治目標も、実質的に戦前・戦中の「国体明徴運動」と共通するもので、日本会議のそれとほぼ一致しています。

そして、日本会議の二〇一五年六月十五日当時の役員名簿を見ると、神社本庁統理と神道政治連盟常任顧問が顧問、神社本庁総長が副会長、神道政治連盟会長が代表委員に、それぞれ名を連ねていました（二〇一八年三月五日現在、顧問三人のうちの二人は神社本庁統理と伊勢神宮の神宮大宮司）。

これが示すように、日本会議と神道政治連盟は、対立・競合する組織ではなく、むしろ積極的に協力して、共通の政治目標を実現するために活動する関係にあります。

日本会議国会議員懇談会に所属する国会議員の数は、二〇一八年三月現在、衆議院と参議院を合わせて約二九〇人です。このほか、日本会議と神道政治連盟は、共に「地方議員懇談会」も創設しており、それぞれ一〇〇〇人以上の議員が会員となっています。

◆安倍政権と日本会議／神道政治連盟に共通する歴史認識

日本会議と神道政治連盟は、既に述べたように多くの点で重なり合う政治目標を目指していますが、先の戦争についての歴史認識も、ほぼ同じ内容だと言えます。

具体的には、大東亜戦争（戦中の日本政府が先の戦争について用いた公式の呼称）の肯定と「東京裁判（極東国際軍事裁判、後述）」の否定、南京虐殺の否認、慰安婦問題の否認などです。

例えば、二〇一一年四月二十二日、民主党政権下の衆議院で「日独友好決議」が強行採決され、内容に反対する自民党議員らが採決時に退席するという出来事がありました。

正式名称を「日独交流百五十周年に当たり日独友好関係の増進に関する決議案（第一七七回国会、決議第五号）」という決議の中には、以下のような文面が含まれていました。

『〈日独〉両国は、第一次世界大戦で敵対したものの、先の大戦においては、一九四〇年に日独伊三国同盟を結び、同盟国となった。その後、各国と戦争状態に入り、多大な迷惑をかけるに至り、両国も多くの犠牲を払った』

この内容を事前に入手した日本会議国会議員懇談会は、同会の平沼赳夫《ひらぬまたけお》会長と下村博文《しもむらはくぶん》幹事長の名前で、決議内容への反対と採決からの退席を会員（安倍晋三議員をはじめ、その多くは当時野党だった自民党議員）に伝える書面を作成しました。

反対の理由として挙げられたのは、「日独両国の友好増進に『各国と戦争状態に入り、多大な迷惑をかけるに至った』というような過去の歴史認識は必要ない」「文案は戦争開始時期の歴史事実を誤認しており、両国が、同盟を結んだ後、世界に戦争を行ったという誤解を与える」「計画的に虐殺を実施したナチス・ドイツのホロコーストを含むドイツの歴史と我が国の歴史を同一視することになり、断じて容認できない」などでした。

また、安倍首相は二〇一五年三月二十日の閣議で、アジア諸国に対する植民地支配と侵略への反省、おわびを表明した一九九五年の村山富市《むらやまとみいち》首相談話（通称「村山談話」）について「『植民地支配』及び『侵略』の定義については様々な議論があり、答えることは困難だ」とする答弁書を決定しました。

安倍首相は、二〇一三年五月にも「国際法上の侵略の定義については様々な議論が行われており、確立された定義があるとは承知していない」との答弁書を閣議決定しており、先の戦争における日本軍の軍事侵攻や他国領土の併合、資源収奪などの行為を「侵略」や「植民地支配」と認めるのを頑なに拒んでいます。

戦争中の南京虐殺や慰安婦問題についても、首相を含む日本会議や神道政治連盟の懇談会所属議員は、それを「日本が国として反省すべき歴史的事実である」と認めることを拒絶し、実質的に問題の否認や矮小化で反論するという態度をとり続けています。

それでは、日本会議と神道政治連盟、およびこれらの組織に人脈的に繋がる神道組織や反共右派組織は、第二次安倍政権が発足する以前の日本社会で、どのような政治活動をしてきたのでしょうか。

［13］戦後日本の神道と政治運動

◆神道界が目指す「神社のもつ国家的公共的機能性格の回復」

第3章で紹介した、神社新報社の『神道指令と戦後の神道』では、日本が講和条約調印で主権を回復した後、日本の神道界（または神社界）がどのような政治活動を開始したのかについて、当事者の言葉で赤裸々に語られています。

『昭和二十七年四月二十八日、〈サンフランシスコ〉対日講和条約の効力が発し、七年にわたる占領は解除され、わが国は再び独立を回復した。占領軍命令である神道指令もその効力を失った。しかし、日本国憲法をはじめ宗教法人法などの諸法令には、神道指令の効果を温存すべく周到な用意がなされていた。また、法そのものにそうした意図は明らかではなくとも、その解釈において神道指令そのままの風潮が強く残存した。

このような風潮を払拭することこそが、独立後の神道界の運動の重点となった。神社のもつ国家的公共的機能性格の回復こそがその中心であった』

神社本庁の機関紙を発行する神社新報社の著作物において、「神社のもつ国家的公共的機能性格の回復」が、主権回復後の日本の「神道界の運動の重点」であったと説明しているのは、きわめて重要なポイントです。神社本庁によって組織化された戦後日本の神道界が、神社と国家の結びつきを当然のことと見なす戦前・戦中と同様な体制の回復を目指してきた事実が、この文章には明瞭に表れています。

同書ではこの後、「神道指令によって失われた神社の国家的公共的機能を回復しようと努力して来た跡を記述する」として、祝詞例文などの修正（占領中は天皇や皇室、国家に関する内容が除外された）、紀元節復活運動、靖国神社国家護持問題などを列挙していますが、神社本庁は戦後の日本国憲法に明記された「政教分離」の原則から逸脱しないよう注意を払いつつ、敗戦と共に失われた「戦前・戦中の神道関連の制度」を回復する政治運動を、直接的・間接的に支援しました。

このうち、制度の回復に「成功した例」は、紀元節復活運動や祝詞修正、元号法制化運動などであり、回復に「いまだ成功していない例」は、靖国神社国家護持問題や憲法改正などが挙げられていました。それらの政治運動は、現在までに以下のような経緯をたどってきました。

◆廃止された「紀元節」が復活するまで

紀元節復活運動は、紀元前六六〇年に神武天皇が即位したとされる日付（二月十一日）を「国の祝日」として復活させるというもので、その根拠は『古事記』（完成七一二年）と『日本書紀』（同七二〇年）に記された「建国神話」にありました。

一九四五年に日本の占領統治を開始したGHQは、「紀元節には歴史的な根拠がなく、明治時代に日本民族の優越思想を鼓舞するために作られたものだ」として、祝日から外すよう日本側に圧力をかけました。その結果、一九四八年七月に制定された「国民の祝日」の項目から、戦前・戦中の紀元節（二月十一日）は除外されることになりました。

しかし、当時の日本国民の間では、紀元節の人気は根強く、政府の世論調査では元日と天皇誕生日に次いで、三番目に人気があり（「存続を支持」が八一パーセント）、敗戦から三年が経過した時点でも、紀元節に対する国民の支持は失われていませんでした。

こうした背景から、神社本庁は一九五三年十一月、紀元節復活国民運動の組織化を提唱し、翌一九五四年一月には神社本庁事務総長の吉田茂《よしだしげる》（戦後に首相を務めた政治家の吉田茂とは同姓同名の別人）らも発起人に加わって「建国記念日（紀元節）制定促進委員会」が発足しました。

一九五五年二月十一日には、鷹司信輔《たかつかさのぶすけ》神社本庁統理を代表とする国民祭典執行委員会が主催して「紀元節奉祝の集い」を開催、参議院議長や文部大臣も出席して祝辞を述べ、参加者代表が国会と政府への陳情を行いました。

紀元節の復活を求める法案が、最初に国会へ提出されたのは、廃止から九年後の一九五七年二月のことで、この時には参議院で審議未了の廃案となりました。

しかし一九六六年三月七日、第五一回通常国会に、九度目となる祝日改正法案が提出され、六月二十五日に可決されます。この時にはまだ「建国記念日」の日付は未定とされていましたが、同年十二月八日に「二月十一日」をこの祝日にすると決定され、紀元節は廃止から一八年後に、「建国記念の日」として復活することになりました。

◆元号法制化に尽力した日本青年協議会の「草の根」運動

一方、元号法制化の方は、一九四六年にGHQの方針に従って旧皇室典範（天皇と皇室のしきたり等について定めた皇室の家憲）の改正が行われ、新皇室典範から第十二条の元号条項が外されたことが、政治運動の始まりでした。

この時も、GHQは「元号は天皇の権威を高めるために利用される」として法制化を許さず、主権回復後もそのまま放置されていました。慣習として「昭和」の元号は引き続き日本の社会で使われていましたが、法的な裏付けはありませんでした。

こうした状況の中で、神社本庁とその傘下の神道政治連盟は、明治維新百年にあたる一九六八年から、元号法制化を求める署名活動を展開し、政界への働きかけをスタートしました。この運動では、神社本庁と神道政治連盟に加えて、後に「日本会議」やその前身の「日本を守る国民会議」で中核的組織となる、民族派（右派）組織「日本青年協議会」も重要な役割を果たしました。

一九六〇年代の左派（共産主義）系学生運動に対抗する目的で、「反左翼」の民族派学生によって設立された学生組織「全国学生自治体連絡協議会」を母体に、一九七〇年十一月三日に結成された日本青年協議会は、元号法制化運動を国民的な政治運動に発展させるべく、全国に「キャラバン隊」を派遣して運動を展開しました。

日本青年協議会が、結成三十周年を記念して二〇〇一年四月に出版した『日本の歴史と文化と伝統に立って』には、この時の運動について、以下のような記述があります。

『元号法制化は、私共が初めて多くの団体と取り組んだ大規模な国民運動で、以後日本を守る国民会議、日本会議と続く国民運動団体の基礎ともなった』

日本青年協議会がここで言う「大規模な国民運動」とは、具体的には各地に運動支部を立ち上げて、元号法制化の意義をアピールする講演会や映画上映会を開き、草の根レベルから賛同者を増やすという、全国展開の一大キャンペーンを指します。彼らが特に重視したのは、地方議会への働きかけで、趣旨に賛同する市会議員や県会議員を通じて、各地の議会への影響力を少しずつ増大させていきました。

こうした手法は、憲法改正キャンペーン（後述）や、記述内容に賛同する特定教科書の採決運動などで、現在の日本会議にも受け継がれていますが、その効果は絶大で、日本各地の市町村議会では、元号法制化を求める決議が次々と可決されていきました。

運動開始から一〇年後の一九七八年、元号法制化の要求決議を採択した地方議会は四〇〇以上に達し、五月には神社本庁と神道政治連盟、日本青年協議会などの団体が合同で、元号法制化を求める集会を開催、多くの国会議員もこれに参加しました。

翌六月、国会内に「元号法制化促進議員連盟」が結成され、元号法制化運動は遂に、国政レベルでの政策議論へと発展しました。反対する議員は、国民の歴史感覚を天皇の即位ごとに分断してしまう等の弊害を主張、学者の間でも賛否が分かれました。

そして、一九七九年二月二日に国会へ提出された元号法制化法案は、国会での議論を経て可決され、同年六月十二日に施行されました。これにより、天皇の在位とリンクした形での元号の使用が、法律によって裏付けられることとなりました。

このほか、神社本庁が中心的な役割を果たした政治運動には、国旗国家法制定運動（一九九九年制定）、昭和天皇崩御後に「みどりの日」となった四月二十九日の昭和天皇の誕生日を「昭和の日」に改める制定運動（二〇〇五年法案可決）などがありました。

◆A級戦犯合祀と靖国神社国家護持問題

日本の敗戦後、民間の宗教施設となった靖国神社は、戦前・戦中の「国家神道」体制との緊密な結びつきにもかかわらず、占領軍による廃止を免れました。

靖国神社が廃止されなかった理由の一つは、敗戦直後の一九四五年十一月十九日から二十一日にかけて同地で「臨時大招魂祭」が行われ、昭和天皇と皇族、当時の幣原喜重郎首相、そしてＧＨＱの民間情報教育局（ＣＩＥ）局長と宗教課長らが参列する中で、約二〇〇万人もの戦没軍人が招魂（合祀の前段階）されたことにありました。

現在、靖国神社に合祀されている戦没軍人・軍属は約二四七万人とされていますが、その八割は、ＧＨＱの占領統治が開始された後で合祀されたことになります。この臨時大招魂祭は、軍事的要素を一切排した形式で執り行われたため、ＧＨＱは靖国神社が「軍国主義と訣別して一般の神社になった」ものと理解し、存続を許可する方針をとりました。

実際のところ、当時の日本では、戦没軍人を慰霊する施設としての靖国神社の存在感は依然として大きく、もし強引に廃止していれば、戦没軍人の遺族を中心に、ＧＨＱに対する激しい反発が湧き起こっていた可能性があります。また、ＧＨＱが強権を発動して靖国神社を廃止すれば、彼らが戦後の日本に導入しようとした「信仰の自由」を、ＧＨＱ自身が明確に侵害してしまうことになります。

いずれにせよ、靖国神社はＧＨＱの了承下で一民間神社として存続することになりましたが、占領統治が終了して主権を回復すると、靖国神社を再び国家運営の施設に戻すという運動が始まりました。

この運動を最初に提唱したのは、後に自民党の有力な後援組織の一つとなる「日本遺族会」という組織でした。一九五三年三月に前身の「日本遺族厚生連盟」から財団法人として改組された日本遺族会は、「英霊の顕彰」を活動目的に掲げており、靖国神社の国家護持と天皇の「御親拝（公式参拝）」の復活を、一九五六年頃から働きかけるようになりました。

一九六三年四月には、靖国神社自身が「靖国神社国家護持要綱」を発表し、宗教法人でなく政府管理の特別法人とすること、合祀費用などを国費とすること、靖国神社の名称は変更しないことなどの方針を提言しました。

神社本庁などの神道界も、これらの運動を後援し、一九六九年からは自民党が「靖国神社法案」を国会に提出し始めます。しかし、法案の内容をめぐって、後援する諸団体や諸宗教団体の間で対立や紛糾が生まれたこともあり、一九七四年までに計六回法案が提出されたものの成立せず、靖国神社の国家護持という目的は実現しませんでした。

これ以降、神社本庁は「靖国神社の公共性」を宣伝して、首相や天皇の参拝を求める方向へと運動方針を転換します。

しかし、一九七八年十月十七日に、いわゆる「東京裁判」でA級戦犯として有罪判決を受けた者（東條英機など）を含む戦争指導者が合祀されたことが明らかになると、昭和天皇はこれを不快に感じ（富田朝彦《とみたともひこ》元宮内庁長官のメモ、卜部亮吾《うらべりょうご》侍従の日記、徳川義寛《とくがわよしひろ》侍従長の証言などによる）、その三年前の一九七五年十一月二十一日に行ったのを最後に、靖国神社への参拝を一切行わなくなりました（今上天皇は一度も参拝せず）。

神社本庁や日本会議など、戦前・戦中の「国家神道」体制の価値観を実質的に肯定する団体は、占領下の一九四六年から一九四八年に行われた「極東国際軍事裁判（東京裁判）」の正当性を認めず、日本の戦争犯罪を事実と捉える歴史認識を「東京裁判史観」と呼んで全否定しています。

しかし、東條らA級戦犯の合祀と引き換えに天皇の「御親拝」の道が閉ざされてしまった事実に関して、神社本庁も日本会議も、特に靖国神社を批判する様子はありません。

この事実は、両組織内における価値判断の優先順位を示唆しているとも言えます。

◆憲法改正に向けて足並みを揃える自民党と神社本庁、日本会議

憲法改正という問題も、神道勢力が悲願として目指しつつ、いまだ実現していない大きなテーマです。

神道政治連盟の公式ホームページの「日本らしい憲法を！」と題されたページでは、次のような言葉で、日本国憲法の価値を実質的に否定しています。

『現行の日本国憲法は、残念ながら日本人として自信と誇りを持てない恥ずかしい憲法です。特に甚だしいのが前文と第一章の天皇条項でしょう。〈中略〉

他国人が起草した、違和感のある非現実的な日本国憲法を維持していることを、日本人は何よりもまず「恥ずべきこと」と考えなければならないでしょう』

この言葉と、先に挙げた「神道政治連盟の主な取り組み」の二番目の項目にある「日本の歴史と国柄を踏まえた、誇りの持てる新憲法の制定を目指します」という宣言が示す通り、神道政治連盟とその上部組織である神社本庁は、現行の日本国憲法に価値を認めておらず、早急に変更することが必要であるとの認識を早くから抱いていました。

ここにも、戦後にGHQが発した「神道指令」と、その恒久化を意図した（と神社本庁が解釈する）日本国憲法に対する、根強い「恨みの感情」を読み取ることができます。

現行の日本国憲法については、平和主義の理念など、制定当時に国際社会で理想とされた文面が数多く盛り込まれていることから「世界に誇れるものだ」という認識も、日本国内では少なくありませんが、神道政治連盟や日本会議など神道系の政治団体では「誇りを持てない」「恥ずかしい」という否定的な認識でおおむね一致しているようです。

けれども、それを実現するための具体的な政治運動は、先に挙げたような他の案件ほど大規模には行われませんでした。戦後の日本では、日本国憲法に対する国民の支持は大きく、充分な環境づくりを行わないまま軽々しく「改憲運動」を行えば、政治団体にとっては逆に自滅的行為になる恐れがあったからです。

そのため、一九五五年の結党（自由党と民主党の合同）以来「自主憲法制定」を党是に

戦後の出来事と自民党、神道界の動き

1945	GHQの「初期の対日方針」策定（9月）、神道指令（12月）
1946	天皇「人間宣言」（1月）、神社本庁発足（2月）、極東国際軍事裁判（東京裁判）開廷（5月）
1947	日本国憲法施行（5月）
1948	文部省『民主主義』刊行（10月）、極東国際軍事裁判閉廷（11月）、A級戦犯処刑（12月）
1950	朝鮮戦争勃発（6月）、警察予備隊（自衛隊の前身）創設決定（8月）
1951	サンフランシスコ講和条約・日米安保条約調印（9月）
1952	講和条約発効、日本が主権回復（4月）
1954	自衛隊発足（7月）
1955	自由民主党（自民党）結成（11月）
1969	神道政治連盟設立（11月）
1974	日本を守る会設立（4月）
1981	日本を守る国民会議設立（10月）
1997	日本会議設立（5月）
2002	自民党新憲法起草委員会設立（森喜朗委員長）（12月）
2006	第一次安倍政権発足、所信表明で憲法改正を明言（9月）
2012	自民党が「日本国憲法改正草案」を発表（4月）、第二次安倍政権発足（12月）

掲げる自民党（自由民主党）の議員を含め、憲法改正という問題にはきわめて慎重な姿勢で対処してきました。

一方、二〇〇九年四月八日に行われた記者会見（天皇皇后両陛下御結婚満五〇年に際して）において、今上天皇は「憲法と天皇のあり方」について、次のように述べました。

『大日本帝国憲法下の天皇の在り方と、日本国憲法下の天皇の在り方を比べれば、日本国憲法下の天皇の在り方の方が、天皇の長い歴史で見た場合、伝統的な天皇の在り方に沿うものと思います』

つまり、戦前・戦中の「大日本帝国憲法」の時代よりも、戦後の「日本国憲法」の時代の方が、長い歴史における「伝統的な天皇の在り方に沿うもの」だというのが、今上天皇の認識だということになります。

しかし、二〇一二年十二月、首相と閣僚の八割が日本会議の議員懇談会、九割以上が神道政治連盟の議員懇談会に属する、第二次安倍政権が発足すると、神社本庁と神道政治連盟、そして日本会議は、満を持していたかのように、講演会や啓蒙イベントなど憲法改正に向けた政治運動のキャンペーンを、全国レベルで開始しました。

それから二年後の二〇一四年十月一日には、東京・永田町の憲政記念館で、日本会議が後援する「美しい日本の憲法をつくる国民の会」の設立総会が行われました。

この設立総会において、櫻井《さくらい》よしこ（ジャーナリスト）、田久保《たくぼ》忠衛《ただえ》杏林《きょうりん》大名誉教授、三好達《みよしとおる》（元最高裁長官）の三人が共同代表に就任することが発表されましたが、田久保忠衛は日本会議の現（四代目）会長で、三好達は前（三代目）会長（現名誉会長）です。

このほか、役員名簿には神社本庁総長、日本会議事務総長、神道政治連盟幹事長などが名を連ねており、日本会議の公式ホームページには同会の運動である「憲法改正を実現する一〇〇〇万人ネットワーク」のバナーリンクが貼られています。これは、「改憲の国民投票」を行うことを目標に、全国四七都道府県に「県民の会」を設立して、一〇〇〇万人の賛同者を募るという運動です。

設立総会では、自民党の衛藤晟一《えとうせいいち》、民主党の松原仁《まつばらじん》、次世代の党の平沼赳夫、みんなの党の松沢成文《まつざわしげふみ》の四議員（所属政党は当時のもの、全員が日本会議の国会議員／地方議員懇談会の会員）が「来賓の挨拶」を行いましたが、衛藤晟一首相補佐官（当時）は、安倍政権が憲法改正を最大の政治目標にしていることを述べた上で、こう宣言しました。

『安倍晋三内閣は、憲法改正のために成立した。最後のスイッチが押されるときが来た』

[14] 安倍政権はなぜ「憲法改正」にこだわるのか

◆現行憲法で「日本の文化と伝統を壊された」という被害者意識

安倍晋三首相と同政権の閣僚、そして日本会議などの支持勢力を構成する人々は、憲法改正を大きな政治目標に掲げています。そして戦後の日本の文化的・経済的発展が、日本国憲法で保障された民主的な社会の賜物《たまもの》だったとみる視点はほとんどなく、逆に戦後とは日本にとって屈辱的な時代であったかのような「悪い評価」ばかりを主張し、現行憲法下の日本を「戦後レジーム」と呼んで否定しているように見えます。

安倍政権やその支持勢力は、なぜそこまで憲法改正にこだわるのか。

本書をここまで読み進んでこられた読者には自明のことでしょうが、彼らは戦前・戦中の「国家神道」体制こそが日本の「本来あるべき姿」だと認識しており、それが憲法改正への強い動機になっていると考えられます。

戦前・戦中の「国家神道」体制こそが日本の「本来あるべき姿」だと考える人間にとって、GHQが置き土産として日本に残した日本国憲法は、神道と国家の繋がりを分断した上、戦後の日本に「国家神道」体制が復活することを阻止し、「神道指令」の効果を永続させる効果を持つ、憎んでも憎みきれない「邪魔者」と映るのかもしれません。

彼らは、戦後の日本が新憲法と共に民主主義国家としてスタートした時点から、占領軍によって「日本の文化と伝統を壊された」という、いわば被害者意識を植え付けられたと言えます。そして、ＧＨＱの意向を色濃く反映する形で文案が策定された日本国憲法を破棄しない限り、日本の「本来あるべき姿」は取り戻せないという、硬直した固定観念に囚われているように見えます。

彼らは、戦後七〇年間における日本の繁栄、例えば文化芸術やスポーツの分野における日本人の活躍や、世界を驚かせたほどの目覚ましい経済発展は、日本国憲法で保障された自由と民主主義、そして他国の戦争や紛争への不参加方針があったからこそ実現したのではないか、という、日本国憲法の肯定的側面には全く目を向けようとしません。

二〇一二年十二月十四日に動画サイト「ＹｏｕＴｕｂｅ」で公開された動画「政治家と話そう」の中で、安倍首相は日本国憲法について、憲法前文の内容が「自国の安全を世界に任せると主張しているものだ」との解釈を披露した上で、「いじましいんですね。みっともない憲法ですよ、はっきり言って。それは、日本人が作ったんじゃないですからね」と、前文だけでなく憲法全体を貶めるような発言を行いました。

政治家には、憲法第九十九条で「憲法尊重擁護義務」が課せられており、本来なら首相が粗雑な言葉で現行憲法を侮辱する行為は、明らかな憲法違反に他なりません。しかし第二次安倍政権の発足以降、自民党の所属議員は繰り返し、日本国憲法の「名誉」を失墜させる発言を堂々と行っており、特に「日本を弱体化させる意図を持ったGHQの押し付け」という説明は、さまざまな機会を通じて日本国内に流布されてきました。

◆自民党の考える「新憲法」とは

それでは、自民党は現在の日本国憲法を、どのような「新憲法」に差し替えようとしているのでしょうか。

サンフランシスコ講和条約の発効から、ちょうど六〇周年となる二〇一二年四月二十八日、自民党は『日本国憲法改正草案』と題された改憲案を発表しました。その内容は、現行の日本国憲法と自民党の改憲案を並べて、どの条文をどのように変えるかを説明したものですが、主な変更箇所は以下の通りです。

まず、安倍首相が「自国の安全を世界に任せると主張している」と解釈し「みっともない」と侮辱した日本国憲法の「前文」は、以下のような内容でした（一部抜粋）。

『日本国民は、恒久の平和を念願し、人間相互の関係を支配する崇高な理想を深く自覚するのであって、平和を愛する諸国民の公正と信義に信頼して、われらの安全と生存を保持しようと決意した。

われらは、平和を維持し、専制と隷従、圧迫と偏狭を地上から永遠に除去しようと努めている国際社会において、名誉ある地位を占めたいと思う。われらは、全世界の国民が、ひとしく恐怖と欠乏から免かれ、平和のうちに生存する権利を有することを確認する。

われらは、いずれの国家も、自国のことのみに専念して他国を無視してはならないのであって、政治道徳の法則は、普遍的なものであり、この法則に従うことは、自国の主権を維持し、他国と対等関係に立とうとする各国の責務であると信ずる。

日本国民は、国家の名誉にかけ、全力をあげてこの崇高な理想と目的を達成することを誓う』

この日本と外国および国際社会との関係に触れた箇所が、自民党改憲案の前文では次のような短い文に変更されています。

『我が国は、先の大戦による荒廃や幾多の大災害を乗り越えて発展し、今や国際社会において重要な地位を占めており、平和主義の下、諸外国との友好関係を増進し、世界の平和と繁栄に貢献する』

日本国憲法では「国際社会で名誉ある地位を占めたい」となっていたのが、自民党改憲案では「今や国際社会において重要な地位を占めており」と、完了形になっています。この二つの文章を比べると、日本国憲法の前文にあった「謙虚さ」が、自民党改憲案では無くなっているようにも見えます。

◆天皇、国旗、国家、元号、軍備について明文化する条文

戦前・戦中の「国家神道」体制への回帰を目指す勢力にとって、特に重要な条文は、言うまでもなく、天皇、国旗、国家、元号、軍隊に関する部分です。

天皇については、日本国憲法の『第一条　天皇は、日本国の象徴であり日本国民統合の象徴であって、この地位は、主権の存する日本国民の総意に基く』が、自民党改憲案では『第一条　天皇は、日本国の元首であり、日本国及び日本国民統合の象徴であって、その地位は、主権の存する日本国民の総意に基づく』となっていて、日本国憲法にはない「日本国の元首」という言葉が追加されています。

神社本庁などが政治運動を盛り立てた、国旗・国家と元号については、日本国憲法には条文は何もありませんでしたが、自民党改憲案では『第三条　国旗は日章旗とし、国歌は君が代とする。(2)　日本国民は、国旗及び国歌を尊重しなければならない』『第四条　元号は、法律の定めるところにより、皇位の継承があったときに制定する』という条文が付け加えられています。ここにも戦前・戦中と同様の価値観を持った国家体制への回帰願望が見られます。

軍備に関する第九条については、国権の発動としての戦争を放棄し、武力行使を国際紛争解決の手段としては用いないとした上で『(2) 前項の規定は、自衛権の発動を妨げるものではない』を追記し、個別的・集団的自衛権の行使に含みを持たせています。

そして『第九条の二　我が国の平和と独立並びに国及び国民の安全を確保するため、内閣総理大臣を最高指揮官とする国防軍を保持する』という条文を追記して、軍隊の保有を憲法で正式に認める形をとっています。

◆「個人」が「人」へ、そして宗教と国の関係

日本国憲法の第十一条では『国民は、すべての基本的人権の享有を妨げられない。この憲法が国民に保障する基本的人権は、侵すことのできない永久の権利として、現在及び将来の国民に与えられる』となっていますが、自民党の改憲案では『第十一条　国民は、全ての基本的人権を享有する。この憲法が国民に保障する基本的人権は、侵すことのできない永久の権利である』に変更され、多少ニュアンスが違う内容になっています。

政府が国民の基本的人権の享有を妨げるという、戦前・戦中の日本で実際に起きた状況を想起させる文言が、条文から削除されています。

第十三条は、日本国憲法では『すべて国民は、個人として尊重される。生命、自由及び幸福追求に対する国民の権利については、公共の福祉に反しない限り、立法その他の国政

の上で、最大の尊重を必要とする』となっているのに対し、自民党の改憲案では『全て国民は、人として尊重される。生命、自由及び幸福追求に対する国民の権利については、公益及び公の秩序に反しない限り、立法その他の国政の上で、最大限に尊重されなければならない』という形で、微妙に修正が施されています。

この二つの文章は、注意深く読まないと違いが判別できませんが、要するに「個人」を「人」に、「公共の福祉」を「公益及び公の秩序」に置き換えています。

第2章で述べた通り、戦前・戦中の「国体」思想が最も嫌った「西欧由来の価値観」の一つが「個人主義」であり、自民党改憲案ではそれが「(ただの)人」に変えられています。「西欧由来の価値観」における「個人」とは、独立した思考と価値判断を持って「それぞれが主体的に行動する存在」ですが、単に生物としての人間を指す「人」にはそのような意味はありません。「公の秩序」という言葉と合わせて読むと、これも戦前・戦中の「国家神道」体制への回帰という指向性を物語っています。

「公共の福祉」が何であるかは、国民が決めることであるのに対し、「公益及び公の秩序」が何であるかを決めるのは、時の統治者、つまり政府だからです。

思想、良心の自由については、日本国憲法の『第十九条　思想及び良心の自由は、これを侵してはならない』が、自民党改憲案では『第十九条　思想及び良心の自由は、保障する』へと変更され(前者は「憲法が権力を縛る」図式ですが、後者はそうではない)、また信教の自由を保障する第二十条を見ると、自民党改憲案では第三項が加筆されて以下のようになっています。

『(3)　国及び地方自治体その他の公共団体は、特定の宗教のための教育その他の宗教的活動をしてはならない。ただし、社会的儀礼又は習俗的行為の範囲を超えないものについては、この限りでない』

この「社会的儀礼又は習俗的行為の範囲」内にあるものであれば、例外的に、国や公共団体が宗教的活動を行える、という変更は、目立たない修正ですが、きわめて重要な意味を持ちます。

なぜなら、これにより「靖国神社の国家護持」に、道が開かれることになるからです。

実際、後の第八十九条では『公金その他の公の財産は、第二十条第三項ただし書（右に挙げた追加条項3の「ただし」以降）に規定する場合を除き、宗教的活動を行う組織若《も》しくは団体の使用、便益若しくは維持のため支出し、又はその利用に供してはならない』という、やや回りくどい表現で、国費の「社会的儀礼又は習俗的行為の範囲」内の施設（例えば神社）への支出を認めています。

◆拡大解釈可能な「自由」への関与と緊急事態

また、自民党改憲案では、集会と表現の自由について述べた第二十一条に、『2　前項の規定にかかわらず、公益及び公の秩序を害することを目的とした活動を行い、並びにそれを目的として結社をすることは、認められない』という条文を追加しています。

これにより、政府が「公益及び公の秩序を害することが目的である」と（主観的に）判断すれば、言論活動や、それを目的とした結社（集団で行うデモや団体設立など）は「取り締まりの対象」とされる可能性が出てきました。

また、自民党改憲案では、第二十六条に『3　国は、教育が国の未来を切り拓《ひら》く上で欠くことのできないものであることに鑑み、教育環境の整備に努めなければならない』という文章が追加されていますが、「国は教育環境の整備に努めなければならない」という条文は、見方を変えれば「政府の教育環境への干渉」を正当化するものでもあります。

そして、自民党改憲案では、日本国憲法にはまったく存在していない「緊急事態」という項目を、新たに創設して追加しています。

第九章　緊急事態

第九十八条　内閣総理大臣は、我が国に対する外部からの武力攻撃、内乱等による社会秩序の混乱、地震等による大規模な自然災害その他の法律で定める緊急事態において、特に必要があると認めるときは、法律の定めるところにより、閣議にかけて、緊急事態の宣言を発することができる。〈中略〉

第九十九条　緊急事態の宣言が発せられたときは、法律の定めるところにより、内閣は法律と同一の効力を有する政令を制定することができるほか、内閣総理大臣は財政上必要な支出その他の処分を行い、地方自治体の長に対して必要な指示をすることができる。〈中略〉

(3)　緊急事態の宣言が発せられた場合には、何人も、法律の定めるところにより、当該宣言に係る事態において国民の生命、身体及び財産を守るために行われる措置に関して発せられる国その他公の機関の指示に従わなければならない

これは、もし日本が戦争や紛争の当事国となった場合に、時の内閣が一方的に「法律と同一の効力を有する政令」を制定でき、国民はそれに基づく指示に「従わなければならない」とするものです。しかし、発動の対象に「内乱」も含まれているので、例えば国内で大規模な反政府デモが発生して政権が転覆しそうになった時にも、この条項は効力を持つということになります。

つまり、もし自民党の改憲案が正式な憲法となれば、時の政権が、自らを批判して退陣

を求める反政府デモを鎮圧するために、この条文を使わないとは誰にも言えません。

◆「戦死」した自衛隊員は英霊となるのか

自民党の憲法改正草案には、靖国神社という文字はありませんが、「靖国神社の国家護持」という神道界の悲願を実現させるために、GHQがその扉につけた鎖の南京錠を「解錠」するような条文が、いくつか巧妙に仕込まれているようにも見えます。

そして、安倍政権が「集団的自衛権行使」の名目で、現在法案の整備を進めている「自衛隊の（戦闘部隊としての）海外派兵」が実現すれば、靖国神社は今まで戦後七〇年間の日本で認められてきたものとは違った「社会的役割」を、日本社会で果たすことになるかもしれません（右は本書旧版脱稿時の二〇一五年八月の記述。その後、同年九月十九日に、集団的自衛権行使を条件つきで認める平和安全法制が国会で成立）。

自衛隊の創設以来、これまでに訓練などの勤務中に命を落とした一八〇〇人を超える自衛官は、市谷の防衛省の敷地内にある「殉職者慰霊碑」で慰霊されています。この慰霊碑は、国費ではなく市民の寄付によって建てられ、政教分離の原則が守られています。

しかし、集団的自衛権の行使が正式に国策として認められ、海外の紛争地や戦争に自衛隊が派遣され、戦闘や敵の攻撃で自衛官が「戦死」した場合、ほぼ間違いなく、日本会議や神道政治連盟に所属する国会議員の中から「国の命令で戦地に派遣されて命を落とした自衛官に、国として感謝しなくていいのか」という声が上がると予想できます。

そして、「国のために命を捧げた『英霊』を祀るのに最も相応《ふさわ》しい場所は、靖国神社以外にはない」との「提案」が国会議員から出され、反対する人間は「国のために命を捧げた自衛官に感謝するなと言うのか」と、道徳的観点からの批判に晒《さら》されるでしょう。

もし、海外で戦死した自衛官が、靖国神社に祀られたなら、首相や閣僚は大手を振って堂々と靖国神社に「公式参拝」できるようになり、玉串料も公費で支払われる可能性があります。なぜなら、政府が「自国を守るため」と判断した任務で戦死した自衛官に、政府として公式に感謝するのは「当然である」との論理が成立するからです。

そして、自衛官が靖国神社に祀られたなら、国の予算での運営という「靖国神社の国家護持の回復」にも、明確な道筋がつけられることになります。

ここで、自民党改憲案の天皇の地位についての条文で「国家元首」という肩書が追加されていることも思い出す必要があります。靖国神社に祀られた自衛官に対する「慰霊式典」を政府が主催して国事行為として行う場合、改憲で「国家元首」となった天皇に政府から出席の要請が出されれば、天皇はこれに従わざるを得なくなります。

先に述べたように、天皇は一九七八年のA級戦犯合祀以来、一度も靖国神社への「御親拝」を行っていません。しかし、海外に派遣された自衛官が戦死すれば、「靖国神社の国家護持の回復」と「天皇の御親拝復活」という、戦前・戦中の「国家神道」体制への回帰を願う人々にとって重要な二つの「悲願」が実現する可能性がもたらされます。

◆天皇と皇太子による「日本国憲法」への言及

以上のように、自民党の憲法改正草案は、戦前・戦中の「国家神道」体制という予備知識を踏まえた上で読むと、自民党が一般向けに説明している内容とは違った目的が、ホログラム（立体画像）のように浮かび上がってくる仕掛けになっています。

しかし、改憲を急ぐ自民党の前には、なお大きな壁がいくつも立ちはだかっているのが現状です。その中でも、特に重要だと思われるのが、天皇と皇太子が折に触れて発言する「護憲的」と受け取れるメッセージです。

第二次安倍政権の発足から約一年後の二〇一三年十二月二十三日、天皇は記者会見の中で、現行憲法についての次のような認識を披露しました。

『戦後、連合国軍の占領下にあった日本は、平和と民主主義を、守るべき大切なものとして、日本国憲法を作り、さまざまな改革を行って、今日の日本を築きました。戦争で荒廃した国土を立て直し、かつ、改善していくために当時のわが国の人々の払った努力に対し、深い感謝の気持ちを抱いています』

皇太子も、二〇一五年二月二十日に宮内庁が発表した「皇太子殿下お誕生日に際し」との国民向けメッセージの中で、現行憲法について次のように触れています。

『私は、常々、過去の天皇が歩んでこられた道と、天皇は日本国、そして国民統合の象徴であるとの日本国憲法の規定に思いを致すよう心掛けております。〈中略〉我が国は、戦争の惨禍を経て、戦後、日本国憲法を基礎として築き上げられ、平和と繁栄を享受しています』

宮内庁のホームページで公開されている、皇太子の誕生日の記者会見を確認すると、第二次安倍政権発足以降、日本国憲法への言及回数が増えていることが確認できます。二〇〇三年から二〇一二年までの一〇年間で、日本国憲法に言及したのは計三回（平均すると〇・三回）ですが、二〇一二年十二月に第二次安倍政権が発足してからは、二〇一三年に一回、二〇一四年に三回、二〇一五年に二回と、三年で計六回（平均二回）、つまり平均値が前の一〇年間の約七倍に増えています。

◆なぜ天皇や皇室の言葉を無視するのか

本来、天皇や皇室を尊敬する立場の人間は、こうした天皇や皇太子のメッセージに謙虚に耳を傾け、言葉の意味を真摯に受け止め、それに沿う形で行動するものです。

しかし、皇太子の誕生日からわずか一か月後の二〇一五年三月十九日、国会内で開かれた「美しい日本の憲法をつくる国民の会」の総会では、同会の櫻井よしこ共同代表が「志を同じくする安倍晋三政権である今が、憲法改正の最大のチャンスです」と述べるなど、日本国憲法を「廃棄」する方向で改憲気運を盛り上げるアピールを行いました。

その三日後の三月二十二日には、自民党憲法改正推進本部事務局長の礒崎《いそざき》陽輔《ようすけ》首相補佐官（当時）が、講演で「〈憲法改正は〉目に見えるところまで来た。国民投票法ができ、次は憲法改正をするのが当たり前だ」と述べ、子育て世代の主婦を主な対象に、憲法改正の意味や内容を説明する漫画を五万部発行するという宣伝計画についても公表しました。

皇室崇敬を標榜しつつ、天皇や皇太子の言葉は無視して、自分のやりたいことを優先する。こうした態度を見ると、戦前・戦中と同様の体制への回帰を望む人々が大事だと考えるのは、天皇や皇室という「制度」あるいは「形式」であって、独立した思考を持つ「個人」としての今上天皇や皇太子ではないのかもしれません。

また、二〇一五年二月二十三日に、NHKは朝の番組『おはよう日本』の中で、皇太子のお誕生日の記者会見を約三分間にわたって紹介しましたが、日本国憲法の価値に言及した部分は全てカットされていました。

この時だけでなく、最近のNHKニュースは天皇のメッセージについても毎回、日本国憲法に言及された箇所は編集で削除しているため、NHKの番組だけ観ている視聴者は、天皇や皇太子がたびたび日本国憲法を肯定的に述べている事実をまったく知らされていないことになります。

これは、公共放送による「検閲」を思わせるものですが、こうした報道の仕方も、安倍首相に近い財界人脈に属しているとされる籾井《もみい》勝人《かつと》会長（二〇一四年一月二十五日〜二〇一七年一月二十四日）の就任を境に顕著となった、ＮＨＫの放送内容の重要な変化の一つであるように思います。籾井会長は就任会見の席で、自分の考える「あるべき方針」について、次のような言葉で語りました。

「政府が『右』と言っているのに、我々が『左』と言うわけにはいかない」

先の戦争中の日本放送協会（今のＮＨＫ）も、これと同じ姿勢で、政府の意向に完全に従う内容のラジオ放送を行っていました。ＮＨＫなどの大手メディアもまた、戦前・戦中への回帰という社会の変化に、ほとんど抵抗せず流されるのでしょうか。

[15]「大日本病」の再発は、どうすれば防げるか

◆「ある種の真面目さ」が生み出す戦前・戦中擁護論

戦後の日本では長らく、戦前・戦中の日本で支配的だった思想傾向について、「軍国主義」という言葉で言い表し、軍国主義とそれを指導した「軍閥」による「犯罪」として語られる論調が主流であったように思います。

実際、戦争中の日本が諸外国で行った行為は、資源収奪（インドネシア、マラヤほか）や領土の併合（シンガポール、マラヤほか）、捕虜や現地住民の非人道的な使役労働、大勢の民間人の殺害（中国、シンガポールほか）など、道義的には明らかに非人道的な犯罪として認識しなくてはならないものです。

けれども、第2章で見てきたように、当時を生きた日本人は、自分たちが犯罪を行っているなどとは思わず、むしろ多くの人は真面目に「良き国民」や「良き日本人」であろうと心掛け、他人にもそれを求めるのが「良き国民の務め」であると理解していました。

戦場や職場、あるいは生活の場で、国の指導者から教えられる「現実」と、目の前にある「現実」が実質として一致しないことに戸惑い、疑問を抱いた人も少なくはなかったで

あろうと想像しますが、それでも日本国民の大多数は「自分は良いことに参加している」との当事者意識を持ちながら、政府の戦争遂行に協力していたはずです。

戦後の日本で、戦前・戦中の日本を「悪い時代」であったとする認識に対して、感情的な強い反発を抱く人間が少なからず存在するのは、こうした現実認識のギャップが必然的に生みだした結果であろうと思います。

「戦争中の日本は、良いこともした」「アジアの植民地を白人の支配から解放した」「当時の日本人は、精神的には現代の日本人よりも真面目で誠実だった」。こうした歴史認識を口にする人は、「戦前・戦中の日本で政府が国民に教えたこと」を、その通りに受け止めて今なお信じる、当時と同種の「真面目さ」を共有する人だという見方もできます。

しかし、本書で繰り返し述べてきた通り、戦前・戦中の日本の行き着いた先が、悲惨な敗北と大量の人命損失、そして国の存続の危機であったという、重大な結末を重く受け止めるなら、戦争当時と同種の真面目さを現代に生きる日本人が再び共有することが、決して国のため、社会のためにならないことは明白だと言えます。

当時を生きた日本人が、それと気付かないまま罹っていた「大日本病」に注意し、その再発を予防し、初期症状の段階で根治することが、当時の日本人および戦禍に巻き込まれた外国人の犠牲者を慰霊する意味でも、また我々と我々に続く世代の未来のためにも、必要なことであろうと思います。

それでは、現代の日本で「大日本病」の再発を、どのようにして防ぐべきなのか。

注意すべき点についての私の考えを、以下の七項目にまとめて指摘します。

1、際限のない「褒め言葉」に注意すること
2、二者択一や「敵と味方」の二分法を拒絶すること
3、謙虚な思考を心掛け、傲慢な思考に陥らないこと
4、客観的視点と合理的思考を常に持っておくこと
5、文化や信仰と「政治」の境界を意識すること
6、「形式」ではなく「実質」で物事を考えること
7、独立した思考を持つ「個人」であり続けること

◆際限のない「褒め言葉」に注意すること

第2章の最後で述べたように、特定の人物や集団、偶像などを「褒める」動きがある場合、それが「際限のないもの」であるか否かに、注意を払うことが必要です。

なぜなら、際限のない褒め言葉は、褒める対象の価値を際限なく高めると共に、それ以外の物事の価値を相対的に低下させ、やがては「褒める対象を守るためなら、何を犠牲にしても許される」という極論の思考へと発展していくからです。

一般的に、何かを「褒める」行為は、良いこととされ、褒める人間の謙虚さの表れであ

ると見ることも可能です。しかし、それはあくまで「抑制された」「際限のある」褒め方である場合に限られ、抑制や際限というリミッターを外した形で褒める言葉や行為が積み重なった時、それまで人畜無害と思われていた無難な行為が、社会を壊したり人を傷つけたり、人の命を奪い取る「凶器」になるというのが、恐ろしい現実です。

戦前・戦中の日本の実例は、その恐ろしい現実を後世の我々に教えています。

こうした問題は、日本に限ったことではなく、他国の宗教や政治の分野でも同様の事例を数多く見つけることができます。いわゆる「イスラム過激派」が、爆弾を身体に巻いて自爆するという闘争の手法を許容範囲内だと理解しているのは、彼らの崇拝する神や預言者、教義の内容を「際限なく褒め」て絶対視しているからで、それ以外の物事や、人間の命の価値を際限なく軽く見る思考を、疑問に思わなくなっています。

また、スターリン時代のソ連や、毛沢東時代の中国では、数百万人から数千万人とも言われる国民が、自国の政治指導者によって命を奪われるという出来事が発生しましたが、これも両国の政治体制下で最高指導者を「際限なく褒める」という個人崇拝の反動として起こったことです。際限のない個人崇拝がなければ、スターリンの「大粛清」や、毛沢東の「文化大革命」は、発生しなかった可能性が高いと思われます。

自分が何かの手本にしたり、尊敬できると思う点を他人の行動や創作物に見つけた時、それを素直に、または謙虚に褒めるというのは大事なことです。しかし、集団が同じ人物や思想、所属する国や民族、宗教などを、競い合うようにして「際限なく褒め」始めたなら、それは社会が病気に罹りつつある兆候です。

それに対処するには、対象を「貶《けな》す」のではなく、良い点や評価できる点を「褒め」つつ、対象の良くない点や評価できない点についても明確に指摘・認識して、対象を褒めるという行為に抑制や際限というリミッターをかける必要があります。

◆二者択一や「敵と味方」の二分法を拒絶すること

特定の人物や思想、所属する国や民族、宗教などを、競い合うようにして「際限なく褒め」始めた人間は、対象を褒めるという行為に加わらない人間に対して、なぜあなたは褒めないのか、と問い詰め、自分と同じように褒めることを強要し始めます。

そうした人間は、対象を際限なく褒める行為が正しいと確信しているので、他人にそれを要求することを、自分の当然の務めであり、善行をなしていると理解します。

そのため、相手が自分と一緒に対象を「際限なく褒める」ことを拒むと、突然態度を変えて、お前は我々の敵だ、同じように褒めないのなら味方ではない、と脅します。

こうした「敵」と「味方」の二分法も、古今東西の歴史で繰り返されてきた古典的なパターンです。戦前・戦中の日本の場合、他の人と同じように対象（天皇、国体、政府の方針など）を際限なく褒めない人間は「非国民」と罵倒され、社会的に虐げられました。

実際には、対象を際限なく褒めることを拒絶したからと言って、対象を「貶す」ことを意味することにはなりません。対象を際限なく褒めることと貶すことの間には、対象を部分的に、限定的に、条件付きで「褒める」という選択肢が、グラデーションのように存在しており、本来はその中から自分に合った選択肢を、各人が主体的に選ぶことができます。

特定の人物や思想、所属する国や宗教などの集団を「際限なく褒める」か「貶す」かの二者択一しかないかのように錯覚し、一緒に前者の態度をとって「味方」にならないなら、後者を選んだ「敵」と見なす、と相手を恫喝する人間は、この二者択一以外にもたくさんの選択肢があるという現実を見ようとしません。

また、集団の指導者や幹部が「あいつは我々の敵だから、皆で攻撃せよ」と指示し、集団の構成員が一斉に、標的の人物や団体を罵倒の言葉や直接的な暴力で攻撃するという図式は、いわゆるカルト宗教に多く見られる典型的な行動原理です。

いったんそのような「カルト」に加わると、集団の行動原理に疑問を抱いて脱退したいと思っても、穏便に抜け出すことは困難になります。カルトの構成員は、仲間が抜け出そうとすると「裏切り者＝敵」と見なして牙を剝き、集団で攻撃するからです。

こうした問題に対処するには、二者択一以外の選択肢を具体的に提示し、対象を際限なく褒める集団に加わらないからといって、対象を貶しているわけではない、つまり「敵ではない」ことを、根気強く説明する必要があります。相手がすぐに納得せず、感情的な罵倒の言葉を浴びせてきても、なお理性的に説明し続けなくてはなりません。

◆謙虚な思考を心掛け、傲慢な思考に陥らないこと

特定の人物や思想、所属する国や民族、宗教などを、競い合うようにして「際限なく褒め」始めた人間は、やがて自分自身も、褒めている対象と一体化している、あるいは対象を取り巻く「大きな物語」の一部分を占めている、という風に理解し始めます。

そんな人間は、自分が対象を褒めるほどに、自分自身の存在価値も一緒に高まっていくかのように考えるようになります。対象を際限なく褒めれば褒めるほど、自分の存在価値も対象にリンクする形で「際限なく上昇していく」ような高揚感に浸ります。ですがそれは、古今東西の歴史が示す通り、錯覚にすぎません。

現実には、先に述べたように、特定の人物や思想、所属する国や民族、宗教などを際限なく褒めれば褒めるほど、その集団内における構成員（対象を褒める側にいる一人一人の人間も含む）の存在価値は小さくなります。命の重さは、際限なく軽くなり、そのうちに「特攻」や「自爆攻撃」といった人命無視の行動が普通に行われ始めます。

こうした錯覚に陥った人間は、他の国や民族、宗教などの集団が、自分の所属する集団よりも「劣っている」と考え、侮蔑したり嘲笑したりする行動をとり始めます。そうすることで、自分はあいつらよりも優れた存在なのだ、という「優越感の幻想」に浸ることができるからです。

優越感の幻想に酔って思考が傲慢になるのも、深刻な病気の一症状です。

この「優越感の幻想」は、精神的な麻薬のようなもので、一度その甘美な味を知ると、なかなか抜け出ることができません。ヒトラーのナチ党が戦前・戦中のドイツで絶大な人気を博した理由の一つも、こうした「優越感の幻想」という心の麻薬を、巧みな言葉と政治宣伝によって、ドイツ国民に味わわせたからでした。

思考が傲慢になった人間は、自分と異なる意見を持つ人間に、心ない暴言を吐くことも平気になります。他人に暴言を投げつけることで、自分がさらに優位に立ったかのように錯覚し、やがて暴言の持つ嗜虐性《しぎゃくせい》の虜《とりこ》になってしまいます。しかし、他人の心を意図的に傷つける暴言は、次第にそれを言う人間の心も蝕み、少しずつ破壊していきます。

これに対処するには、人間は一人一人が独立した「個人」であり、所属する国や宗教、民族などの集団が何であるかとは関係なく、存在価値や命の重さは等しいものであることを、明確に指摘・認識して、常に謙虚さを心に抱いておく必要があります。

◆客観的視点と合理的思考を常に持っておくこと

甘美な「優越感の幻想」に酔う人間は、自分の姿や行動を、客観的・合理的に評価する自己診断能力を失います。自分がこう思う、こう信じるという主観が、あらゆる問題の評価基準となり、主観的に「正しい」と思った道を、まっすぐに突き進みます。

戦前・戦中の日本が、あれほど悲惨な形で戦争に敗北した理由を一言で説明するなら、この「主観の暴走」に尽きると思います。国力差や技術力など、物理的要素はもちろん重要ですが、それらは開戦前から既にわかっていたことで、第2章で述べたように、東條英機や日本の戦争指導者は知っていました。彼らは、主観的な解釈を際限なく拡大することによって、勝てる可能性のない戦争を「勝てるかもしれない」と錯覚しました。

そして、東條らは開戦後も、日本にとって都合のいい現実解釈という「主観」を、客観的視点や合理的思考よりも上位に置いて、現実と願望を混同したような作戦指導を行い、無理な作戦や軽率な作戦で大勢の日本軍人を死なせる結果となりました。

当時の日本人が、いかにして客観的視点と合理的思考を喪失していったかについては、本書の第2章で詳しく見てきましたが、今まで多くの書物で旧日本軍の特質として語られてきた「精神主義への過剰な傾倒」は、日本の敗北の根元的な原因ではなく、むしろそのさらに深層の「主観の暴走」という思考面の陥穽の副産物であったように思われます。

客観的視点と合理的思考を「西洋由来の好ましくないもの」と断定して価値を否定し、天皇を中心とする日本という国の価値を際限なく褒め称える「主観の暴走」が、軍人を含む国民の思考と価値判断の基盤として受け入れられたのが、戦前・戦中の日本でした。そんな状況の中で、戦争という最も「客観的視点と合理的思考が必要とされる出来事」が起きれば、その二つを自らの意思で捨て去った日本は、それに代わる主観、つまり精神論で対抗する以外に、残された道はなくなります。

客観的視点と合理的思考で考えれば、玉砕は「全滅」であり、特攻は「搭乗員の自殺と引き換えに敵に打撃を与えようとする攻撃」です。しかし、当時の日本社会では、そんなドライな説明は一切なされず、死んでいく軍人を美化する主観的な「物語」に基づく情緒的な説明だけがなされ、国民の側もそれを受け入れていました。そして日本は、負けるべくして敗北しました。

こうした状況を再び繰り返さないためには、社会で語られる言葉や説明、とりわけ政治家が国民に対して語る言葉や説明に「客観的視点と合理的思考」が存在するのかどうかを厳しくチェックする必要があります。

国や集団の将来を左右するような重要な方策について、論点のよくわからない例え話など、主観的な「物語」に基づく情緒的な説明をしていないかどうか、願望と現実を区別せずに混同していないか監視し、そうしていれば国民の側から厳しく指摘・批判して、「客観的視点と合理的思考」に基づいて判断や説明を行うよう、政府や集団の上位者に要求しなくてはなりません。

◆文化や信仰と「政治」の境界を意識すること

政治家が特定の政策を正当化するために、文化や信仰を利用することは、日本に限らず歴史上多くの国で繰り返されてきました。

戦前・戦中の日本における「国体」思想は、その最も悲惨な失敗例であり、ヒトラーの率いたナチス・ドイツも同様でした。共に、わずか一〇年ほどで自国を破滅の淵に導いた国家体制でしたが、多くの国民が政府に従ったのは、自国の歴史や伝統文化を政治的な思想の裏付けとして利用する手法が、人心掌握の面で効果をあげていたからでした。

日本の場合、古事記と日本書紀に基づく「建国神話」や、祭祀を司る特別な存在としての天皇および皇室は、国民として大事にすべき文化です。また、神様の前で自分の考え方や行いを謙虚に反省したり、神様に願い事をして将来に希望を抱いたりする習慣も、人が豊かに生きる上で大事にすべき信仰です。

しかし、こうした文化や信仰は、国民が大事にしているがゆえに、政治家や政治的活動を行う宗教家の目には「魅力的な道具」に映ることがあります。

もちろん政治家や宗教家のすべてがそうであるわけではなく、文化や信仰をきちんと政治と切り離して尊重する人も多く存在しています。けれども、わずか七五年ほど前にこの国で起きた現実を踏まえれば、それと同じような事態が将来また起きる可能性があるとの前提で、対処法を考えておかなくてはなりません。

その場合、特に注意しなくてはならないのは、教育の分野です。政治体制に関わらず、国民に特定の政治思想を植え付ける作業の出発点は、教育制度への介入にあります。

歴史教育や道徳教育において、自国の文化や伝統、信仰などを教える際、それが容易に政治利用されうることを、大人が正しく認識しておかなくてはなりません。そして、本来政治から切り離されているはずの文化や信仰を、特定の政策を正当化する「出発点」にしていないかどうかを監視する必要があります。

特定の政策を正当化する際、それを支持する人間はしばしば「当たり前」という言葉を使います。聞いた方も、なんとなくそれに反論できず、黙ってしまいます。このような場合に使われる「当たり前」とは、実際には教育現場で巧妙に行われる、国民に特定の政治的価値観を植え付ける教育内容が、その出発点であることが少なくありません。

こうした問題に対処するためには、文化や信仰と政治の間にははっきりとした境界があることを意識し、その境界を気付かれないように消す人間がいないか、本来は社会の共有物である文化や信仰を、勝手に自分たちの政治目的に利用する政治家や政治集団がいないか、常に厳しく監視して、違反者がいればやめさせなくてはなりません。

◆「形式」ではなく「実質」で物事を考えること

ある特定の問題について考えたり、意味や本質を理解する方法には「形式」と「実質」の二種類があります。

文化や信仰を政治家が利用する際、政治家はしばしば、自分の政治目的（実質）を批判から守るための盾として、特定の文化や信仰の「形式」を利用します。

例えば、首相や閣僚が自らの靖国神社参拝を正当化する際、内外の批判から身を守るため、これは死者を慰霊する純粋な行いなのだ、という「形式の盾」に隠れます。

この章の冒頭で紹介した英『エコノミスト』紙の記事は、安倍政権の政治的方向性という「実質」で、問題を分析・解説しています。これが、本来のジャーナリズムの役割であり、彼らは政権や官庁が問題の本質を擬装・偽装するために用意する「形式の説明」という布を自分の手でめくり上げて、その下に隠れているものに光を当てています。

これに対し、日本の大手メディアは、政治問題では特に、実質ではなく「形式」で、問題を分析・解説することが多いように見えます。政権や官庁が用意する「形式の説明」を丸ごと受け入れた上で、その文脈に沿う形で、問題に光を当てます。

第二次安倍政権が成立した時も、日本の大手メディアは首相の言葉を無批判にそのまま「形式」的に報道し、日本会議や神道政治連盟など、特定の政治理念を共有する政治団体との繋がりという、重要な「実質」には触れませんでした。こうしたスタイルでの情報伝達は、ジャーナリズムではなく広報の仕事に近いと言えます。

この「実質」と「形式」の違いは、言葉を換えれば、自分で問題に斬り込んで独自の視点で考えるのか、それとも誰かが用意したレールに乗って、あらかじめ決められた角度からのみ問題を見るのか、という違いでもあります。問題を「実質」で捉えて考えるためには、自分で問題に斬り込む強靱な思考力が必要とされます。

当然のことながら、自分で問題に斬り込んで間違ってしまった場合、全責任は自分が負わなくてはなりません。それに対し、誰かが用意したレールに乗って、あらかじめ決められた角度からのみ問題を見るだけなら、結果的に間違ったとしても、責任を「レールを敷いた誰か」に負わせることができます。

それゆえ、精神的負担が大きいのは「実質」で物事を考える方であり、思考を「形式」に委ねる方が、はるかに精神的に楽な生き方ができます。日本の教育は、生徒の思考をあらかじめ用意された「形式」に適応させて、その枠内で競争させ、既存の「形式」に疑問を抱かない人間を量産することに重きを置いているように見えます。

例えば、問題を素早く正確に解く能力が評価されて好成績が与えられますが、生徒が問題設定の内容に疑問を抱くという発想の評価やその思考訓練は、まったく行われません。

ある社会で思考を「形式」に委ねる人間が多数派である場合、「形式」の操作に長けた人間が、圧倒的に有利な立場に立つことができます。

こうした事態に対処するためには、常日頃から、物事を「形式」と「実質」の二つの視点から考え、社会で交わされる議論や意見交換の内容、そして政治家が国民に語る言葉が「形式」と「実質」のどちらなのかを、意識する習慣をつける必要があります。

◆独立した思考を持つ「個人」であり続けること

第２章で述べたように、戦前・戦中の「国体」思想は、一人一人の人間を個人として尊重するという「個人主義」について、客観的視点や合理的思考と同様に「西洋由来の好ましくないもの」と断定して、価値を否定する考え方を日本国民に植え付けました。

その結果、当時の日本人は、政府の説明や戦争遂行の手法に疑問を抱いても、それを表明することができなくなりました。政府の方針に疑問を呈する者は、危険人物として特高警察の取り締まり対象となり、国民が「個人」として発言する機会は失われました。

国民が政府の方針におとなしく従い、新聞やラジオなどのメディアも政府の方針を一切批判しないというのは、一見すると政府にとって「最も好ましい状態」であるかに見えます。ところが、歴史はそれが大きな間違いであったことを教えています。

政府や戦争指導部が、錯誤や判断能力の低下などで間違った決断を重ねるようになった時、国民が個人として感じたことを率直に書いたり、人前で話したり、新聞やラジオが政府の方針に疑問を差し挟んだり、明確な論調で批判することは、機械の故障や装置の不具合、乗り物の進路からの逸脱を示す「センサー」のような役割を果たします。

政府や戦争指導部の幹部が、自分たちも間違うことがあるとの謙虚な姿勢でいるなら、そうした疑問や批判をフィードバック情報として政策方針に反映し、軌道修正を行って、将来の破滅を回避できます。しかし、国民やメディアというセンサーのスイッチが切られれば、国や社会が進路を間違っていても、軌道修正する機会が無くなります。

その結果、日本政府は一九四五年八月に歴史上最大の危機に直面し、政府にとって「最も好ましくない状態」へと、まっすぐに突進していくことになりました。独立した思考を持つ個人を社会から排除したことで、逆に政治体制から健全さが損なわれ、政府にとっても国民にとっても不幸な結末へと、岩が坂道を転がるように転落していったのです。

こうした事態を避けるためには、一人一人の国民が独立した思考を持つ「個人」であり続け、自分もまた社会の健全さを保つ役割を担う「センサー」の一つであるという自覚を持つ必要があります。

特に社会が「平時（平和な状態）」から「有事（戦争などで危機に直面した状態）」へと移行しつつある時には、独立した思考を持つ個人の数が、政府の暴走や脱線を防ぐ重要なセンサーの性能に直結します。

民主主義社会における「市民（citizen）」とは、独立した思考を持つ「個人」だけがなれるものであり、指導者に教えられた通りに形式的に物事を考え、帰属する集団にただ奉仕するだけの人間は、ただの「人」ではあっても「市民」にはなり得ません。

帰属する集団やその指導者に思考と価値判断を委ねず、個人として思考し、個人として発言することには、多少の勇気が必要とされます。しかし、明治時代や大正時代の出版物を読むと、当時の日本には戦前・戦中の日本とは異なり、個人として物事を考え、個人として堂々と意見表明する人が大勢いたのだと驚かされます。

第２章の冒頭で紹介した『世界之日本』の竹越与三郎や西園寺公望らも、必要とあらば外国の事例を手本としながら、個人としての考えを率直に世に問うた人たちでした。

昭和初期の「国体」思想家が蛇蝎《だかつ》のごとく嫌った、西欧式の思想や哲学の日本への流入は、明治や大正期の日本人が個人として思考し、謙虚な姿勢で外国の「良いところ」を学ぼうとした結果でした。一九四五年八月に日本が悲惨な敗戦を迎えた後、戦後に目覚ましい復興を遂げることができた背景には、明治や大正期に培われた「個人主義」の思想が完全には根絶されず、戦後まで生き延びていたという事実があったように思います。

今後、日本が再び「大日本病」に冒され、国民が想像を絶する大きな災厄に見舞われるか否かは、戦後日本の民主化の礎となった日本国憲法で保障されているように、一人一人の国民が独立した思考を持つ「個人」であるかどうかにかかっています。

日本国民が将来も「個人」であり続けるのか、それとも指導者に教えられた通りに形式的に物事を考え、帰属する集団に忠実に奉仕する「人」になることを選ぶのか。

今から七五年ほど前にこの国で生き、壮絶な戦争で命を落とした大勢の日本人が、今を生きる我々の進む道を、天から無言で見守っているように思います。

第5章
戦前の価値観を継承する安倍政権

この章では、本書の旧版が発売された二〇一五年九月から現在（二〇一八年三月）までの二年半にこの国で起きた、いくつかの出来事に光を当て、本書のテーマである「戦前回帰」の文脈から、その政治的・社会的な意味を読み解きます。

それぞれの出来事については、日本のメディアでも個別に報じられましたが、本書で第4章までに説明した内容を踏まえた上で、改めて個々の出来事を俯瞰すれば、これらがすべて同じ方向を向き、一本の線上に位置していることが理解できるはずです。

[16] 伊勢神宮にスポットライトが当てられたG7サミット

◆「賢島」ではなく「伊勢神宮ありき」で決まった開催地

二〇一六年五月二十六日から翌二十七日にかけて、三重県志摩《しま》市の賢島《かしこじま》で、第四二回先進国首脳会議（G7サミット）が開催されました。

いわゆる「伊勢志摩サミット」です。

このサミットの開催地がどこになるのか、安倍晋三首相が羽田空港で記者団に発表したのは、開催日から約一年前の、二〇一五年六月五日でした。

同日のNHK午後七時のニュースは、「安倍首相〝来年は伊勢志摩サミット〟」という見出しで、この発表を報じましたが、画面には開催地の賢島ではなく、そこから一八キロ離れた伊勢神宮の風景が映し出され、「伊勢神宮は悠久の歴史をつむいできた」「たくさんの日本人が訪れる場所であり　日本の精神性に触れてもらうには大変よい場所」「ぜひG7のリーダーたちに訪れて頂き　伊勢神宮の荘厳で凛《りん》とした空気を共有できればよい」という安倍首相のコメントが、テロップとして重ねられていました。

つまり、伊勢志摩サミットの報道では、正式発表の当日から、開催地の賢島よりも伊勢神宮にスポットライトが当てられ、「G7のリーダーたちを伊勢神宮に連れて行く」という安倍首相の強い要望が、重要な意義であるかのように国民に伝えられました。

日本で開催される予定のG7サミットの場所については、賢島以外にも七つの場所が候補地として挙げられており、三重県（賢島）が立候補したのは、一番最後でした。

正式発表翌日（六月六日付）の朝日新聞朝刊一面は、「来年、伊勢志摩サミット」との見出しで開催地決定を報じ、同四面では決定に至る詳しい経緯を説明しました。


『首相が伊勢志摩サミットを決断した直接のきっかけは、今年一月五日の伊勢神宮参拝にあった。

参拝中、首相は「ここはお客さんを招待するのにとてもいい場所だ」と口にした。それを聞いた首相周辺が、同行していた鈴木《すずき》英敬《えいけい》三重県知事に「サミット候補地として立候補すればいい。いま直接、首相に伝えるべきだ」と進言した。

鈴木知事は伊勢神宮が宗教施設である点や、伊勢志摩以外に七都市が開催候補地に名乗りを上げていたことから、やや遠慮気味に「今から手を挙げても間に合いますか」とたずねたところ、首相は「いいよ」と即答。鈴木知事は一月二十一日の定例記者会見で、サミット誘致の意向を正式に表明した。鈴木知事は経産官僚出身、第一次安倍内閣で官邸のスタッフだった』

この一連の流れを見ても、開催地の選定は「賢島」ではなく「伊勢神宮ありき」であったことがうかがえます。実際、同じ記事には次のような文章もありました。

『政府高官は「やはり『伊勢神宮の凛とした独特な空気を外国首脳にも感じてもらいたい』という首相の意向が一番大きい」と、選定には首相の強い意向があったことを認める』

◆伊勢神宮を特別扱いで宣伝する安倍首相と「政教分離」の原則

右で紹介した二〇一五年六月六日付の朝日新聞朝刊四面の見出しは「伊勢志摩　首相の強い意向『日本の精神性　触れていただく』」というものでしたが、伊勢神宮は「宗教法人神宮」という名称の一宗教施設であり、日本各地に存在する数多くの寺社仏閣の中から、政府が伊勢神宮だけを特別に優遇したり、「日本の精神性」などの言葉で宣伝することは、第3章で紹介した日本国憲法の「政教分離の原則」に抵触しているようにも見えます。

『第二十条　（中略）いかなる宗教団体も、国から特権を受け、又は政治上の権力を行使してはならない。（中略）国及びその機関は、宗教教育その他いかなる宗教的活動もしてはならない』

『第八十九条　公金その他の公の財産は、宗教上の組織若しくは団体の使用、便益若しくは維持のため、又は公の支配に属しない慈善、教育若しくは博愛の事業に対し、これを支出し、又はその利用に供してはならない』

ある特定の宗教施設について、政府のトップである首相が「日本の精神性」や「荘厳で凛とした空気」といった言葉で特別扱いすることは、ある意味ではイメージ宣伝という形での「特権」やパブリシティ（広報活動）効果を国から得ているとも言えます。

実際、伊勢志摩サミット初日が終了した二〇一六年五月二十六日、外務省の公式サイトは「安倍総理大臣及びG7各国首脳による伊勢神宮訪問」と題した記事を、三点の写真入りで公開しましたが、記事の下には「関連リンク」として「伊勢神宮公式ホームページ」にジャンプできるリンクが貼られていました。

同記事の英語版でも同様に、「Related Link」として「Ise Jingu」の公式英文ウェブサイトへのリンクが貼られるという念の入れようでした。

外務省という政府機関の公式サイトに、一宗教施設の宣伝となるようなリンクが貼られている事実は、日本国憲法の条文との整合性を考えれば、軽視はできないはずです。

けれども、こうした「政教分離原則への抵触」「憲法違反の疑い」という観点から、伊勢神宮という場所の特殊性を前面に打ち出した形での伊勢志摩サミットの開催に疑問を呈する論説は、日本の大手メディアでは事実上皆無でした。

これに対し、海外のメディアによる報道は、日本国内でのサミット報道とは趣が違っていました。第4章の冒頭で紹介した、イギリスの高級週刊紙『エコノミスト』は、サミットの開催を五日後に控えた二〇一六年五月二十一日の記事で、一九四七年に施行された日本国憲法の第二十条が「宗教団体に対する国からの特権付与」を認めていないことを指摘し、安倍首相の行いが憲法違反である可能性について示唆していました。

また、同記事は安倍首相が「神道政治連盟（Shinto Seiji Renmei）」のメンバー（正確には同連盟の国会議員懇談会の会長）であり、この組織が「戦前の宗教的・社会的・政治的秩序（pre-war religious, social and political order）」を甦らせようとする運動を展開してきたという、問題の核心を鋭く射抜くような説明もしていました。

第4章で述べた通り、神道政治連盟とは、神社本庁の傘下にある政治運動団体であり、伊勢神宮は神社本庁が本宗《ほんそう》とする宗教法人です。神道政治連盟国会議員懇談会の会長である安倍晋三首相が、G7サミットの開催地を「伊勢志摩」に決定し、伊勢神宮にとりわけ強い光を当てるようなイメージ宣伝を国費で展開する構図は、安倍首相＝神道政治連盟＝神社本庁＝伊勢神宮という、一本の太い線として繋がります。

◆安倍首相と神道政治連盟の繋がりに目を向ける海外メディア

同様の問題認識は、イギリスの『ガーディアン』紙も、二〇一六年五月二十五日付の記事で報じていました。

「日本でのG7：各国リーダーの国家主義的神社への訪問に関する懸念」と題された記事で、同紙は安倍首相を「熱心な神道の信奉者」と紹介した上で、「第二次世界大戦における敗戦と共に軍国主義が終了してから七〇年の時を経て、安倍政権下の日本で、土着の宗教〈＝神道〉が政治的復権を遂げつつある」と指摘しました。

同紙も、安倍首相と神道政治連盟（Shinto Association of Spiritual Leadership）の関係について触れ、安倍政権の閣僚のほとんどが同連盟（の国会議員懇談会）のメンバーである事実にも言及しています。

また、神社本庁の傘下にある神道勢力が、国政の中枢に深く食い込んでいる安倍政権の内情について、複数の学者による証言を交えながら解説しています。

そして、神道政治連盟と同様に安倍政権に強い影響力を持つ日本会議（Nippon Kaigi/Japan Conference）が、先の戦争における日本の侵略や非人道的行為を否定する政治運動を展開している事実を指摘した上で、各国のリーダーが迂闊《うかつ》に伊勢神宮を訪れることは「そうしたネオ国家主義者（neonationalist）の行動計画に正当性を付与する効果を与えることは疑いない」と、政治利用される危険性についての注意を促していました。

同じくイギリスの『ザ・タイムズ』紙も、二〇一六年五月二十五日に「G７首脳が日本で神社を訪問しないよう警告を受ける」との記事を掲載しました。

記事によると、警告を発したのはイギリスの宗教指導者や宗教学者で、安倍首相は伊勢神宮について「日本の精神性や伝統文化を感じられる場所」と述べているが、実際には平和憲法の変更や愛国心の高揚などを唱える保守派の国家主義者（神道政治連盟など）に繋がる施設でもあると指摘し、各国リーダーがそこを訪れることは「安倍首相の国家主義的な政治的思惑に利用されるリスクがある」との懸念を、イギリスのキャメロン首相と（安倍首相を除く）G７各国の指導者に伝えたと報じました。

このほか、ロイター通信は二〇一六年五月二十五日付の記事で「安倍首相が、サミットに先立ち、神道の聖地〈伊勢神宮〉を参拝」「第二次世界大戦期の日本の指導者は天皇の名において、神道のイデオロギーを戦争遂行に利用したが、戦後の平和主義的な憲法は、国家と宗教を分離した」と報じ、フランスの『ル・モンド』紙も、二〇一六年五月二十五日付の記事で「日本がG７のリーダーを神道の神社に招き入れる」との見出しの記事で、安倍首相と神道政治連盟の繋がりにも触れながら、政教分離違反への懸念を伝えました。

◆問題点を鋭く指摘した地元・三重県の地方紙『伊勢新聞』

右に列挙した海外記事の多くは、安倍首相と神道政治連盟が、A級戦犯を祀る靖国神社に好意的である事実にも言及するなど、単に安倍首相や日本政府の公式発表をそのまま鵜《う》呑《の》みにして広報官のように伝えるのでなく、背景を流れる「戦前的価値観の復活」という安倍政権の政治的思惑を浮かび上がらせる内容となっていました。

けれども、日本国内では、こうした観点から伊勢志摩サミットに隠された政治的意味を受け手に伝える報道は、『週刊朝日』やネットメディアなどを別にすれば、「大手」と呼ばれる新聞やテレビ（ＮＨＫも含む）では皆無でした。

そんな中で、問題の核心を短い記事で鋭く指摘したのは、地元・三重県の地方紙である『伊勢新聞』でした。同紙は、サミット終了後の五月二十八日付の「大観小観」というコラムで、次のような観点から、安倍首相の思惑に光を当てていました。

『内宮正宮前でにこやかに手を振り記念撮影する七カ国首脳。記事は「神宮訪問」で、前日訪れた安倍晋三首相が「神宮参拝」と本紙の場合、区別していたのは読者諸兄ならお気づきだろう』

『宗教施設への「参拝」は政教分離の原則上、問題が多く、七カ国首脳は伝統文化への「訪問」の形を取ったに違いない。だからこそ前日、安倍首相は「予告なき参拝」の意味がある』

『憲法改正が現実的になり、安倍首相は神社の非私人化も意識し始めたのではないか。天皇の元首を目指す以上、その神社が私人ではつじつまが合わない。問題は靖国神社ほかにも拡大させるかどうか』

一方、日本会議会長の田久保忠衛をはじめ、日本会議の役員や主な論客の寄稿を「正論」というコラム記事で数多く掲載している産経新聞は、伊勢志摩サミットの開催から二日前の五月二十四日に、「G7首脳、伝統体現する『御垣内参拝』で伊勢神宮訪問　『正式参拝』精神性触れる場に　安倍首相は個別で参拝も」という記事を公開しました。

『日本政府が26日に開幕する主要国首脳会議（伊勢志摩サミット）で予定する先進7カ国（G7）首脳による伊勢神宮（三重県伊勢市）の訪問に関し、正式参拝の「御垣内参拝（みかきうちさんぱい）」で内宮に参拝する方向で各国と最終調整していることが24日、分かった。訪問を単なる文化財の視察とせず、日本の精神性や伝統などを肌で感じてもらう機会とすることを重視した。〈中略〉

政府関係者によると、G7首脳は26日午前、安倍晋三首相の案内のもとに内宮の「御正殿」で御垣内参拝を行う。「二拝二拍手一拝」の作法は求めず、あくまで自由に拝礼してもらう形をとる。

また、伊勢神宮では外宮から内宮に参拝するのが古くからの習わしだが、今回は時間の都合から内宮のみとする。

G7首脳の伊勢神宮参拝をめぐっては、政府内で政教分離の原則の観点を懸念する声もあったが、伊勢神宮に代表される日本の精神文化や心をより深く理解してもらう目的であることから、原則には抵触しないと判断した』

最後の文が示すように、日本政府は海外メディアが報じた「政教分離原則」に抵触しかねないという懸念への対処として、抜け道のような「作法の解釈」、つまり形式的説明で、批判をかわそうとしていました。しかし、最後の「(政教分離の)原則には抵触しないと判断した」のが誰なのかという主語が抜けているので、判断を下した責任の所在は、国民には明かされませんでした。

◆日本キリスト改革派教会が発表した、安倍首相への抗議声明

伊勢志摩サミットの開催から五か月後の二〇一六年十月十二日、日本キリスト改革派教会という宗教法人が、安倍首相に宛てて、「安倍首相の伊勢神宮参拝、並びに伊勢志摩サミットにて各国首脳を伊勢神宮に案内したことに対する抗議声明」を発表しました。

『私たち日本キリスト改革派教会は、本年一月五日と五月二十五日、安倍首相が行った伊勢神宮参拝と、五月二十六日、伊勢志摩サミットへの参加のため来日した各国首脳を、安倍首相が伊勢神宮に案内したことに対して以下の理由から強く抗議します』

この声明で挙げられた抗議の理由は、「1. 国家権能は信教の自由と政教分離の原則に従って行使されなければならない」「2. 安倍首相の伊勢神宮参拝は憲法の政教分離原則に違反する」「3. 安倍首相が伊勢志摩サミットにて各国首脳を伊勢神宮の内宮で出迎え、案内したことは信教の自由と政教分離の原則に違反する」の三つで、特に三番目の伊勢志摩サミットでの外国要人案内については、次のように問題点を指摘しました。

『安倍首相は伊勢志摩サミットで各国首脳を伊勢神宮に招待するにあたり、「悠久の歴史をつむいできて、たくさんの日本人が訪れている。日本の精神性に触れてもらうには大変良い場所だ」（二〇一五年六月五日　日本経済新聞）と語りました。そして、本年五月二十六日、安倍首相は伊勢志摩サミットのために来日した各国首脳を伊勢神宮の内宮の入り口で出迎え、その後、正式参拝の場所である御垣内（みかきうち）に案内しました。こうした安倍首相の行為は、一宗教法人である伊勢神宮を特別な存在として扱う行為であり、「いかなる宗教団体も、国から特権を受け、又は政治上の権力を行使してはならない」「国及びその機関は、宗教教育その他いかなる宗教活動もしてはならない」という憲法第二十条の政教分離の原則に違反します。

政府は、「参拝」ではなく「訪問」であり、そこで「二拝二拍手一拝」や「おはらい」をしないから、政教分離には違反しないと言っています。しかし、サミットという国際的な公的行事にあたって、首相が一宗教法人である伊勢神宮を「日本の精神性に触れてもらうには大変良い場所だ」と宣伝し、そこに各国首脳を案内することは、政府自身が伊勢神宮を特別な宗教団体であると見なし、宣伝していることに他なりません』

この文の最後に書かれているような懸念は、決して根拠のないものではありませんでした。G7各国リーダーが安倍首相の案内で伊勢神宮を訪問した二〇一六年五月二十六日、伊勢神宮は早くも、「神宮表敬に際してのG7首脳の記帳についてのお知らせ」と題したページを公式サイトで公開しました。

そこには、アメリカのオバマ大統領、フランスのオランド大統領、ドイツのメルケル首相、イギリスのキャメロン首相、イタリアのレンツィ首相、カナダのトルドー首相、そしてEU（欧州連合）のトゥスク欧州理事会議長とユンカー欧州委員会委員長が、同日午前に伊勢神宮を訪問した際に記帳したメッセージ（当然ながら、内容はいずれも伊勢神宮に好意的なもの）が、原文と日本語訳で、原文の画像と共に記されていました。

安倍首相の意図が何であったにせよ、結果として、伊勢神宮とそれを本宗とする神社本庁（神道政治連盟の親組織）は、G7リーダーの伊勢神宮訪問という出来事によって、他の宗教施設とは別格であるかのような「箔付け」や「権威付け」、そして「日本を代表する特別な宗教施設であるかのような宣伝材料」を得たことになります。

また、このサミットの終了後、近鉄（近畿日本鉄道）やJR東海の駅には、伊勢志摩の観光ポスターが何種類か掲示されましたが、そのいくつかは、カメラの方を見る安倍首相を「センター」とする、G7首脳の伊勢神宮訪問時の写真が使用されていました。

現職首相の顔写真入りのポスターが、駅の構内に貼り出されて、通勤や通学の乗降客の目に毎日触れるようなことは、一般的にありませんが、伊勢志摩サミットの開催により、安倍首相は結果として、そのような「宣伝の機会」を得ることになりました。

◆選挙応援の「ついで」に橿原神宮を参拝した安倍首相

伊勢志摩サミット二日目の二〇一六年五月二十七日、産経新聞は「伊勢志摩サミット日本を見直すきっかけに」と題した記事（ネット版）を公開しました。

『2つの点でこの回復のきざしが読み取れる。第1に神道に関して。今回、参加国の首脳が伊勢神宮を訪問した。感慨深い第1の点である。

終戦直後から、連合国軍総司令部（GHQ）は矢継ぎ早に日本の改革を実施した。昭和20（1945）年12月には神道指令により、神道への国や自治体のかかわりが禁じられた。（中略）

GHQが植え付けたような神道観がむしろ誤ったものであることはいま、常識に照らせば明らかだろう。そして神道に対する海外の認識もすでに相当に改まっていることを、今回の伊勢神宮訪問は改めて感じさせた』

本書の第3章と第4章を踏まえた上でこの記事を読めば、この記事の筆者が「神道」と「国家神道」を意図的に混同して、GHQが否定したのが後者ではなく前者であったかのように、読者をミスリード（間違った方向への誘導）するものだと見抜けるはずです。

イギリスの宗教指導者や宗教学者が懸念した通り、安倍首相の主導によるG7リーダーの伊勢神宮訪問は、敗戦後の日本でGHQが神道指令などで行った「国家神道の封印」を剝がそうとする動きに、一定の正当性を与える効果をもたらしていました。

そして、伊勢志摩サミット終了から二週間後の二〇一六年六月十日、安倍首相は同年七月十日に投開票が予定される第二四回参議院議員選挙の選挙応援で、関西と東海の両地方を訪問しましたが、そのルートの中に、戦前と戦中の国家神道時代に重要な役割を担った神社である「橿原《かしはら》神宮」への「参拝」が織り込まれていました。

橿原神宮とは、明治期の一八九〇年四月二日に「官弊大社」として創建された神社で、実証的な歴史研究では実在性が認められていない神武天皇とその皇后を祀っています。言い替えれば、橿原神宮は、伝統的な神道の信仰とは全く関係のない、大日本帝国時代の国家神道の思想体系が生んだ「遺産」とも言うべき存在です。

それゆえ、戦前と戦中の国家神道体制下の日本では、伊勢神宮や明治神宮、神戸の湊《みなと》

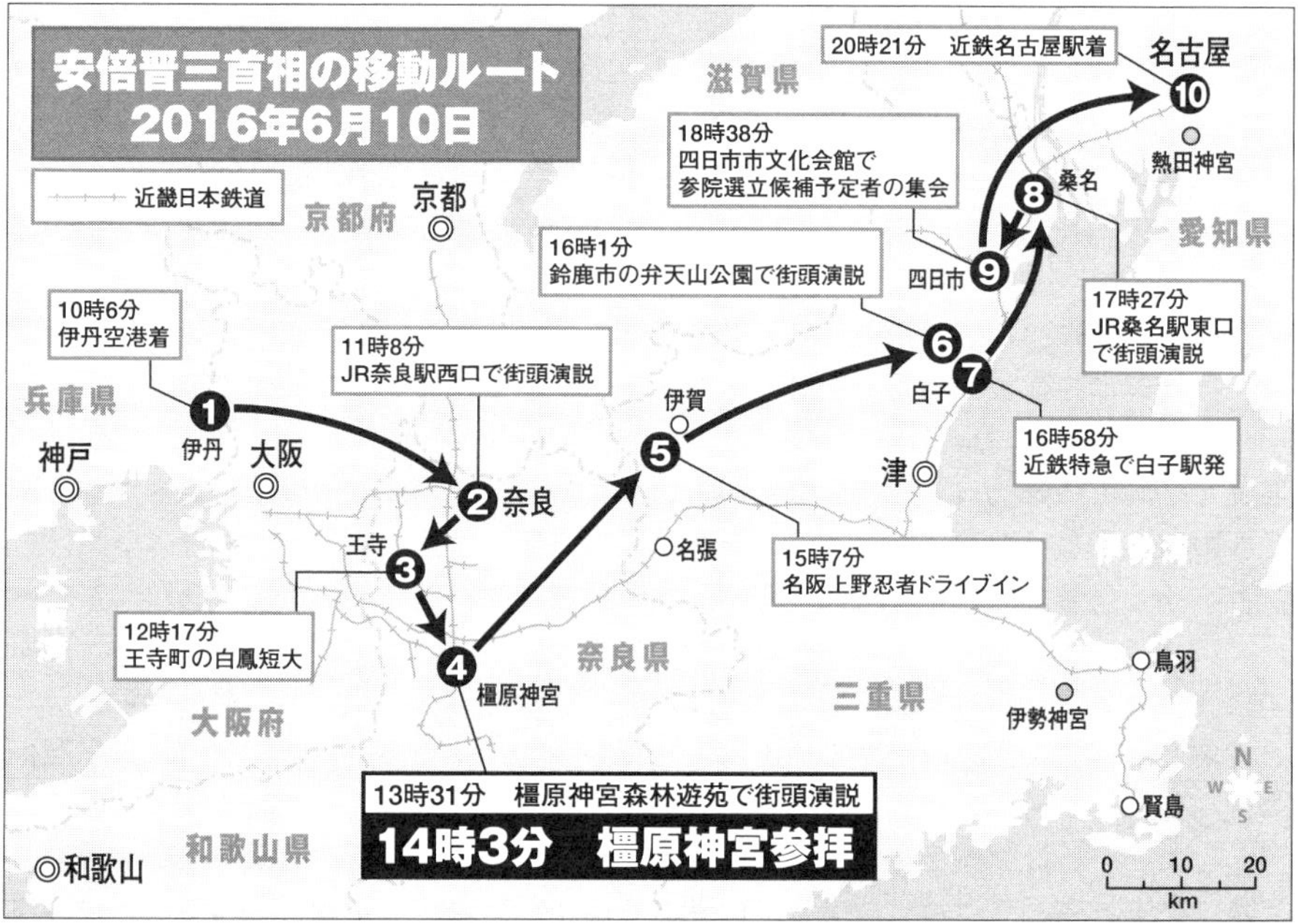
安倍晋三首相の移動ルート
2016年6月10日
近畿日本鉄道
京都府
京都
滋賀県
兵庫県
神戸
大阪
伊丹
10時6分
伊丹空港着
11時8分
JR奈良駅西口で街頭演説
奈良
王寺
12時17分
王寺町の白鳳短大
橿原神宮
13時31分　橿原神宮森林遊苑で街頭演説
14時3分　橿原神宮参拝
大阪府
和歌山県
和歌山
奈良県
伊賀
名張
15時7分
名阪上野忍者ドライブイン
16時1分
鈴鹿市の弁天山公園で街頭演説
白子
津
16時58分
近鉄特急で白子駅発
四日市
18時38分
四日市市文化会館で
参院選立候補予定者の集会
桑名
17時27分
JR桑名駅東口
で街頭演説
20時21分　近鉄名古屋駅着
名古屋
熱田神宮
愛知県
三重県
伊勢神宮
鳥羽
賢島
0 10 20
km

川《がわ》神社などと並び、重要な「精神性」を持つ場所と見なされており、昭和天皇も一九四〇年六月九日に、伊勢神宮と橿原神宮で日中戦争の戦勝祈願を行いました。

しかし、橿原神宮もまた一宗教施設であり、現職の総理大臣が参拝することは、政教分離原則に抵触する行動であるようにも見えます。また、神武天皇を祀る神社を、現職の総理大臣が参拝することは、その神社が創建された根拠である国家神道の政治思想を、日本政府のトップが今も継承していることを示す行動であるとも言えます。

さらに、前ページの地図上に記した移動ルートを見れば、白鳳《はくほう》短期大学という一九九八年に設置された私立大学の訪問と、橿原神宮の敷地内にある森林遊苑での街頭演説という、一見すると必然性がよくわからない、遠回りのルート設定によって、橿原神宮への参拝という安倍首相の行動が不自然に見えないようになっていることに気付きます。

選挙応援の街頭演説という本来の目的を考えれば、駅から遠い森林遊苑ではなく、橿原神宮前駅や、それより人通りが多い大和八木駅で行う方が、はるかに効果的であるはずです。

安倍首相も一九四〇年六月の昭和天皇と同様、二〇一六年の五月から六月にかけて、伊勢神宮と橿原神宮を連続参拝したことになりますが、その意図が何らかの「戦勝祈願」であったのか否かについては、今のところ報じるメディアはありません。

［17］天皇の生前退位をめぐるせめぎ合い

◆国民の関心を集めた、天皇から国民へのテレビによる語りかけ

安倍首相の橿原神宮参拝から約二か月が経過した二〇一六年八月八日、ＮＨＫは午後三時から、きわめて異例となる、あるビデオを全国に放送しました。

在位中の天皇が、テレビを通して全国民に直接語りかけるという出来事は、長さが一一分二秒で、「象徴としてのお務めについての天皇陛下のおことば」と題されていました。その内容は、のちにメディアで注意深く用いられた表現を借りると、天皇による「生前退位の思いを強くにじませたお気持ちの表明」であり、冒頭では次のような「主旨表明」の言葉が述べられました。

『戦後70年という大きな節目を過ぎ、2年後には、平成30年を迎えます。

私も80を越え、体力の面などから様々な制約を覚えることもあり、ここ数年、天皇としての自らの歩みを振り返るとともに、この先の自分の在り方や務めにつき、思いを致すようになりました。

本日は、社会の高齢化が進む中、天皇もまた高齢となった場合、どのような在り方が望ましいか、天皇という立場上、現行の皇室制度に具体的に触れることは控えながら、私が個人として、これまでに考えて来たことを話したいと思います』

これらの言葉が示す通り、天皇の「お気持ちの表明」という異例の出来事は、天皇の高齢化という現実に直面する当事者として、日本国憲法に基づく「主権者」である国民に、正しい判断を下す上で必要となるいくつかの情報を提供するという、ある種の「状況説明」のような意図が込められたものだったと見ることも可能です。

ここで注目すべきは、天皇が自らを指して「私が個人として」これから話します、と説明していることです。宮内庁の公式サイトに出ている英語版でも、この箇所は「I, as an individual」、つまり「個人として」考えてきたことを語る、という文になっています。

そして、自分が即位以来、「日本国憲法下で象徴と位置づけられた天皇の望ましい在り方」の模索と「伝統の継承者として、これを守り続ける責任」の自覚を常に心に抱いてきたことを表明したあと、「高齢による体力の低下」を実感することが増え、終身在位という現在の制度が、果たして「国にとり、国民にとり、また、私のあとを歩む皇族にとり良いことであるかにつき、考えるようになりました」と率直に述べました。

従来、天皇が何らかの理由でその役割を果たせなくなった場合、「摂政」という代理人を立てる制度が用意されていましたが、天皇は「おことば」の中で、高齢化という問題には「摂政」の制度では対応しきれない部分もあるとの考えを披露しました。

『天皇の高齢化に伴う対処の仕方が、国事行為や、その象徴としての行為を限りなく縮小していくことには、無理があろうと思われます。また、天皇が未成年であったり、重病などによりその機能を果たし得なくなった場合には、天皇の行為を代行する摂政を置くことも考えられます。しかし、この場合も、天皇が十分にその立場に求められる務めを果たせぬまま、生涯の終わりに至るまで天皇であり続けることに変わりはありません』

そして、天皇は「おことば」の最後に次のような思いを、受け手の国民に伝えました。

『始めにも述べましたように、憲法の下《もと》、天皇は国政に関する権能を有しません。そうした中で、このたび我が国の長い天皇の歴史を改めて振り返りつつ、これからも皇室がどのような時にも国民と共にあり、相たずさえてこの国の未来を築いていけるよう、そして象徴天皇の務めが常に途切れることなく、安定的に続いていくことをひとえに念じ、ここに私の気持ちをお話しいたしました。

　国民の理解を得られることを、切に願っています』

◆生前退位という選択肢に激しく反発した日本会議の面々

明治期、つまり大日本帝国の始まりにおいて、広範囲にわたり再定義された天皇と皇室の制度（皇室典範）では、天皇はいったん即位したら、生涯を通じて天皇であり続けなくてはならない決まりになっていました。

しかし、当時と現在では、社会の仕組みも人々の寿命も違っており、旧来の制度を今後も変わらず維持していくべきなのかどうか。長い歴史の中でいくつも前例が存在することを踏まえて、天皇も「生前」に退位できるように制度を変えるべきかもしれない。

そんな重い問題について、主権者である国民が改めて考える上で、天皇の「おことば」に含まれた情報は、きわめて有用な判断材料であるように思います。

ＮＨＫが「宮内庁関係者への取材で分かった」スクープとして「天皇陛下が数年内に生前退位する意向を示している」ことを最初に報じたのは、「おことば」の放送から二十六日前の、七月十三日午後七時の「ニュース７」でした。この報道は、内外に大きな波紋を呼ぶことになりましたが、天皇の生前退位という選択肢について、強い拒絶反応を示したのが、大日本帝国時代の天皇と国民の関係を理想とする、日本会議のメンバーでした。

例えば、日本会議の副会長職を長く務める、東大名誉教授（日本思想史）の小堀桂一郎《こぼりけいいちろう》は、ＮＨＫの第一報の報道から三日後の七月十六日付産経新聞朝刊にコメントを寄せましたが、その中には次のような文言がありました。

『天皇の生前御退位を可とする如き前例を今敢えて作る事は、事実上の国体の破壊に繋がるのではないかとの危惧は深刻である。全てを考慮した結果、この事態は摂政の冊立《さくりつ》を以て切り抜けるのが最善だ、との結論になる』

戦後の日本国憲法下の日本では、「国体」という概念は存在していないはずですが、小堀桂一郎をはじめとする日本会議のメンバーは、今も戦前・戦中と同じように「国体」の概念で物事を判断・評価している事実を、このコメントは物語っています。生前退位を可能とすることで「国体の破壊」になるというのは、戦前・戦中型の「国体観」を、今後も日本は保持すべきだという意思表明に他なりません。

そして、「全てを考慮した結果、この事態は摂政の冊立を以て切り抜けるのが最善だ、との結論になる」という小堀桂一郎の言葉は、天皇がのちに「おことば」で語った「摂政では問題の恒久的な解決にはならない」という懸念とは、完全に相反するものでした。

二〇一六年九月十日付の朝日新聞朝刊四面に掲載された「男系維持派　困惑」「生前退位　政府が特措法検討」という記事は、日本会議がなぜ天皇の生前退位に反発するのかという理由について、「男系の維持を揺るがすから」という観点から分析しました。

『天皇陛下が生前退位の思いを強くにじませたお気持ちを表明したことに、男系の皇統維持を求めてきた人たちが困惑している。「日本会議」や「神道政治連盟〈神政連〉」の関係者が多く、安倍政権の支持層とも重なる。〈中略〉

男系の皇統を維持すべきか女系天皇を認めるべきかの問題は、一見、退位とは関係ない。しかし、実は、男系派が退位に抱く危機感と密接に結びついている。

安倍首相に近い八木《やぎ》秀次《ひでつぐ》・麗沢《れいたく》大教授は「天皇の自由意思による退位は、いずれ必ず即位を拒む権利につながる。男系男子の皇位継承者が次々と即位を辞退したら、男系による万世一系の天皇制度は崩壊する」と解説。「退位を認めれば『パンドラの箱』があく」と強い危惧を表明する。

男系派にとって、歴史的に男系でつながれてきた「万世一系の皇統」は、日本の根幹に関わる問題だ』

◆官邸の「闇チーム」で事態を収拾しようとした安倍首相

天皇の継承者は、男系の男子でなければならない、という規定は、明治期に作られた皇室典範の第一条にある条文ですが、天皇の自発的な退位を認めれば「それが維持されなくなる恐れがあるから」反対するというのは、天皇が「おことば」で述べた諸々の問題点への懸念を、実質的に無視するものでした。

そして日本会議と密接な繋がりを持つ安倍政権も、当初は「生前退位を認めない」という方針で、事態を収拾する動きを見せていました。

毎日新聞の二〇一六年九月七日付朝刊は、「おことば表明1カ月　政府、今春『退位は困難』　宮内庁に『摂政で』回答　陛下の本気度伝わらず」という見出しで、安倍政権の内幕を暴露する、次のような内容の記事を掲載しました。

『「生前退位ができるか検討したが、やはり難しい」。今年春ごろ、首相官邸の極秘チームで検討していた杉田和博《すぎたかずひろ》内閣官房副長官は宮内庁にこう返答した〈中略〉

官邸は水面下で検討を始め、杉田氏のもとにチームが結成された。総務、厚生労働両省、警察庁などから数人程度が出向し、内閣官房皇室典範改正準備室の別動隊という位置付けだったが、準備室のメンバーさえ存在を知らない「闇チーム」（政府関係者）だった。チームの結論は、「摂政に否定的」という陛下の意向を踏まえたうえでなお、「退位ではなく摂政で対応すべきだ」だった。結論は宮内庁に伝えられ、官邸は問題はいったん落ち着いたと考えた。陛下の意向が公になった七月十三日の報道も寝耳に水だった』

国民に何も知らせず、首相官邸の「極秘チーム」または「闇チーム」が動いて事態を安倍首相の意向に沿う形で収拾しようとしていたという話はショッキングですが、この記事はまた、天皇が以前から、生前退位について考えていた事実も紹介しています。

『皇室典範は退位を想定しておらず、政府はこれまで国会答弁で否定してきた。複数の官邸関係者は「宮内庁から官邸に陛下の本気度が伝わっていなかった」と証言。「だからおことばに踏み切らざるを得なかったのだろう」との見方を示す。〈中略〉

おことばには「象徴天皇の務めが安定的に続いていくことを念じ」ともあり、典範改正を望むようにも読み取れる。政府は、退位の条件などを制度化するのは議論に時間がかかるとして、特別立法を軸に検討している』

一方、天皇が「おことば」をテレビで語りかけた相手である一般国民の間では、皇室典範を改正して、恒久的な形で「生前退位」が可能になるようにすべきだという意見が、放送から三か月後に行われた日経新聞の世論調査では過半数に達していました（以下は、二〇一六年十月三十日付の日本経済新聞電子版より）。

『日本経済新聞社の世論調査で、天皇陛下の生前退位の法整備について、今後の天皇すべてに認める皇室典範の改正を望む回答が六一％に上った。政府が法整備の軸として検討する「一代限りの特例法」での対応は二三％で、世論とのズレが浮き彫りになった。生前退位の実現には多くの国民の支持が不可欠で、法整備に向けた国民の理解をどう得るかが課題となる』

◆特例法による退位を「憲法違反」と指摘した元内閣法制局参事官

その後、安倍政権はこの問題について検討する私的な諮問委員会として、九月二十三日に「天皇の公務の負担軽減等に関する有識者会議」を設置し、同委員会は二〇一七年四月二十一日に最終報告書を政府に提出しました。

しかし、その結論は主権者である国民の多くが望んだ「皇室典範の改正による生前退位の恒久制度化」ではなく、現在の天皇「一代限り」で生前退位を認めるという、皇室典範の改定によらない「特別措置法（特措法）」による生前退位の実現でした。

この間、政府は一度も、パブリックコメント等の方法で国民の意見を聞くという作業を行いませんでした。日本国憲法第一条で「（天皇の）地位は、主権の存する日本国民の総意に基づく」と明記されているにもかかわらず、天皇の地位に関する重要な制度変更において、主権者である日本国民は、完全に「蚊帳の外」に置かれ続けました。

政府が作成した特措法の法案「天皇の退位等に関する皇室典範特例法」は、国会に上程されて審議されたのち、同年六月二日に衆議院を通過し、同月九日には参議院でも可決・成立しました。その附則第三条は、皇室典範に「この法律の特例として天皇の退位について定める天皇の退位等に関する皇室典範特例法は、この法律と一体を成すものである」との規定を新設するとの文言でしたが、皇室典範の改正による、生前退位制度の恒久化という、天皇と国民（世論調査）の両方が望むものとは違う結論に落着しました。

けれども、特措法という「応急処置」的な制度変更が、果たして憲法の規定に沿うものかどうかについては、専門家が疑問を呈していました。

例えば、二〇一六年十二月三日付朝日新聞朝刊一七面のコラムで、鎮西迪雄《ちんぜいみちお》元内閣法制局参事官は「天皇の退位　特例法対応は憲法違反」と題した記事を寄稿し、次のような問題点の指摘を行いました。

『報道によれば、「政府は今の天皇に限って退位を可能とする特例法を軸に法整備を検討している」（朝日新聞十一月十五日付朝刊）とされている。しかし特例法による法整備について、憲法違反ではないかという疑義が、政府、法律学者、法曹関係者、ヒアリング対象の専門家、報道機関から提起されたとはあまり聞こえてこない。かつて内閣法制局参事官の職にあった筆者には、不思議なことに思えてならない』

憲法第二条に「皇位は、世襲のものであって、国会の議決した皇室典範の定めるところにより、これを継承する」と明記されている以上、天皇の退位条件の変更は、皇室典範の改正によってのみ可能であり、特例法その他の法律による対応は「明白な憲法違反であることに議論の余地はない」というのが、この記事の主旨でした。

『退位を現天皇に限っての特例措置とするのであれば、皇室典範の付則に条項を追加するという改正で対応するのが、憲法第二条の解釈として当然のことである。

天皇の退位については、恒久措置とするか、特例措置とするかにかかわらず、憲法上、皇室典範の改正以外の選択肢はあり得ない。特例法による法整備は選択肢になり得ないのである』

［18］教育現場への復活に道が開かれた「教育勅語」

◆教育勅語を学校の教材として使うことを認める閣議決定

天皇の生前退位に関する「有識者会議」の検討が大詰めを迎えていた二〇一七年三月十四日、松野《まつの》博一《ひろかず》文部科学相〈当時〉は記者会見で、戦前・戦中に教育制度の中核に位置づけられていた「教育勅語」（第1章を参照）について、「憲法や教育基本法に反しないような配慮があれば、教材として用いることは問題としない」との見解を示しました。

同日付の朝日新聞夕刊一〇面に掲載された記事によれば、松野文科相は、右に示したような「配慮」が適切かどうかの判断は「（都道府県などの）所轄庁が判断するもの」とした上で、教育勅語は「日本国憲法と教育基本法の制定によって法制上の効力を喪失した」ものの、「憲法や教育基本法に反しないように配慮して授業に活用することは一義的にはその学校の教育方針、教育内容に関するものであり、教師に一定の裁量が認められるのは当然」だという認識を示しました。

この記者会見は、戦後の日本で「日本国憲法（およびその価値観に基づく一九四七年制定の教育基本法）の理念に合致しない」として封印され、教育現場から排除されてきた教育勅語を、再び「教材」として使用する扉を開くことになる、重要な一歩でした。

それから約半月後の三月三十一日、こんどは安倍政権が、民進党〈当時〉の初鹿明博《はつしかあきひろ》衆院議員による質問主意書に答える形で、教育勅語を学校などで「憲法や教育基本法等に反しないような形で教材として用いることまでは否定されることではない」との答弁書を閣議決定し、先に松野文科相が開いた「扉」を、さらに大きく広げる行動をとりました。

二〇一七年四月一日付の朝日新聞朝刊一面は、この閣議決定を「教材に教育勅語　否定せず　政府答弁書『憲法に反しない形で』」という見出しで報じましたが、そこでは「教育勅語は、過去に国会で排除・失効決議が出ており、答弁書との整合性や、教育現場でどのように使われるのかが問題になりそうだ」という重要な側面にも触れていました。

『戦後の一九四八年、国会が「主権在君並びに神話的国体観に基づいている」ことから、「基本的人権を損」なうなどとして教育勅語の排除・失効の確認を決議。森戸《もりと》辰《たつ》男《お》文部相（当時）は同年六月の衆院本会議で「教育上の指導原理たる性格を否定してきた」とし、憲法や教育基本法などの制定で「法制上明確にされた」と答弁した。
今回の答弁書でも「勅語を我が国の教育の唯一の根本とするような指導」は「不適切」としている。〈中略〉
一方、第一次安倍政権時の二〇〇六年の国会で、伊吹文明《いぶきぶんめい》文科相（当時）は「戦中の教育に対する反省などから、天皇陛下のお言葉を基本に戦後の教育を作ることは、そぐわないということになり、教育基本法が作られ、衆参両院の議決によって教育勅語は実質的に廃止されたと理解している」と述べている』

◆一九四八年に衆議院と参議院で決議された「教育勅語の排除と失効の確認」

右の記事で言及されている、教育勅語の排除・失効の確認とは、日本国憲法施行翌年の一九四八年六月十九日に、衆議院と参議院で行われた決議でした。衆議院で行われたのは「教育勅語等排除に関する決議」で、その内容は次のようなものでした。

『民主平和国家として世界史的建設途上にあるわが国の現実は、その精神内容において、未だ決定的な民主化を確認できていないのは遺憾である。〈中略〉

しかるに既に過去の文書となっている教育勅語並びに陸海軍軍人に賜わりたる勅諭その他の教育に関する諸詔勅が、今日もなお国民道徳の指導原理としての性格を持続しているかのごとく誤解されるのは、従来の行政上の措置が不十分であったがためである。

思うに、これらの詔勅の根本的理念が、主権在君並びに神話的国体観に基いている事実は、明らかに基本的人権を損い、かつ国際信義に対して疑点を残すもととなる。よって憲法第九十八条の本旨に従い、ここに衆議院は院議を以て、これらの詔勅を排除し、その指導原理的性格を認めないことを宣言する。政府は直ちにこれらの謄本を回収し、排除の措置を完了すべきである』

一方、参議院で同日になされた「教育勅語等の失効確認に関する決議」は、以下のような内容を含むものでした。

『われらは、さきに日本国憲法の人類普遍の原理に則り、教育基本法を制定して、わが国家及びわが民族を中心とする教育の誤りを徹底的に払拭し、真理と平和とを希求する人間を育成する民主主義的教育理念をおごそかに宣明した。その結果として、教育勅語は、軍人に賜わりたる勅諭、戊申《ぼしん》詔書、青少年学徒に賜わりたる勅語その他の諸詔勅とともに、既に廃止せられその効力を失っている。

しかし教育勅語等が、あるいは従来のごとき効力を今日なお保有するかの疑いを抱く者があることをおもんばかり、われらは特に、それらが既に効力を失っている事実を明確にするとともに、政府をして教育勅語その他の諸詔勅の謄本をもれなく回収せしめる。

われらはここに、教育の真の権威の確立と国民道徳の振興のために、全国民が一致して教育基本法の明示する新教育理念の普及徹底に努力をいたすべきことを期する』

この二つの決議に共通しているのは、教育勅語で述べられている「教育理念」は、基本的人権の尊重や、民主主義的な教育理念など、日本国憲法と教育基本法の内容にまったく反するものだという認識でした。

第1章で紹介したように、大日本帝国時代の日本を支配した国家神道の国家観では、一人一人の国民は「天皇に奉仕し、必要ならば天皇と天皇中心の国体を護るために我が身を差し出して犠牲にする臣民」であり、教育勅語は、そんな「臣民」としての心構えや価値観を国民に植え付ける、政治思想教育の事実上の聖典として機能していました。

戦後の日本国憲法下の日本では、天皇は君主とは違う「国民統合の象徴」であり、一人一人の国民が「主権者」なので、天皇が「臣民」に対して「天皇と皇室への奉仕を当然のこととして教示する」という、教育勅語の前提である関係性自体が成り立ちません。

つまり、教育勅語は戦後の日本では「学校の教材」として使った瞬間に、いくつもの意味（基本的人権の毀損、象徴天皇制の否定、個人の尊厳の否定など）で憲法違反となる、取り扱いの範囲がきわめて限定される「歴史的文書」でしかないはずでした。

◆教育勅語の教材使用を許可する判断基準を説明しない安倍政権

ところが、安倍政権は教育勅語について、「憲法や教育基本法に反しないように配慮すれば」、つまり扱い方に注意するなら、教育現場で教師が授業に活用することは「一義的

には その学校の教育方針、教育内容に関するもの」であり、使用・不使用に関して「教師に一定の裁量が認められるのは当然」だという大らかな認識を示しています。

これは、戦後の教育理念を根底からひっくり返すほどの、重大な方針転換でした。

なぜなら、絶対的な権威者である天皇と、それに仕える臣民という、日本国憲法の理念とは真っ向から衝突する内容の「教育勅語的な価値観」、すなわち「戦前回帰的な思想教育」を一部の学校が行うことに、政府としてゴーサインを出すものだからです。

そして、教育勅語の学校教育への復帰を認める安倍政権の閣議決定は、一九四八年六月に国会で議決された二つの「決議」を実質的に蹂躙《じゅうりん》する行動でもありました。

もし政府から「一定の裁量を認められた教師」が、教室に教育勅語を持ち込み、他の教材と組み合わせる形で、その思想内容を子供に教えるなら、「政府は直ちにこれらの謄本を回収し、排除の措置を完了すべきである（衆議院）」「政府をして教育勅語その他の諸詔勅の謄本をもれなく回収せしめる（参議院）」という教育勅語否定の「決議」は、空文と化すことになります。

したがって、学校の教師が教育勅語を教育現場で使用することを政府が認めるためには、まず一九四八年に決議された「教育勅語の排除と失効の確認」を無効とする「再決議」を、衆議院と参議院の両方で議決する必要があるはずです。

しかし、安倍政権は歴代の内閣が尊重してきた教育勅語否定の方針、つまり日本国憲法の条文や国会での排除および失効確認決議を無視する方向に舵を切っているにもかかわらず、その正当性を論理的に説明することを避け続けています。

二〇一七年四月四日付の朝日新聞朝刊三面は、「教育勅語　説明避ける内閣」「判断基準文科相明示せず」という記事で、そうした安倍政権の不誠実さを指摘しました。

『戦前・戦中に道徳や教育の基本方針とされた「教育勅語」を教材で使うことを認めた政府答弁書の閣議決定について、安倍内閣が詳しい説明を避けている。〈中略〉使用を認めるのであれば、政府として具体的な判断基準を示す必要があるが、松野博一文部科学相は「(教育勅語の)どの部分が憲法に反する、反しないに関しての判断を文部科学省でするものではない」と解釈を避けた。そのうえで「教え方がポイントだ。我が国の歴史について理解を深める観点から教材として用いることは問題がない」と説明した』

この松野文科相の発言は、教育行政を統括する省のトップとして、きわめて無責任な態度だと言えます。一九四八年の衆議院と参議院は、教育勅語が明白に「憲法に違反する内容」だと決議し、歴代の内閣もその認識を継承してきたのに対し、安倍政権は根拠を何も示さないまま継承を拒絶した上、「(教育勅語の)どの部分が憲法に反する、反しないに関しての判断を政府は下さない」という重大な責任放棄を公言しているからです。

そして朝日新聞の記事は、教育勅語の問題が唐突に安倍内閣で問題化した経緯について、次のように書いています。

『論争のきっかけは、森友学園への国有地売却問題を追及された稲田《いなだ》氏〈朋美《ともみ》、当時防衛相〉の答弁だった。

稲田氏は、教育勅語を幼稚園児に素読させている学園〈学校法人森友学園が運営する塚本《つかもと》幼稚園〉の教育方針を二〇〇六年の雑誌の対談で評価していた。二月二十三日の衆院予算委員会や三月八日の参院予算委でこの考え方を問われ、「教育勅語に流れているところの核の部分は取り戻すべきだ」などと発言した』

◆現代の子供がなぜ「明治天皇の言葉」に従う必要があるのか

改めて説明するまでもないことですが、銃や日本刀をガラスケースに入れて博物館などに展示するのと、それを「武器」として実際に使うことの間には、天と地ほどの差があります。教育勅語も同じで、歴史的遺物としてケースに入れて扱うのと、「教育の道具」として実際に学校で活用することでは、意味が全く違います。

しかし安倍政権は、その重大な違いを意図的に無視しているようです。

先に説明したように、形式的な大義名分をどのように取りつくろうとも、教育勅語は「教育の道具」として実際に学校で使われた瞬間に、それ自体が戦後の日本国憲法に違反するような存在です。国民主権や基本的人権の尊重、象徴天皇などの日本国憲法の理念と全く相容れない価値観を、子供に教える内容だからです。もし、これが教育現場で使われたなら、子供は「日本国憲法と教育勅語の内容のどちらを優先すべきなのか」という矛盾に直面して、思考が混乱することになります。

教育勅語に関する議論で、ほとんど触れられていない論点が二つあります。一つは、現代の子供が明治天皇という人物をどう理解すべきか、という問題。もう一つは、教育勅語の成立過程における「本当は別人が作ったもの」だという問題です。

歴史教育の文脈では、明治天皇は「今の天皇の三代前の天皇」というだけで、特に国民が自分との関係を意識したり、尊敬を強要される必要のない存在です。けれども、教育勅語を道徳教育の教材に使うのであれば、明治天皇とは、今の子供が道徳面で耳を傾けるに値する人物なのか、もしそうであるなら、なぜ従う必要があるのかという根拠が問われることになります。

一体どういう理由で、現代を生きる子供たちが「明治天皇の教え」に従わなくてはならないのか。しかも、教育勅語は「天皇の勅語」という特殊な体裁をとっているため、子供たちが内容に疑問を差し挟むことも許されない形で、一方的な「押し付け」として学校で使われる可能性があります。

二〇一七年四月一日付朝日新聞朝刊三面に掲載された関連記事には、教育勅語の内容を嚙み砕いて説明した「教育勅語『全文通釈』（一九四〇年、文部省図書局）」が転載されていましたが、教育勅語の最後の部分は、次のように説明されています。

『この道は古今を貫《つら》ぬいて永久に間違がなく、又我が国はもとより外国でとり用ひても正しい道である。朕《ちん》〈天皇〉は汝臣民と一緒にこの道を大切に守って、皆この道を体得実践することを切に望む』

教育勅語の内容は、永久に間違いがなく、外国でも正しい道である。つまり、内容に疑問を差し挟むことは許さない。そんな絶対的な服従を子供に要求する教育勅語は、自由な発想を重んじる民主主義的な教育においては、明らかにマイナスとなる教材です。

そもそも、戦後の日本国における天皇は、国民統合の象徴であり、大日本帝国時代のような絶対的な崇拝の対象ではありません。それゆえ今上天皇は、教育に関する「勅語」など一度も出したことがありません。天皇が教育現場に口出しする行為は、憲法違反に当たるからです。それならば、過去の天皇である明治天皇の言葉も、それと同様の扱いでないとおかしいはずで、明治天皇は子供の教育を指図するような立場にはありません。

安倍政権の語る「教育勅語を学校で使うことを、否定も肯定もしない」というレトリックを聞くと、なんとなく「中立」のような印象を受けますが、これは大きな錯覚です。

実際に安倍政権が国内向けに発しているのは、「安倍政権は、日本国憲法を無視して、教育勅語を学校で教材として使うことを容認する」という明確なメッセージです。

◆いわば「ゴーストライターの作品」だった教育勅語

もう一つ、第1章で触れた、教育勅語が実際には「明治天皇が書いたもの」でなく、別人（井上毅と元田永孚）が作成して「明治天皇が書いたこと」にしたという歴史的な事実も、現代の日本人は、冷静にその意味を捉え直す必要があります。

芸能人の自伝ならゴーストライターが書いても特に問題はないかもしれませんが、ゴーストライターが書いた文を道徳教育の教材に使うのは、大きな問題だからです。

教育勅語の成立経緯が物語る通り、明治天皇の神格化には、伊藤博文や井上毅など政府高官によるさまざまな「小細工」や「演出」が施されており、敗戦で価値観が変わった後も「小細工」や「演出」の批判的な検証の共有が（学術的にはともかく、一般市民レベルの意識では）きちんとなされたとは言えない状況です。普通の市民に「教育勅語を書いたのは誰ですか」と質問しても、井上毅や元田永孚を挙げる人はわずかでしょう。

そんな、明治天皇神格化の小道具でもあった教育勅語を、現代の日本の学校で道徳教育の教材として使うのであれば、「当時の日本政府は国民に本当のことを教えず、天皇を崇拝させるためにこういう文書を作り、『明治天皇のありがたいお言葉』だということにして、国民に従わせた」という歴史的事実の説明を添える必要があるでしょう。

しかし、戦前・戦中の国家神道の価値観を継承し、当時の社会システムへの回帰を目指す日本会議の目から見れば、教育勅語を学校教育の現場に復帰させる道を開いた安倍首相の態度は、称賛に値する、きわめて大きな飛躍でした。
日本会議副会長の小堀桂一郎（先に触れた、天皇の生前退位は「国体の破壊に繋がる」と述べた人物）は、かつて産経新聞社の月刊誌『正論』二〇〇三年十一月号への寄稿「『哀亡』に陥る前に教育の再建を」の中で、次のような教育勅語の復活論を述べていました。

『まず戦後の六十年間我が国の教育界を支配し続けた被占領国民の卑屈と奴隷根性を脱却して、明治以来の大国民としての矜持《きょうじ》を逞しく恢復《かいふく》することである。これもまた国家主権意識確立の重要な一項となるべきものなのだが、具体的に言えばまず教育基本法の廃棄、次いで教育勅語排除・失効国会決議（昭和二十三年〈一九四八年〉六月衆・参両院）の取消を宣言し、教育勅語を復活させることである』

小堀桂一郎が明言している通り、二〇〇三年に彼らが目指した教育分野での政治目標は「一に教育基本法廃棄（または改正）、二に教育勅語の復活」であり、前者の教育基本法改正は、第一次安倍政権下の二〇〇六年十二月に実現していました。
そして、彼の寄稿には、日本会議の目指す目標が「戦前回帰」であることを明示する、次のような文言もありました。

『明治・大正から昭和二十年に及ぶまでの我が国の明るく逞しい歴史の歩みに対し、極力否定的態度を表明し、憎悪と敵意を露わにする、あの暗い怨望勢力〈教育勅語の復活に反対する人々〉と対決してこれを圧伏することが目下の我が国思想界の急務である』

この文で重要なポイントは「昭和二十年（一九四五年）に及ぶまで」という部分にあります。彼らは、明治時代や大正時代だけでなく、日本の本土が米軍機の空襲で焦土となり、軍人だけでなく大勢の国民が無惨に死んでいった、あの破滅的な敗戦の瞬間までを「明るく逞しい歴史の歩み」だったと理解していることを示しています。

そして、昭和二十年より後、つまり戦後の日本国憲法下で繁栄した平和な日本については「明るく逞しい歴史の歩み」という認識から除外しています。

昭和十八年（一九四三年）に「玉砕」が、昭和十九年（一九四四年）に「特攻」が始まり、昭和二十年には国土の荒廃と「一億総特攻」で日本は破滅の淵に直面しましたが、日本会議の歴史認識では、これらも「明るく逞しい歴史の歩み」であり、それを否定的に捉える態度の人々を「圧伏」することが自らの使命であるかのように語っています。

こうした日本会議の考え方は、「戦前回帰」と呼ぶ以外に表現しようがありません。

[19]『日本の偉さ』を自画自賛する社会の行く末

◆今も変わらない安倍政権と日本会議・神社本庁の関係

第4章で述べた通り、二〇一五年八月五日時点での安倍政権の全閣僚（首相を含む）に占める、日本会議と神道政治連盟の各国会議員懇談会の所属議員の割合は、それぞれ七五パーセント（二〇人中一五人）と九五パーセント（二〇人中一九人）でした。

それから約三年が経過した二〇一八年現在も、この二つの割合は、それぞれ七五パーセント（二〇人中一五人）と九五パーセント（二〇人中一九人）で変わらず、依然として安倍首相を含む閣僚の四分の三以上が、日本会議や神社本庁（神道政治連盟）の意向を無視できない立場にある、きわめて異様な政治状況が続いています。

日本会議と神道政治連盟の両方の国会議員懇談会に属する閣僚も、後者の会長である安倍首相を含めて一五人おり、割合に直すと七五パーセントという高い数字になります。

そして、二〇一七年十一月二十七日、日本会議と日本会議国会議員懇談会の設立二〇周年記念大会が、東京都内のホテルで開催され、安倍首相は会場には赴かなかったものの、「自由民主党は国民に責任を持つ政党として、憲法審査会における具体的な議論をリード

安倍政権と日本会議・神道政治連盟（2018）

役職	氏名	所属する国会議員懇談会	
総理	安倍 晋三	日本会議	神道政治連盟
財務・副総理	麻生 太郎	日本会議	神道政治連盟
総務	野田 聖子	日本会議	神道政治連盟
法務	上川 陽子		神道政治連盟
外務	河野 太郎		神道政治連盟
文部科学	林 芳正		神道政治連盟
厚生労働	加藤 勝信	日本会議	神道政治連盟
農林水産	齋藤 健	日本会議	神道政治連盟
経済産業	世耕 弘成	日本会議	神道政治連盟
国土交通	石井 啓一		
環境	中川 雅治	日本会議	神道政治連盟
防衛	小野寺 五典	日本会議	神道政治連盟
復興	吉野 正芳		神道政治連盟
国家公安	小此木 八郎	日本会議	神道政治連盟
地方創生	梶山 弘志	日本会議	神道政治連盟
沖縄北方	福井 照	日本会議	神道政治連盟
経済再生	茂木 敏充	日本会議	神道政治連盟
一億総活躍	松山 政司	日本会議	神道政治連盟
東京五輪	鈴木 俊一	日本会議	神道政治連盟
官房長官	菅 義偉	日本会議	神道政治連盟
首相補佐官	薗浦 健太郎	日本会議	神道政治連盟
同	宮腰 光寛	日本会議	神道政治連盟
同	衛藤 晟一	日本会議	神道政治連盟
同	和泉 洋人		
同	長谷川 榮一		

※2018年3月10日現在のデータ。議員懇談会は過去の在籍歴も含む。

参考：首相官邸ホームページ、神道政治連盟ホームページ、2017年8月16日付しんぶん赤旗、俵義文『日本会議の全貌』花伝社、ウェブサイト「ちきゅう座」

し、その歴史的使命を果たしてまいります」というメッセージを寄せていました。

日本共産党の機関紙『しんぶん赤旗』は、二〇一七年十一月二十八日付の記事で、この大会について次のように報じました。

『同大会には自民党や希望の党、日本維新の会から三十数人の国会議員が参加。日本会議議連の新会長に就任した自民党の古屋圭司《ふるやけいじ》衆院議員は「憲法改正に向けて確実に歩を進めていこう」とげきを飛ばし、同党憲法改正推進本部顧問の下村博文元文科相は「来年の通常国会にはわが党として憲法改正発議ができる、それを憲法審査会で（改憲案を）提案できるよう頑張る」と表明しました。希望の党の松沢成文《まつざわしげふみ》参院議員団代表は「憲法改正に進むよう希望の党として最大限の努力をする」、日本維新の会の馬場伸幸《ばばのぶゆき》幹事長は「憲法改正議論は、先頭に立つ」と呼応しました。

大会は「いよいよ我々は、憲法改正実現のための正念場を迎えている」とする宣言文を採択しました』

これらの言葉が示すように、安倍政権と日本会議は、国会での議席数の三分の二超という状況が続くうちに、憲法変更の発議を行うべく、着々と準備を進めています。

そして、安倍政権と日本会議の両方と深い関係を持つ神社本庁も、安倍政権下での憲法変更を目指す政治運動を全面的に支援し、傘下の一部神社では、自民党の改憲案への賛同や応援を意味する「改憲署名」を集める運動が、数年前から行われてきました。

神社本庁の地方機関の一つで、東京都内の神社を管轄する「東京都神社庁」も、そうした改憲署名の運動を熱心に行う宗教法人の一つです。

◆初詣客を狙った東京都神社庁の改憲署名集め

二〇一六年一月十日付の『しんぶん赤旗』は、「東京都神社庁が偽装改憲署名」という見出しで、東京都神社庁が正確な情報を提示しないまま、改憲賛同の署名集めを実施していることを批判的に報じました。

『初詣でにぎわった年頭の神社で、参拝客をねらって憲法九条破壊の改憲賛同署名集めが行われたことが批判を呼んでいます。都内の神社では、東京都神社庁が独自に作成した賛同署名用紙が使われており、九条にふれないなど元になった右翼改憲派団体の署名用紙とは違う内容であることが九日までに、明らかになりました』

東京都神社庁が、署名集めで用いている用紙は、第4章で紹介した日本会議系の改憲運動団体「美しい日本の憲法をつくる国民の会」の物と似ているものの、後者の用紙にある「私は憲法改正に賛成します」という明解な主張の代わりに、「憲法の内容を見直しましょう」という曖昧な文言が記載されていました。

こうした曖昧な情報提示の結果として、神社で初めてこの署名用紙を見た参拝客は、意味をよく理解しないまま、署名させられている可能性が高いと、同紙は指摘します。

『さらに問題なのは、この署名は、衆参両院で改憲派が三分の二を確保し、国会が改憲を発議した後に行われる国民投票時の名簿として使われることです。「〈美しい日本の憲法をつくる国民の〉会」の署名用紙には「国民投票の際、賛成投票へのご賛同の呼びかけをさせていただくことがあります」と記載されています。

そのために、署名用紙としてはめずらしい電話番号の記入欄が、一人ひとりにつけられています。

初詣に訪れた参拝客から署名を集め、それを将来の国民投票時の運動用の名簿にするとは、公正さに欠ける行為です』

そして同紙は、記事の最後に、東京都神社庁総務部のコメントを紹介していました。

『神社本庁からいわれてやっていることだ。署名の目的はいっしょだから問題はない。署名する人がどう感じるかはその人の勝手だ』

◆東京都神社庁はなぜ改憲運動に前のめりになるのか

東京都神社庁が、大々的に憲法改正（変更）運動を展開するようになったのは、二〇一五年十一月十四日に明治神宮会館で行われた「東京都神社関係者大会」において、「憲法改正運動を推進する宣言」を採択して以降のことでした。

東京都神社庁の公式サイトにある「誇りある日本を目指して『憲法改正を推進します』」という特設ページでは、なぜ東京都神社庁が憲法改正運動の推進に取り組むのかという理由について、以下のように説明しています。

『日本国憲法は、昭和二一年、敗戦後、占領下で制定されたものである。我が国民は一致協力の下に、戦後の復興と経済の発展を成し遂げ、現在国際社会において大きな信頼を得る国へと発展させた。

しかし、憲法が制定されて以来六九年を経た今日、国を取り巻く国際環境は激変している。現在の憲法が将来に亘って自国の繁栄と安全を確保し、以て国際社会の発展に寄与する内容のものであるのかを見つめ直すことが必要と思われるに至った。

このような中にあって、国民の声により「美しい日本の憲法をつくる国民の会」が、昨年十月に神社本庁参画のもと設立された。東京都神社庁においても「美しい日本の憲法をつくる東京都民の会」を主体として、憲法改正論の喚起と、憲法改正を実現する一〇〇〇万人賛同者拡大運動を展開することとなった。

この秋（とき）にあたり、神社界では積年の課題である、現憲法の制定時に失われた日本国としての普遍的な意志と、建国以来守り受け継いで来た伝統精神を憲法に取り戻し「誇りある日本をめざして」との信念のもと、憲法改正の運動に取り組むこととなった。東京都神社総代会としても、国の根幹である憲法に、正しい国民精神が涵《かん》養《よう》される麗しい日本の国柄が、活かされることを強く希望するものである』

本書を読んでこられた読者ならおわかりのように、現行憲法の否定や改憲の意義を訴える「現憲法の制定時に失われた日本国としての普遍的な意志」や「建国以来守り受け継いで来た伝統精神」、そして「誇りある日本」などの言葉は、神社本庁が戦後の日本で一貫して抱き続けた「国家神道を破壊したＧＨＱへの怨嗟《えんさ》」と同じ文脈にあるものです。

こうした「ＧＨＱへの怨嗟」は、日本の伝統的な信仰である「神道」とは関係のない、宗教的政治システムである「国家神道」の思想体系に起因する感情です。「正しい国民精神が涵養される麗しい日本の国柄」という表現も、『国体の本義』をはじめ、第２章で紹介した国体明徴運動期の書物に書かれた国体思想と、ほぼ完全に一致しています。

神社本庁が「神道指令の恒久化装置」と見なす日本国憲法を否定し、戦前・戦中と同質の価値観に基づいた「（神武天皇による）建国以来守り受け継いで来た伝統精神を憲法に取り戻」せば、「誇りある日本」が取り戻されると、東京都神社庁は理解しています。

つまり、神社本庁の地方組織である東京都神社庁も、憲法の変更という手段を通じて、日本社会の価値観が「戦前回帰」することを目指していることになります。

◆八五年前の日本礼賛本『世界に輝く　日本の偉さはここだ』

最後に、戦前に刊行された一冊の小冊子を紹介して、本書の締めくくりとします。

タイトルは『世界に輝く　日本の偉さはここだ』。

新潮社の『日の出』という大衆雑誌の一九三三年十月号附録として刊行された出版物です。一九三三年の日本人は、のちに日本の針路を大きく狂わせることになる国体明徴運動が起きた背景として第2章で解説したように、満洲事変後の国際的孤立と経済的低迷で、欧米列強と同格の一等国民としての自信が大きく揺らぎ、将来への明るい展望を見失っていました。

そんな自尊心の弱った精神状態の日本人に向けて、日本や日本人は他の国と較べてこんなに「偉い」のだ、という自国優越思想の記事を、計一六〇ページにたっぷり詰め込んだのが、『世界に輝く　日本の偉さはここだ』という冊子でした。

ページをめくってまず驚かされるのは、この企画がただの娯楽的な「戯れ」ではなく、当時の文部大臣と逓信《ていしん》大臣（逓信省は戦後に総務省および日本郵政、ＮＴＴへ分離）が、冊子の巻頭に序文を寄せていたという事実です。これは、当時の斎藤実内閣も、同様の主旨で国民の士気を発奮させる必要性を感じていた可能性を示唆しています。
鳩山《はとやま》一郎《いちろう》文部相の寄せた序文には、教育勅語を礼賛する次のような文言がありました。

『日本の偉さは、どこにあるか？
　現在日本は、世界に誇るべきものを多分にもっていることは事実である。が、その中で最も誇るべきは、わが民族性の健全なる一事であると思う。〈中略〉
　教育勅語は、全日本国民の服膺《ふくよう》〈常に心にとどめて忘れないこと〉すべきものであることは、今さら言うまでもないが、私はさらに世界の人々の仰いでこれを遵奉《じゅんぽう》〈従い守る〉すべきものであることを言いたい。〈中略〉

『世界に輝く 日本の偉さはここだ』新潮社刊『日の出』1933年10月号附録

〈教育勅語の〉御趣意を、世界の国民の上に及ぼしたなら、家庭を離れた人を家庭にかえし、国家を離れた人を国家にかえし、今日の社会的不安や堕落を一掃して、地上の平和を将来するに難くはあるまい。
　昔は、すべての道は羅馬〈ローマ〉に通ずと言った。今は、すべての道は日本に通ずというべきである』

冊子の冒頭から、いきなりアクセル全開という感がある文章ですが、二人の大臣の序文に続いて、編者の佐藤義夫《さとうよしお》による次のような趣旨説明の序文が掲載されていました。

『国際関係は、いよいよ面倒になり、世界の経済戦は、今まさにたけなわである。日本を中心として、いつどんなことが起るかも知れぬ——今、日本国民を脅かしているものはこれだ。

日本は、果たして四方から襲い来る激浪怒濤《げきろうどとう》を乗り切って進むことが出来るであろうか。これは畢竟《ひっきょう》〈究極的に〉、日本人は、欧米人を凌いで、世界に飛躍することが出来るかどうかの問題だ。

ここにおいて、我々の痛切に知りたいことは、日本人は果たして偉いか？　偉いとすればどこが偉いか？　である。

これに答えるために、本書は、各方面から、平易に明快に、日本人の本当の姿を描いた。そしてそれは、実に世界一の名を以て許さるべきものであることが明らかにされた。

本書を読む人の胸には、固い自信と勇気とが湧かずにいられないであろう。この勇気と信念を以て国民は固く結合し、祖国日本のために奮い起ってもらいたい。編者の望むところは、ただこれである』

◆「日本礼賛本」や「日本礼賛番組」と酷似する記事の数々

『世界に輝く　日本の偉さはここだ』に掲載された記事を見ると、タイトルも視点の取り方も、昨今の書店でしばしば目にする「日本礼賛本」や「日本礼賛記事」、あるいはテレビでよく見る「日本礼賛番組」とよく似ていることに気付きます。

例えば、商工政務次官の岩切重雄《いわきりしげお》が書いた「日本製品の世界征服──日本の躍進に英米は悲鳴をあげた」という記事には、次のような主観的な自国礼賛の記述がありました。

『渋味のある落ち着きのある美、これは三千年をつづくわれらの歴史の持つ深みのあらわれである。歴史のない国民には、深みのある芸術は決して生まれないのだ。深みのある芸術的な頭、これはすべてのコツを呑み込む上に、非常な働きをするものだ。

〈中略〉

溶鉱炉の赤い火の色を見ただけで、この鉄に何パーセントの鉄分があるかを見分けることも、日本人が一番正確であるという。硝子《ガラス》でもそうだ、まだ温かい硝子をさっとひきのばして作る硝子管の長さといい幅といい、寸分もちがわない熟練さにおいても、日本人に及ぶものはないという。

こんなわけで、日本人の伝統に養われた優秀な能力を示す実例はいくらもあるが、この能力をますます発揮して、世界の産業戦の覇者たらんことを願ってやまない』

日本水上連盟理事の松沢一鶴《まつざわいっかく》が書いた「世界に誇る水泳日本――どうして日本人が強いか」という記事では、スポーツの分野での日本選手の強さの理由について、次のような主観的な認識を書き記していました。

『日本人ほど、一点に精神を集中して、それに全力を傾倒し得る国民はない、ということである。〈中略〉

この勝敗に対する真剣な気持、全力を傾けて勝敗を争う気迫、全精力を競技の一点に集中し得る精神力――これは、日本人特有のもので、これあるがために、オリンピック水泳に、あれ程の優勝を得たのである』

海軍少将の日比野正治《ひびのまさはる》が書いた「海外で見た日本人の優秀性――日本人の精神の深み」では、アメリカでの二年間の滞在経験に基づく主観的な感想を、こう述べていました。

『外国人について私の感じた最も大きな点は、彼らの思想がいかにも平面的で深みがないということである。彼らは日本人のように、理想を追求し、理想に生きようとする観念に乏しく、従って思想の深みがない。〈中略〉

真の忠君愛国、真の犠牲、真の克己（戦に基づく仁）等、国家社会を発展させる上に欠くことのできない、これらの要素は、平面的な思想から生まれるわけがないのである。これらの徳性こそは、理想に生きようとする日本人の、最も貴い特長であると信ずる』

◆「男尊女卑」の女性蔑視を「日本女性の偉さ」と書いた国会議員

このほか、同書に収録されている記事のタイトルや見出しを列挙すると、「日本人特有の才能」「美的趣味は世界第一」「時計のように正確な鉄道」「日本人大《おお》もて」「欧州人にはできない芸当」「世界を驚かす日本の発明」「世界に輝く科学日本」「欧米人を遙かに凌ぐ愉快なる実例」「大いに自尊感を高めよ」など、まさに唯我独尊、夜郎自大を絵に描いたような様相を呈しています。

こうした記事で酔ったように書き連ねられる、日本人に特有とされる美点や長所は、客観的に見れば、決して「日本人だけ」が備えているわけではないことが理解できるはずですが、前記したような理由での自信喪失と自尊心の動揺、そして将来の展望の不透明さなどにより、客観的な視点で物事を考える能力が低下しつつあったのかもしれません。

もし客観的な視点が多少でもあれば、日本や日本人を際限なく称賛する行為が、そのまま「日本以外の国や国民を見下し、侮蔑する差別感情」にも容易に転化するという危険性を理解できるので、自国礼賛の言動には一定の抑制がかかるはずです。自国礼賛と他国蔑視は、思考形態としては表裏一体の関係にあります。

また、衆議院議員の小林絹治《こばやしきぬじ》が書いた「日本の女性は偉い」という記事は、今までに紹介したものとは少し異なる角度から、日本人の「美点」を自慢していました。

『親兄弟、夫やわが子のためにはいかなる犠牲にも甘んずるのが日本の女である。家運傾くに従ってだんだん強くなる、深窓に育ったお嬢さんが賃仕事から遂には馬力の後押しをしてまでも病夫を養い、あるいは遺児を育てるというようなことは、日本の女以外には見られない。〈中略〉

もちろん欧米の女性の中にも、わが国に見るような良妻賢母は皆無というわけではあるまいが、忍耐の権化ともいおうか、犠牲心の結晶ともいうべき日本の女性とは全然比較にならぬ。爆弾三勇士〈一九三二年の第一次上海事変の際、爆薬を抱えて敵陣に突入して死んだ三人の日本兵〉を生む日本の女性――この女性に育てられたものが、われわれ大和民族である。世界人類の史上において、日本の女性のようなエライ女性がいつの時代どこの国にあったか』

帝国議会議員、つまり今で言う国会議員の小林絹治が書いているのは、日本人女性の忍耐力や我慢強さという、いわば「男性優位の社会が押し付ける苦難や犠牲を黙って受け入れる態度」であり、現代の感覚で見れば、当時の日本社会に根強く存在した「男尊女卑」の女性蔑視が行間から浮かび上がるような文章になっています。

日本で進行している社会の変化が「戦前的価値観への回帰」であるなら、当然の成り行きとして、こうした「男尊女卑」の女性蔑視が、社会の空気として少しずつ広まっていく可能性があります。あるいはもう既に、そんな空気が社会のあちこちで、肌に感じられるような国になっているかもしれません。

自分は、どんな価値観の社会で暮らしたいのか。そして、自分の子供たちに、どんな社会を残したいのか。きちんと自分の頭でイメージし、目の前の現実との落差を埋める努力を一人一人の大人が怠るなら、この国はまた、美辞麗句で犠牲的精神を礼賛し、国民の奉仕と犠牲が際限なく政府から要求される社会へと回帰する可能性があります。

今を生きる日本人は、自分や子供、家族の暮らす社会の未来を左右する、きわめて重大な岐路に立っているのです。

主要参考文献／ウェブサイト一覧

※海外の戦史に関するものは、多岐にわたるため省略しました。

■本文で紹介したもの

［書籍・雑誌・新聞］

『あの戦争は何だったのか』保阪正康　新潮新書　二〇〇五年
『餓死《うえじに》した英霊たち』藤原彰　青木書店　二〇〇一年
『画報躍進之日本』（第六巻第十二号）東洋文化協会　一九四一年
『教育勅語と我等の行道』教育勅語普及会　一九三五年
『軍部と国体明徴問題』小林順一郎　今日の問題社　一九三五年
『国体に関する政府の声明書　附文部省訓令』東京高等蚕糸学校　一九三五年
『国体の本義』文部省　一九三七年
『国体明徴と日本教育の使命』池岡直孝　啓文社出版　一九三六年
『写真週報』昭和十七年八月二十六日号（第二三五号）情報局　一九四二年
『週報』昭和十九年十二月八日号　情報局　一九四四年
『昭和天皇独白録』寺崎英成　マリコ・テラサキ・ミラー編著　文春文庫　一九九五年
『神道指令と戦後の神道』神社新報社　一九七一年
『臣民の道』文部省教学局　一九四一年

『世界に輝く　日本の偉さはここだ』（『日の出』昭和八年十月号附録）新潮社　一九三三年
『大東亜戦争と教育』海後宗臣　文部省教学局　一九四二年
『中央公論』昭和十八年十月号　中央公論社　一九四三年
『日本占領及び管理重要文書集（第1巻　基本篇）』外務省特別資料部　一九四九年
『日本の歴史と文化と伝統に立って』日本青年協議会　二〇〇一年
『万邦に冠絶せる我が国体』陸軍教育総監部　一九三八年
『マッカーサー大戦回顧録』ダグラス・マッカーサー　津島一夫訳　中公文庫　二〇〇三年
『民主主義』文部省　一九四八年
『琉球新報』二〇一五年四月一日付　二〇一五年
『我が国体及び国民性について』西晋一郎　文部省　一九三三年
『我が国体と神道（国体の本義　解説叢書）』河野省三　文部省教学局　一九三九年

［ウェブサイト］
朝日新聞デジタル（https://www.asahi.com/）
宮内庁ホームページ（http://www.kunaicho.go.jp/）
公益財団法人　特攻隊戦没者慰霊顕彰会ホームページ（http://www.tokkotai.or.jp/）
The Economist（http://www.economist.com/）
産経ニュース（https://www.sankei.com/）

自民党ホームページ（https://www.jimin.jp/）
衆議院ホームページ（http://www.shugiin.go.jp/internet/index.nsf/html/index.htm）
神道政治連盟ホームページ（http://www.sinseiren.org/）
しんぶん赤旗（https://www.jcp.or.jp/akahata/）
日本会議ホームページ（http://www.nipponkaigi.org/）
毎日新聞のニュース・情報サイト（https://mainichi.jp/）
47NEWS（https://www.47news.jp/）

■その他参考文献

［書籍］

『神々の明治維新』安丸良夫　岩波書店　一九七九年／二〇一四年
『国体思想発達史』船口万寿　八元社　一九四三年
『国体の意義と立憲的忠君愛国論』大島正徳　全国町村長会　一九三一年
『国民の天皇』ケネス・ルオフ（木村剛久・福島睦男共訳、高橋紘監修）　岩波書店　二〇〇九年
『国家神道』村上重良　岩波書店　一九七〇年／二〇一四年
『国家神道と戦前・戦後の日本人』島薗進　河合文化教育研究所　二〇一四年
『国家神道と日本人』島薗進　岩波書店　二〇一〇年
『宗教と政治の転轍点』塚田穂高　花伝社　二〇一五年

『証言　村上正邦　我、国に裏切られようとも』魚住昭　講談社　二〇〇七年
『「神道」の虚像と実像』井上寛司　講談社　二〇一一年
『世界に於ける国家思潮と我が国体の最高原則（其一～其三）』柳澤正樹　海軍省教育局　一九三六年
『天皇　祭祀と政の謎』宝島社　二〇一五年
『文部大臣西園寺公望の文教政策』張智慧　大阪市立大学学術機関リポジトリ　二〇〇五年
『靖国参拝の何が問題か』内田雅敏　平凡社　二〇一四年
『靖国神社』神社本庁編　ＰＨＰ研究所　二〇一二年
『靖国神社』島田裕巳　幻冬舎　二〇一四年
『靖国神社と幕末維新の祭神たち：明治国家の「英霊」創出』吉原康和　吉川弘文館　二〇一四年
『靖国神社の祭神たち』秦郁彦　新潮社　二〇一〇年
『靖国誕生《幕末動乱から生まれた招魂社》』堀雅昭　弦書房　二〇一四年
『我国体観念の発達』深作安文　東洋図書　一九三一年
『吾が子の公民教育　国体及憲政篇』奥田寛太郎　森山書店　一九三二年

［ウェブサイト］
カナロコ　神奈川新聞ニュース（http://www.kanaloco.jp/）
首相官邸ホームページ（http://www.kantei.go.jp/）
ちきゅう座（http://chikyuza.net/）

あとがき

私の家では子供の頃、両親がサンケイ（現在の産経）新聞、同居する祖父母が朝日新聞を購読していました。

そのため、物心ついた頃から、世の中の出来事について、サンケイと朝日の二つの視点から見る習慣があり、戦前・戦中の日本についても、朝日新聞的な「道義的観点から軍国主義を全否定し糾弾する論調」だけでなく、冷静でドライな視点から「朝日の記事は中国共産党政権の主張をそのまま鵜呑《うの》みにしている部分もあるのではないか」と指摘するサンケイ新聞的な論調にも、一理あるなと思って読んでいました。

当時のサンケイ新聞は、特定の国や国民を名指しで攻撃するようなことはなく、また朝日新聞が決して取り上げないような、ソ連や中国、北朝鮮などの共産主義国の内幕暴露的な記事がよく掲載されていたので、国際政治に関心のあった私は、いつしかそうした記事を切り抜いて、自分でスクラップブックを作るようになっていました。

そんな行動の延長線上に、今の私の仕事があるのかもしれません。

やがて古今東西の戦争や紛争の分析を職業として行うようになると、以前にも増して、先の戦争で日本はなぜ、あんな大きな失敗を何度も重ねたのか、なぜあれほど多くの人を死に至らしめたのか、という問題についても、深く考えるようになりました。

　現代の日本では、あまり触れられることがないように思いますが、第二次世界大戦における日本の決定的な敗北は、日本の歴史における「最大の危機」でした。建国神話に基づく紀年法（皇紀）に基づくなら、建国から現在までは二六七八年になりますが、この長い歴史の中で、日本が「国」としての主権を他国に奪われて、独立国としての地位を失ったのは、後にも先にも、この一九四五年の敗北ただ一度きりでした。

　しかも、戦勝国はこの時、日本の天皇や皇室をどうするのか、継続を許すのか、それとも廃止させるのか、という決定権をも掌握することになりました。国の主権も天皇・皇室の存続の是非も、日本が他国の人間に委ねたことは、この時以外にはありません。

　その現実を正面から直視するなら、一九四五年の敗北をもたらした戦前・戦中の日本の国家体制は、日本の歴史を危うく「終了」させかけた、つまり国を滅ぼしかけたという意味で「亡国の国家体制」です。その時代の国家体制を擁護・賞賛したり、現代にそれを復活させようとする行いは、本質的な意味での「愛国」とは正反対の行為であろうと思います。

　そしてもちろん、日本が主体的に開始したこの戦争で、日本は自国と他国で大勢の人々を死に至らしめました。日本国民だけに目を向けても、軍人と軍属の戦没者は約二三〇万人、一般市民は約八〇万人、合計すると約三一〇万人で、軍人軍属の死因の六割（約一四〇万人）は、敵との戦闘による「戦死者」でなく、戦争指導部の不手際や状況認識の甘さに起因する「餓死者」とされています。

このような悲惨な事態が、なぜ発生したのか。その原因は、戦後の日本できちんと解明されたと言えるのか。また同じような事態を繰り返す心配はないのか。

それを知りたいとの思いから、当時の戦史を改めて学び始めましたが、調べれば調べるほどに新たな疑問が生じ、深い森の中を歩いているような気分に何度も襲われました。

戦後の日本では、朝日新聞的な「軍国主義を全否定し糾弾する論調」が主流で、その根源を明治時代の日清・日露戦争に求めて「帝国主義」という大きな概念で説明する手法も多く見られました。私も最初は、そうした認識に従っていたのですが、個別の戦争における戦争指導のやり方や、当事者の価値判断などを詳しく見ていくと、どうもその手法では「問題の根源」にはたどりつけないのではないか、と思うようになりました。

端的に言えば、当時の日本を象徴する言葉として語られる「軍の暴走」や「軍国主義」は、問題の根源ではなく、それもまた「根源的な問題が引き起こした結果の一部」に過ぎないのではないか、と思い始めたのです。

それでは、当時の日本という国、指導部と国民、そして軍人の心を狂わせた「根源的な問題」とは何か。そこに通じる「昔の日本人が歩いた道の痕跡」を森の中で探すように、当時の日本人が考えたことや目指したことを、当時の日本人が指さす方向に目を向けて、風景を一緒に見ようとしてみました。戦前・戦中に刊行された書物を、当時の日本人になったつもりで読み、戦前・戦中に国内と外地の戦場で実際に起こった出来事を、倫理的な価値判断から切り離す形で見直しました。

その過程で、私の目に映った物事を虚心坦懐《きょしんたんかい》に整理し、私なりに「問題の根源」についての認識をまとめた結果が、本書の内容です。


本文の中でも書きましたが、日本の伝統文化としての「神道」と、それを利用した政治的な思想体系である「国家神道」は、明確に区別して考える必要があります。

しかし、現在の日本では、いまだ両者を混同する言説が多く、特に後者の「国家神道」の思想体系を信奉する政治勢力は、「神道」と「国家神道」を混ぜ合わせ、あたかも「国家神道」が伝統文化の「神道」の一形態であるような、歴史的事実に反する錯覚を、政治的な思惑から、社会に広めているように思えます。


私は子供の頃から、神社という場所が好きで、小学生の頃は同級生の父が神主を務める近所の神社にもよく遊びに行っていました。

本書を執筆中にも、気分転換を兼ねて、橿原神宮と伊勢神宮を訪問しました。

深い森に囲まれた神社は、初詣など大勢の人が押し寄せる時期を除けば静謐《せいひつ》な空間であり、黙って歩くだけで心を洗われるような気分になります。

しかし、伊勢神宮のような伝統的な神社と、橿原神宮や靖国神社のような「国家神道」と密接に結びついた一部の神社では、同じ「神社」でも大きな違いがあります。

伝統的な神社は、「人間を敵と味方に分ける」「特定の戦争を称揚する」「特定の政治体制を正当化する」といった、生々しい「近現代政治のイデオロギー」とは無縁です。それだからこそ、参拝する人間は、心穏やかに過ごすことができ、謙虚な気持ちで家路につくことができます。

この「謙虚さ」こそ、私の考える日本の伝統文化の「美徳」の一つであり、戦前・戦中の日本が道を誤った大きな理由も、国民が「謙虚さ」を失ったからであろうと思います。

それでは、現在の日本人はどうでしょう。

社会のあらゆる領域で、「謙虚さ」よりも、戦前や戦中と同じような種類の「傲慢さ」が目立ち始めてはいないでしょうか。本書で述べたような「大日本病《だいにっぽんびょう》」の症状が、現在の日本に生きる「日本国民の特徴」のようになり始めてはいないでしょうか。

冒頭でも触れたように、本書の旧版は二〇一五年九月に刊行されました。翌二〇一六年には、私の『日本会議　戦前回帰への情念』（集英社新書）をはじめ、日本会議を主題とする本がいくつも出版されましたが、第5章の伊勢志摩サミットをめぐる国内と海外の報道内容の落差が示すように、日本の大手メディアは現在もなお、安倍政権と日本会議および神社本庁（神道政治連盟）の関係に、ほとんど光を当てない態度をとっています。国の指導部が、特定の価値観を持つ集団に属する人間だけでほぼ独占される現在の日本の政治状況は、物事を見る視野の限定や、問題対処における多様性の欠落という面で、きわめて危険な状態だと言えます。その価値観が、かつてこの国を破滅の淵に導いたものの継承であるなら、その危険性は何倍にも増幅されます。

こうした問題について、日本国民は「知る権利」を有するはずですが、今の日本の大手メディアは、国民の「知る権利」に応える努力を、きちんとしているでしょうか。

戦前・戦中の日本を支配した「国家神道」の世界観は、日本人として日本に生まれたというだけで「特別な価値がある」かのような優越感を味わわせてくれるもので、日々の生活に充実感や意義を感じられない人の目には、大いなる魅力に映ります。先行きの不安や、仕事面でのストレスなども、麻薬のように忘れさせてくれる効果を持ちます。

そして現在の日本も、一九三〇年代と同様、国内と近隣諸国との関係の両方で、解決の難しい難題をいくつも抱えており、昭和後期のような飛躍的な経済成長で問題を乗り切るという手法も、実現が難しくなっています。

しかし、ここでまた、前回と同じように、現実からの逃避のような形で、主観と客観のバランスが崩れた夜郎自大な思考に囚われて、日本人や日本文化の優越性という幻想に酔い、現実への合理的な対応能力を失えば、再び多くの国民が、主観と客観の落差、幻想と現実の落差によって、理不尽な我慢や犠牲を強いられる可能性があります。

また、増補版として今回加筆した第5章では、伊勢志摩サミット、天皇の生前退位、教育勅語の復活についての安倍政権の行動に光を当てましたが、この三つの全てに共通するのは、安倍政権の行動が「日本国憲法に違反しているのではないか」という問題です。

安倍首相が現在、日本国憲法に代わる新憲法の制定を目指す運動の陣頭に立っているのは周知の事実ですが、総理大臣は本来、現行憲法を尊重し、それに従って政策決定を行う「憲法尊重擁護義務」を、日本国憲法の第九十九条によって課せられている存在です。

そんな安倍首相が、総理大臣として、現行の憲法をないがしろにする行動を平気でとるなら、そもそも憲法の変更という重大な政治的案件に関わる資格はないはずです。

伊勢志摩サミット、天皇の生前退位、教育勅語の復活は、いずれも戦前・戦中の「国家神道」的な価値観と深い関係がある問題であり、それぞれの問題に安倍政権がどう対応しているかを見れば、安倍政権が戦前・戦中の価値観を継承しているのか、あるいはそれを否定しているのかを判断できます。

したがって、この三つの問題は、個別の案件としてバラバラに考えるのではなく、日本国憲法とそれに基づく価値観と照らし合わせる形で、一本の大きな流れとして理解し、是非を議論する必要があるように思います。

本書の旧版が刊行されたあと、安倍政権の政策と日本会議、神社本庁の政治運動との関係について、「あれは戦前回帰ではありません」等の意見もいくつか目にしました。

しかし、そうした意見の中に、本書で具体的な根拠を挙げて指摘した、戦前・戦中の価値観や「国家神道」の政治思想（国体思想）と、安倍政権の政策や日本会議、神社本庁の政治運動との共通点について、具体的な根拠を挙げて反駁《はんばく》するものは皆無でした。

私が本書で指摘しているのは、戦前・戦中の価値観や「国家神道」の政治思想が、安倍政権下の日本で急速に復活しているという事実の指摘であって、社会的な物事の一から十まで、すべてが「戦前・戦中と同じだ」と主張しているわけではありません。私が着目しているのは、社会を構成するさまざまな要素の変化とその方向性、大義名分による支配の構図などであり、白か、黒かという二項対立の結論ではありません。

したがって、ここが戦前と違う、ここが戦中と異なっているから「戦前回帰ではない」というのは、問題を単なるゲームのように捉える、きわめて皮相的な認識であるように思います。社会の変化は、放置すれば同じ方向で加速して進展・拡大し続けます。当事者意識を持たず、傍観者のような視点で「戦前回帰であるか、ないか」という論評をしている間にも、社会の変化は進みます。

我々が今なすべきことは、言葉遊びのゲームではなく、その変化を受け入れるのかどうか、受け入れないなら何をすべきかを考え、行動することではないでしょうか。

今回の増補版の脱稿から一二三年前の一八九五年七月二十五日、当時文部大臣として、国家主義によらない『第二教育勅語』の必要性を説いていた西園寺公望は、『教育時論』に次のような文章を寄せています（現代語訳とカッコ内補足は引用者）。

『日清戦争の結果により、わが国民は他の国民からの注目を浴びることとなったが、より一層深く〈尊敬される国民に〉なりたいなら、わが国民たる者は常に国際情勢に注目し、世界の文明と協調して、国運を長く前進させることを図らねばならない。もしそのようにせず、長く東洋の偏狭な思想にしがみつき、唯我独尊の考え方に陥り、他の国民をいじめたり差別したりし、または世界文明と共に発達することを忘れた時は、必ず国家に不幸な結果がもたらされるだろう』

この、西園寺公望が同時代の日本国民に向けて書いた言葉は、一二三年という長い時を越えて現在、つまり二〇一八年を生きる日本国民にも語りかけているように思います。

そして、この一二三年の間の、西園寺の懸念が現実のものとなったわずか十数年に、この国がどれほど困難で苦しい境遇に陥ったか、どれほどの人々が命を失い、生活を奪われ、絶望と痛みを味わったか、そしてどれほど深刻で重大な「迷惑」を諸外国の国民にかけて、大勢の人々の命を奪ったかを考えれば、今を生きる我々もまた、当時の西園寺のように「これから先の日本国民」に対して、重い責任を負っていることを痛感します。

今、われわれにできること、将来のためにやっておくべきことは何なのか。

本書が、それを読者各位が考えられる一助となれば幸いです。

最後に、旧版の編集作業を担当して下さった内田恵三氏、増補版の編集作業を担当して下さった朝日新聞出版書籍編集部の長田匡司・日吉久代両氏をはじめ、本書の編集・制作・販売業務に携わって下さった全ての方々に、心からお礼を申し上げます。また、本書を執筆するに当たって参考にさせていただいた全ての書物の著者・訳者・編者の方々にも、敬意と共にお礼を申し上げます。

二〇一八年四月　山崎雅弘

［増補版《ぞうほばん》］戦前回帰《せんぜんかいき》
「大日本病《だいにつぽんびよう》」の再発《さいはつ》

朝日文庫

2018年6月30日　第1刷発行

著　者　山崎雅弘《やまざきまさひろ》

発行者　須田　剛

発行所　朝日新聞出版
〒104-8011　東京都中央区築地5-3-2
電話　03-5541-8832（編集）
03-5540-7793（販売）

印刷製本　大日本印刷株式会社

© 2015 Yamazaki Masahiro
Published in Japan by Asahi Shimbun Publications Inc.
定価はカバーに表示してあります

ISBN978-4-02-261932-7
落丁・乱丁の場合は弊社業務部（電話03-5540-7800）へご連絡ください。
送料弊社負担にてお取り替えいたします。